WIZARD

企業に何十億ドルもの
バリュエーションが付く理由

企業価値評価における定性分析と定量分析

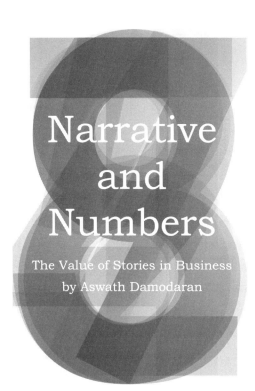

Narrative
and
Numbers

The Value of Stories in Business
by Aswath Damodaran

アスワス・ダモダラン[著]
長尾慎太郎[監修]　藤原玄[訳]

Pan Rolling

Narrative and Numbers : The Value of Stories in Business
by Aswath Damodaran

Copyright © 2017 Aswath Damodaran

This Japanese edition is a complete translation of the U.S. edition,
specially authorized by the original publisher, Columbia University Press, New York
through Tuttle-Mori Agency, Inc., Tokyo

監修者まえがき

　本書は、ニューヨーク大学教授のアスワス・ダモダランが著した "Narrative and Numbers : The Value of Stories in Business" の邦訳である。ダモダランはビジネススクールで教鞭をとっており、ファイナンスの分野で高い評価を得ている。一般向けの著書も多く、日本でも『資産価値測定総論１　２　３』（パンローリング）や『コーポレート・ファイナンス ── 戦略と応用』（東洋経済新報社）といった邦訳がある。

　一般に企業価値評価には、バランスシートを精査して数字を積み上げていく方法、同業種の企業との比較に基づいた算出法、そして将来における収益のフローを現在価値に割り引くDCF法などがある。独創的なビジネスを手掛ける成長株の場合には、その価値評価は前二者にはなじまないことから、主として３番目の方法がとられることになる。そこでは、評価対象となる企業やそれを取り巻く環境の未来についての予測が伴うが、将来は常に不確実であり、キャッシュフローは想定するストーリーによって大きく変わってしまう。

　だが、著者が本書で解説しているように、いったん前提とするストーリーが決まれば、それを一つ一つ数字に落とし込んで具体的な企業価値を算定することが可能である。もちろん、成長株では特に、市場価値は実体から長期にわたってかけ離れることがあるために、正しく評価して投資したからといって、それが利益につながるという保証はどこにもないし、ストーリーによる解釈は分かりやすい反面、語り手が間違っていても自分でそれを訂正することは心理的に至難であるという欠点を持つ。

　しかしいずれにせよ、成長企業の真の価値などだれにも分からないのだ。もともと厳密な予測やモデル化などできない対象を扱う場合の

次善の策として、仮説（ストーリー）に基づく演繹で価値評価を行い、事実の進行に照らしたフィードバックによって仮説を変えていくというのは悪くない方法なのではないか。なぜなら、成長株投資においては企業の価値評価の正確性に大した意味があるわけではなく、それは実際にはほかの市場参加者がその企業の価値をどのように見積もっているのかを推定して対処することを競うゲームだからである。

　そこで重要なのは定量的評価による価値評価の精緻さではなくて、他人の評価の総体を効率良くかつ高頻度で参照し、粛々と自身のビューに反映させていくことである。その意味では、著者がインターネットにナラティブな表現を使って自分のアイデアを投げかけることで、多くの人の意見を募り、第三者の視点によるストーリーの訂正の機会を確保していることは注目に値する。これはネット上の集合知を投資に利用する方法として秀逸であり、今後も大きな可能性がある。

　翻訳にあたっては以下の方々に心から感謝の意を表したい。翻訳者の藤原玄氏はいつもどおりとても丁寧な翻訳を、そして阿部達郎氏は丁寧な編集・校正を行っていただいた。また本書が発行される機会を得たのはパンローリング社社長の後藤康徳氏のおかげである。

2018年7月

長尾慎太郎

CONTENTS

監修者まえがき　　　　　　　　　　　　　　　　　　　1

序文　　　　　　　　　　　　　　　　　　　　　　　5

第1章　2つの部族の物語　　　　　　　　　　　　　　9

第2章　ストーリーを教えてください　　　　　　　　23

第3章　ストーリーテリングの要素　　　　　　　　　43

第4章　数字の力　　　　　　　　　　　　　　　　　61

第5章　数字を操る道具　　　　　　　　　　　　　　85

第6章　ストーリーを構築する　　　　　　　　　　109

第7章　ストーリーの試運転　　　　　　　　　　　139

第8章　ストーリーから数字へ　　　　　　　　　　165

第9章　数字から価値へ　　　　　　　　　　　　　189

第10章　ストーリーを推敲する ── フィードバックループ　221

第11章　ストーリーの変更　　　　　　　　　　　　245

第12章　ニュースとストーリー　　　　　　　　　　269

第13章　ビッグゲーム ── マクロのストーリー　　　297

第14章　企業のライフサイクル　　　　　　　　　　327

第15章　経営上の課題　　　　　　　　　　　　　　353

第16章　最終段階　　　　　　　　　　　　　　　　377

注釈　　　　　　　　　　　　　　　　　　　　　383

序文

中学生になるころには、世界はストーリーテラー（文系）と計算屋（理系）とに分断される。そして、ひとたび分断されると、彼らは、それぞれの好ましい居場所にとどまろうとする。計算屋タイプの人間は、学校でも数字を使う授業を求め、大学でも数字がものをいう分野（エンジニアリングや物理化学や会計学など）に進む。そして、時間が経過するにつれて、ストーリーテラーとしての能力を失っていく。ストーリーテラーたちは、学校でも社会科学の分野に籍を置き、自らのスキルを磨くべく、歴史や文学や心理学などを専攻する。それぞれのグループは互いを恐れ、また疑うようになり、MBA（経営学修士）の学生として私のバリュエーションの講義に参加するころには、その疑いはもはや橋渡しができないほどに深いものとなっている。世界には2つの部族が存在し、それぞれが自分たち独自の言葉を話し、自分たちだけが真実を語っており、ほかの部族が語っていることは誤りだと確信しているのだ。

私は、ストーリーテラーというよりもむしろ計算の世界の人間であり、バリュエーションの講義を始めたばかりのころは、同族の者たちばかりを相手にしていた。バリュエーションの問題に取り組むなかで、私が学んだもっとも重要な教訓は、ストーリーの裏づけがないバリュエーションは魂がなく、信頼に足らないものであり、われわれの記憶に残るのはスプレッドシートよりもストーリーのほうである、ということだ。私の性には合わないことだったが、バリュエーションとストーリーとを結びつけるようにし始めると、6年生のころから無視していたストーリーテラーの世界が改めて見えてきたのである。私はいまだ本能的には左脳人間であるが、自分の右脳の働きを再発見したのだ。このストーリーを数字に結びつけようとする（またはその逆）経験こ

そが、本書を通じて伝えようとしたことである。

　個人的なことではあるが、本書は私が単独で著す最初の書籍である。「私」や「私の」という言葉を繰り返し使っていることを不快に感じ、エゴをむき出しにしているように思われるかもしれないが、個別企業のバリュエーションについて記しているときは、企業やその経営者たちに対する考えだけでなく、その全体像に対する私の考えも踏まえて、それらの企業のストーリーを記しているのだと考えている。つまり、2013年のアリババ、2014年のアマゾンとウーバー、2015年のフェラーリに関するストーリーを語り、それらのストーリーをバリュエーションに落とし込んでいく試みを記していくことになる。「われわれ」という表現を用いて、読者である皆さんに私のストーリーを押しつけるよりも、自由にそれを受け入れるか、反対するかにしてもらったほうが、よほど正直であろう（かつ、おもしろい）と考えている。実際に、本書を通じて、たとえばウーバーといった企業に関する私のストーリーを知り、同意できない部分について考え、読者独自のストーリーを構築し、それに基づいた企業のバリュエーションを行ってもらうことが最良だと考えている。実在の企業に関するストーリーを記すことの危うさとして、現実世界では予期しないことが起こり、私のストーリーが誤ったもの、時に取り返しのつかないほどの誤りとなることがある。私はそれを恐れるよりも、むしろ歓迎している。なぜなら、それによって自分のストーリーを見直し、改善、補強することができるからだ。

　私は、本書のなかで幾つもの役割を演じることになる。もちろん、外部の投資家として企業を観察し、評価することに多くの時間を割いている。それこそが私がもっとも頻繁に演じる役割であるからだ。また、時には新たな事業の可能性や価値を、投資家や顧客や潜在的な従業員に納得させようとする起業家や創業者の役割を演じることもある。私は何十億ドル規模の企業を創業したことも、築き上げたこともないので、説得力がないと思われるかもしれないが、幾ばくかの役には立て

ると考えている。最後の数章において、上場企業の経営陣の目を通して、ストーリーテラーと計算屋との関係を見ていく。ここでも、私は人生で一度も企業のCEO（最高経営責任者）を務めたことがないことを断っておく。

　本書を読んだ計算屋が、私のテンプレートを利用して、彼らが行った企業のバリュエーションを裏づけるストーリーを構築し、またストーリーテラーがどれほど創造的なものであっても、自分たちのストーリーを数字に落とし込むことができるようになることが私の目標である。さらに言えば、本書が2つの部族（ストーリーテラーと計算屋）の橋渡しとなり、彼らが共通言語を手にし、互いの役に立つようになることを望んでいる。

第1章

2つの部族の物語

A Tale of Two Tribes

　ストーリーテラーと計算屋のどちらがしっくり来るだろうか。これは私がバリュエーションの講義を始めるときに行う質問であるが、たいていの者は容易に答えることができる。というのも、専門特化が進んだ今の時代において、われわれは人生の早い段階でストーリーテラーとなるか、数字と格闘するかの選択を迫られており、ひとたび選択すれば、何年間も費やしてその分野でのスキルを向上させるだけでなく、ほかの分野を無視するようになるのだ。左脳は論理や計算を司り、右脳は直観や想像力や創造性を司るとする社会通念を受け入れるならば、われわれは日々自分たちの脳の半分しか使っていないことになる。長い間眠らせてきた脳の一方を機能させ始めれば、自分たちの脳をもっと活用できるようになると考えている。

簡単なテスト

　ここでバリュエーションを行うのは尚早であることを承知しているが、高級車メーカーであるフェラーリの新規株式上場のバリュエーションを提示することとしよう。このバリュエーションでは、予想収益、営業利益、キャッシュフローをスプレッドシートに落とし込み、主要な仮定は数字で表現することとする。フェラーリの収益は、経済の成

9

長率が落ち込むまで、向こう５年間は年に４％成長するとする。税引き前営業利益率は18.2％。また、同社は事業に投じた１ドルに対し、1.42ドルの収益を生み出すものとする。読者が計算屋でなければ、すでに訳が分からなくなっているかも知れない。たとえ計算屋であっても、以上の数値を長いこと記憶してはいられないであろう。

　では、代替的な方法を考えてみよう。高級車メーカーであるフェラーリは、自社の車に驚くほどの高い価格を付け、また、生産量を絞り、極めて裕福な人々にだけ提供しているので巨額の利益率を獲得することができる、としよう。こう言ったほうが記憶しやすいだろうが、詳細が分からないので、同社を買うのにいくら支払ったらよいかはまったく分からない。

　第三の方法がある。４％という低い収益成長率とフェラーリが排他性を維持するために必要となることとを結びつける。フェラーリを購入できるのは超が付く富裕層に限られ、彼らはほかの自動車メーカーが影響を被るような経済の趨勢には影響を受けない者たちなので、その排他性こそが、長年にわたり、大きな利益率と安定した利益とを可能としているのだ。私の数字と、同社に関するストーリーを組み合わせることで、数字の根拠を示すだけでなく、読者独自のフェラーリに関するストーリーを構築する場を提供する。そうすることで、異なる数値が出てくるであろうし、企業の評価も異なったものとなるであろう。一言で言えば、それこそが本書の最終目標である。

ストーリーテラーの魅力

　何世紀もの間、知識はストーリーを通じて世代から世代へと受け継がれてきた。語り、語られるなかで、また新たな展開を示していく。このように、ストーリーがわれわれの心をつかんで離さないのには理由がある。ストーリーはわれわれを他者と結びつけるだけでなく、研究

が示しているように、数字よりも記憶されやすいのだ。おそらくは、ストーリーは脳の化学反応や電気的刺激を引き起こし、数字にはそれができないからであろう。

しかし、われわれはストーリーを愛すると同時に、その脆弱さも承知している。ストーリーテラーにとっては、真実とおとぎ話が交錯するようなおとぎの国に入り込むことなど容易なのである。小説家であれば何の問題もないかもしれないが、ビジネスを行う者にとっては災難の元である。ストーリーを聞く側の者にとっては、異なる危険性がある。ストーリーというのは、理性よりも感情に訴えかける傾向があるので、聞き手もまた不合理な行動をとるようになり、少なくとも聞き心地は良いが、筋の通らない行動に出ることになるのだ。実際に、詐欺師たちが経験から知っているように、聞こえの良いストーリーほど売れるものはないのだ。

ストーリーの魅力とそれが良いことにも悪いことにも用いられることを知れば、多くのことが学べる。ストーリーテラーの多様性を考えれば、ストーリーにはパターンがあることに気づくであろう。つまり、優れたストーリーには、繰り返し用いられてきた共通点と構造があるのだ。ストーリーテラーとしての優劣がある一方で、その技術は教えたり、習ったりすることができるものであることも事実である。

ストーリーテリングを学ぶ者として、長く、綿密に調査されたストーリーテリングの歴史を見てきた私の頭に浮かぶ考えが3つある。その最初にして、もっとも控えめなのが、事業に関する優れたストーリーテリングの方法とされるものの多くは何世紀にもわたって知られてきたことで、おそらくは原始時代にまでさかのぼるものである、ということだ。次に、優れたストーリーテリングは事業の成否に大きな差をもたらし、その創成期にはそれが顕著であることだ。事業を成功させるにはより良い戦略を構築しなければならないだけでなく、その戦略がどうして実業界を攻略できるのかを、投資家（資金を調達するた

め）、顧客（購入を促すため）、従業員（働かせるため）に説得力を持って語らなければならないのだ。第三に、事業におけるストーリーテリングは、その創造性ではなく、約束を果たすことができるかどうかで評価されることになるので、小説におけるそれよりも厳しいものとなる、ということだ。ストーリーも現実世界の一部であり、それを好き勝手にしようとしても、できはしないのだ。

数字の力

　数字を利用することには、2つの要素によって制限がかかることが経験から知られている。大量のデータを収集し、保管するには、多くの人手が必要であり、データを分析することは難しく、また費用のかかるものである。データベースがコンピューター化され、大衆も計算ツールを利用することが可能となったことで、データの世界は「平準化され」、より民主的になり、だれもが数十年前には取り組むことができなかった数字遊びに取り組むことができるようになった。

　数字がサイバースペースに蓄積され、だれもがそれを利用し、分析できる時代となると、予期しないところで、ストーリーテリングが数字に置き換えられてしまうことがある。大変無味乾燥なビジネスの話にすら命を吹き込む術を見いだしたストーリーテラーの達人であるマイケル・ルイスは『マネー・ボール』（早川書房）のなかで、プロ野球チームのオークランド・アスレチックスのゼネラルマネジャーであるビリー・ビーンの話を紹介している[1]。ビーンは、潜在能力の高い若いピッチャーやバッターをスカウトが見て判断する古き伝統を捨て去り、統計数値に頼ることにしたのだ。彼の成功はほかのスポーツにも影響を与え、統計数値を基準とするスポーツ管理法であるセイバーメトリクスを生み出すこととなり、あらゆるスポーツに導入されることになった。

では、なぜわれわれは数字に引き込まれるのだろうか。不確実な世界において、数字は精密さや客観性をもたらし、ストーリーテリングに対するカウンターバランスとなるのだ。しかし、その精密さにも幻想が伴うことがしばしばであり、さまざまな形で数字にバイアスが入り込むことがある。このような限界があるにもかかわらず、ファイナンスや金融の世界では、ほかの多くの分野と同様に、「クオンツ」とも呼ばれる計算屋たちが数字の力を利用し、情報を伝達したり、悪用したりしている。2008年の危機は、常識が数学モデルの複雑さに圧倒された最たる例である。

瞬時に利用が可能な巨大なデータベースと、そのデータを利用する有効なツールという現実世界における2つの進歩によって、あらゆる取り組みのバランスが数字のほうに傾き、特に金融市場ではそれが顕著である。それらの進歩は代償を伴うものである。今日投資を行う際に直面する問題は、十分なデータがないことではなく、データがありすぎることで結論が定まらないことにある。このデータ過多がもたらす皮肉な結果のひとつは、行動経済学者たちが結論づけているように、すべてのデータを利用することで意思決定がより単純かつ不合理なものとなるということだ。もうひとつの皮肉は、ビジネスの議論で数字が支配的になるほど、人々はそれを信用しなくなり、ストーリーへと逆戻りしていくということである。

意思決定で数字を上手に利用するためには、データを使いこなさなければならないが、データマネジメントには3つの側面がある。第一に、データ収集にあたって、どれだけの量と期間のデータが必要かという判断も含めた簡潔なルールに従い、そのデータを読み解くときのバイアスを避ける、または少なくとも最小化させる方法を見いださなければならない。次に、大量の、相矛盾するデータを読み解くために基本的な統計学を利用し、統計学のツールを用いて多すぎるデータと対峙するのだ。大学時代、統計学の講義が好きで、大量の数字に直面

してもそれを上手に用いることができる者は例外的な存在だった。残念ながら、大部分の者にとって統計学は忘れられしものであり、それゆえデータ操作に弱くなりがちなのだ。最後に、統計上のニュアンスを理解できない者に対しても分かりやすいように、データを説明する革新的な方法を考え出すことである。生来のストーリーテラーにとっては、これはいささか困難かもしれないが、時間を費やす価値のあるものである。

アマゾンやネットフリックスやグーグルなどの企業が蓄積した顧客情報を利用して、マーケティングの精度を高めるだけでなく、商品展開を変えるビッグデータの魅力は理解しやすい。同時に、データに基づいた分析の限界と危険性も理解しなければならない。幾重にもなる数字の裏にはバイアスが隠されており、一見正確に見える見積もりが不正確であったり、また意思決定者が自分たちがいつ何をすべきかの判断をモデルに頼っていることもあるのだ。

懸け橋としてのバリュエーション

ここで、これまでの話を見直してみよう。われわれは数字よりもストーリーに親しみを覚え、またよく記憶するが、ストーリーテリングはあっという間にわれわれをおとぎの国に引き込みかねず、投資を行うにあたってはそれが大きな問題となるということだ。数字は厳格な評価を行うことを可能にするが、その裏づけとなるストーリーがなければ、規律というよりも、脅迫やバイアスという武器にしかならない。この解決策はシンプルである。ストーリーと数字の双方を投資や事業に活用すればよいのだ。その２つの懸け橋となるのが、**図1.1**で示すとおり、バリュエーションである。

実際に、バリュエーションは互いを引きつけることが可能であり、ストーリーテラーは自分のストーリーのうち、真実味の乏しい点を見直

図1.1　数字とストーリーの懸け橋としてのバリュエーション

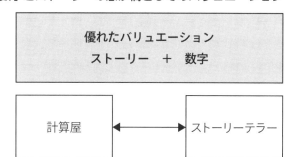

し、それを改めることができる。また計算屋は自分たちがはじき出した数字が不合理、または信用に足らないストーリーを生み出していないかを認識することができるのだ。

　事業を評価し、投資を行うときに、どのようにストーリーテリングを適用できるのか。そのためには、まず評価しようとしている企業を理解することから始める。その歴史、事業領域、そして現在ならびに将来直面する競争状況を把握するのだ。そして、私が3Pテストと呼んでいるものとストーリーとを照らし合わせ、ストーリーに規律を持たせなければならない。つまり、ストーリーは可能性がある（Possible）ものかどうか。これはあらゆるストーリーが満たさなければならない最低限のテストである。次に、ストーリーがもっともらしい（Plausible）かどうかで、このほうがより厳しいものとなる。そして最後に、確からしい（Probable）かどうか。これは3つのテストのうちもっとも厳格なものである。可能性があるストーリーのすべてがもっともらしいわけではなく、もっともらしいストーリーのうちでも、確からしいものはほんのわずかにすぎない。ここまでは、主にストーリーテラーの領域にあったわけだが、ここからは、テストを通過したストーリーを、評価を決める数字つまり、事業のバリュードライバーと明確に結びつ

図1.2 ストーリーから数字へのプロセス

ステップ1 評価する事業のストーリーを構築する
事業が将来どのように進展すると考えているかをストーリーにする

ステップ2 そのストーリーが、可能性がある（Possible）のか、もっともらしい（Plausible）のか、確からしい（Probable）のかのテストを行う
可能性があるストーリーは数多くあるが、そのすべてがもっともらしいわけではなく、確からしいものとなるとわずかにすぎない

ステップ3 ストーリーをバリュードライバーに落とし込む
ストーリーを分解し、バリュエーションのインプットにどのように落とし込むかを検証する。そのとき、潜在的な市場規模から始め、キャッシュフローやリスクへと進めていく。最終的に、ストーリーのすべてが数字に落とし込まれ、またすべての数字がストーリーによって裏づけられていなければならない

ステップ4 バリュードライバーをバリュエーションと結びつける
インプットと最終的な事業の価値とを結びつける本源的なバリュエーションモデルを構築する

ステップ5 フィードバックループを開いておく
自分よりも事業をよく知っている人々の話に耳を傾け、その提言をもとに、ストーリーを調整し、修正する。異なるストーリーが当該企業の価値に与える影響を最大限取り込むのである

けなければならない。企業文化、経営陣の資質、ブランドネームや戦略上の規範といった定性的なストーリーの多くも、インプットと結びつけることができるし、そうすべきである。それらのインプットこそが、モデルやスプレッドシートのなかで、意思決定の基礎となる評価を導き出す数字となるのだ。そして、次がこのプロセスで最後のステップとなるが、これがもっとも難しいのだ。優れたストーリーをつむぎ出すと、それに夢中になり、ストーリーに対する如何なる疑問もまるで侮辱のように感じてしまうものなのだ。反論からストーリーを守ることができるのは素晴らしいことではあるが、フィードバックループを閉ざさず、コメントや質問や批判に耳を傾け、ストーリーを修正

し、より良いものにしていくことも重要である。間違っていると言われるのは嫌なことであるが、異なる意見に耳を傾けることこそが、ストーリーをより強固な、より良いものにするのである。この流れは**図1.2**に示している。

　このプロセスは、私の線形思考や、計算屋としての本能を反映しているのかもしれない。私には有効であるし、ウーバーのような新しく、成長率の高い企業や、ヴァーレのような成熟した企業のバリュエーションを行うときにも用いている。生来のストーリーテラーにとっては、これは堅苦しいだけでなく、創造性を阻害するものだと思われるかもしれない。もしそうだとしたら、ストーリーを数字に落とし込む独自の方法論を構築することを強く勧めよう。

絶えざる変化

　あらゆるバリュエーションは企業についてのストーリーを起点とし、数字はそのストーリーから得られるものであるが、ストーリーそれ自体は時間とともに変化するものである。この変化は、金利やインフレ率や経済全体の方向転換などマクロ経済に変化が見られた結果である場合もあれば、新たな競合の参入や既存の競合による戦略の変更や目標としていた競合が市場から撤退するなど、競争環境が変化したことによる場合もある。人事および戦略面での経営の変化によって、ストーリーが変化する場合もある。つまり、自らのストーリーは現実世界から影響を受けることがないとするのは、ストーリーテリング（ならびにそこから得られる数字遊び）の傲慢なのである。

　ここで、ストーリーの変更を3つのグループに分類する。ストーリーブレーク、これは、現実世界での出来事によりストーリーが台無しになる、または終わってしまうことである。次に、ストーリーチェンジ。これは取った行動やその結果によって、これから語るストーリー

を根本的に変更しなければならないことである。そして、ストーリーシフト。これは現場での出来事が、ストーリーの根本を変えてしまうことはなくとも、良きにつけ悪しきにつけ細々とした変更を余儀なくされることである。では、ストーリーの変更の要因は何であろうか。第一に挙げられるのが、企業自体や企業を追っている外部の人間（規制当局、アナリスト、ジャーナリストなど）から発せられるニュースである。それゆえ、企業が公表する決算発表のすべてが、私にとっては企業に関する自らのストーリーを見直し、その内容に応じて微調整したり、大幅に変更したりする機会となるのだ。経営者の引退（任意か否かを問わず）、企業のスキャンダル、またはアクティビスト投資家が同社の株を買っているといった出来事があれば、ストーリーの再評価を行うのだ。買収の発表や自社株買い、配当額の増減といったことも、企業の見方を根本的に変えるものである。第二の要因はマクロ経済に関するもので、金利やインフレ率、コモディティ価格の変化や、さらには政変なども、個別企業の見通しや価値に対する考え方を変えることになる。

　ストーリーと価値に安定性を求める投資家であるとしたら、現実世界が強要するストーリーの変更を行うことを不快に感じ、次の２つのうちどちらかの反応を示すことであろう。ひとつは、時間の経過とともにストーリーが変化することのない、安定した市場で確立したビジネスモデルを追及する企業への投資に限定することだ。それは、古いタイプのバリュー投資家の多くが歩んだ道であり、彼らはそうすることでこれまで成功を収めてきたのだ。もうひとつは、変更の不快さに慣れるとともに、それが不可避であるだけでなく、最大の変化が起こるような環境下には最大のビジネスチャンス、投資機会が存在することを学び取ることである。私がバリュエーションにおけるストーリーテリングの側面に魅力を感じるようになった理由のひとつに、私が第二の道を選んだことがある。その過程で、私は変化しやすい企業を等

図1.3　企業のライフサイクル

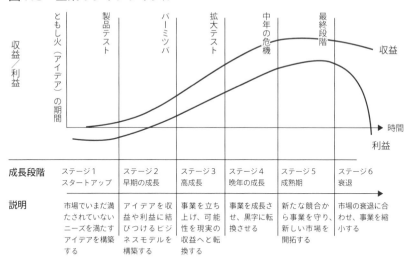

企業のライフサイクル

　式やモデルを用いて評価することができないことを学んだのだ。そして、数字が固まらないときには、立ち返ることができるストーリーが必要なのである。

企業のライフサイクル

　ビジネスを理解するために有益な概念が、企業のライフサイクルである。企業は人類同様に年を取り、その過程で大きな差が生まれてくるのだ。ここで**図1.3**に私が考える企業のライフサイクルを図示する。
　これがストーリーと数字にどのような関係があるのか。ライフサイクル早期の事業がまだ形作られておらず、歴史もほとんどない段階では、企業の価値は主にストーリーによってもたらされるものであり、投資家によって、また時間の経過とともに大きな違いが生まれるものである。企業が年を取り、歴史を重ねていくにつれ、数字が企業価値に

おいてより大きな役割を果たすようになり、投資家または時間による違いが狭まり始める。ストーリーと数字の枠組みを用いることで、スタートアップから清算までの企業のライフサイクルを通じてプロセスがどのように変化するかを私は見ているのである。

　本書は投資やバリュエーションについて記すものであるが、ストーリーと数字との連携は、創業者や経営者といった反対側にいる人々にとっても同じように重要である。事業のある段階においてはストーリーがものを言い、またほかの段階では数字がより重要な役割を果たすことを理解することは、投資家を引きつけるためだけでなく、事業を運営していくためにも重要である。こう考えることで、それぞれの段階で経営幹部に求められる資質や、偉大な経営者でさえライフサイクルのある段階であっという間に深みにはまってしまう理由を見いだしたいと思う。

結論

　さて、これから本書を読み進めていくことは容易なことだと言いたいところであるが、本書の性質からしても、その約束は果たせそうにない。前述のとおり、詩人とクオンツの双方に本書を読んでもらい、詩人が自分たちのストーリーに数字を当てはめる術を身につけ、またクオンツが数字を裏づけるストーリーを語る技術を高めることを期待するならば、双方とも本書の半分は容易だと感じ（自らの強みを生かせるから）、残りの半分は苦痛以上のもの（自分たちの脳の弱点に取り組まなければならないから）であると感じるであろう。どうかその困難を乗り越えてもらいたい。私ができることは自らの経験を参考として記すだけである。

　私は生来の計算屋であり、ストーリーテリングは容易なことではなかった。バリュエーションを教え、また実行してきたこれまでの人生

で、私はストーリーテリングを怠り、バリュエーションモデルに駆け込んでいた。初めてストーリーテリングをバリュエーションに結びつけようとしたときは、自分で見ても堅苦しく、説得力のないものであったが、それでもストーリーテリングの分野に取り組み続けたのだ。私はガブリエル・ガルシア・マルケスやチャールズ・ディケンズにはなれないが、今では容易に企業についてのストーリーを語り、バリュエーションと結びつけることができるようになった。本書でもそれらのストーリーの一部を記しているので、ぜひジャッジを下してもらいたい。

第 **2** 章

ストーリーを教えてください
Tell Me a Story

　われわれは皆、ストーリーを愛している。われわれはストーリーに共感し、またそれを記憶にとどめる。有史以来、ストーリーは情報を伝達し、人を説得し、また売り込むために用いられてきた。それゆえ、ビジネスがストーリーテリングと相性が良いのも当然なのだ。本章では、ストーリーテリングがどのようにして学習の中核をなし、なぜストーリーがわれわれに大きな影響力を持ち続け、そして、なぜ情報化時代においてこそ、ストーリーテリングが必要なのかを見ていこうと思う。本章の前半では、ストーリーテリングの良い面を記していくが、後半は暴走するストーリーテリングの危険性について考え、ストーリーが感情に訴えることでどのように判断を誤らせるかを見ていこう。

歴史上のストーリーテリング

　ストーリーは、まさに有史以来われわれとともにある。1940年、フランスの子供たちが2万も昔の動物と人類を描きだした洞窟の壁画を見つけた。最初に印刷されたストーリーはシュメール王ギルガメッシュに関するもので、紀元前700年ごろに粘土板に記されたが、およそ3500年前にはエジプト人がパピルスにストーリーを記していた記録も存在する。ストーリーテリングの痕跡はあらゆる古代文明に見られる

23

のだ。

　いまだ色あせない古代のストーリーを挙げれば2つの古典に行きつく。ホメロスのオデッセイアとイソップ寓話だ。ホメロスが詩を書いたのは紀元前1200年ごろと言われ、イオニア系ギリシャ語の書き言葉が生まれる500年も前のことである。イソップは紀元前550年ごろの人物で、彼のストーリーは死後200年ほどたってから編纂されたものである。世界のあらゆる地域に起こった古代宗教はストーリーを通して自らのメッセージを広めていった。聖書しかり、コーランしかり、バガヴァッド・ギーターしかりである。当時、これらのストーリーは口頭で世代を超えて伝えられてきたのだが、その力を示すかのように、ストーリーの核心は驚くほどに色あせていない。

　印刷機の登場で、ストーリーはより多くの聴衆と耐久力とを得ることとなり、書籍という形をとって多くの地域へと広がっていった。そのことが大学の創設と正規の教育の発達とを可能としたが、それでも読み書きができるのはほんの一部の人々に限られた。これらの「知識」人が言葉の力を使って、読み書きのできない人々にストーリーを伝えていったのである。文学を専攻する世界中の者たちはシェークスピアを読んでいるが、彼の戯曲はグローブ座での演劇のために書かれたものであることを思い出すとよい。人類の歴史とストーリーテリングの歴史は複雑に絡み合っていると結論づけるつもりはないが、ストーリーテリングなくしては、われわれは自分たちの歴史を知ることもできなかったかもしれないのだ。

ストーリーの力

　では、ストーリーにスタミナを与えているのは何であろうか。研究者たちはこの疑問の答えを見いだそうとしてきた。それは、ストーリーの魅力を理解するためだけでなく、それによって人々がより良い、よ

り印象的なストーリーを語ることができるようになることを期待して
のことである。

ストーリーが結びつける

　巧みに語られるストーリーは聞き手を結びつけるが、これは数字に
はできないことである。結びつきの理由はストーリーや聞き手によっ
てさまざまだが、その度合いもさまざまである。近年、科学者たちは
その理由に着目し、その結びつきは化学的・電子的刺激によってわれ
われの脳と固く結びついている可能性を見いだしている。

　では、化学的な説明から始めよう。クレアモント大学院大学の神経
経済学者であるポール・ザックは人間の脳の視床下部に存在する分子
であるオキシトシンというホルモンに着目した[1]。その合成量や分泌が
安心や不安に関連していると言われるオキシトシンは、影響力のある
ストーリーを聞いているときにも分泌され、それによって聞き手のそ
の後の行動を変化させるとザックは主張している。さらに、ストーリ
ーにストレスを感じているときには、脳はコルチゾールを分泌し、聞
き手の集中を促すという。別の研究では、ハッピーエンドのストーリ
ーは、辺縁系に希望や意欲を引き起こす、脳の報酬系ともいえるドー
パミンを分泌させることが発見されている。

　グレッグ・ステファンズ、ローレン・シルバート、ウリ・ハッサン
は、脳の電子インパルスがストーリーテリングにどのように反応する
かという興味深い研究を行い、これを「知覚カップリング」と名づけ
た[2]。特に、彼らの実験リポートでは、若い女性が12人の被験者にスト
ーリーを語り、話し手と聞き手の双方の脳波を記録している。彼らは、
ストーリーが語られるにつれて2つの現象が起こることに気づいた。そ
の1つが、話し手と聞き手の脳波が同時に動くのだ。ストーリーを咀
嚼する聞き手の側にはタイムラグが見られるが、脳の同じ部分が反応

25

するのである。その違いを生み出しているのがストーリーそのものなのかどうかを調べるために、ストーリーをロシア語で語ると（聞き手はだれも理解できない）、脳波の動きはやんでしまう。つまり、結びつきをもたらしているのはストーリー（およびそれに対する理解）だということになる。第二の、そしてより興味深い発見は、ストーリーのある部分で、聞き手の脳のインパルスが話し手のそれに先行することがある、ということだ。つまり、聞き手がストーリーの次なる展開を予測し始めたことを示している。つまり、話し手とその話を聞く者たちの脳波の同期化が進むにつれ、コミュニケーションはより効果的なものとなるのである。

　ストーリーテリングについて強調すべき最後の一点がある。著書『テル・トゥ・ウィン（Tell to Win）』のなかでピーター・グーバーは、聞き手はストーリーに引き込まれると、無批判に主張を受け入れるようになる、つまりガードを下ろしてしまうのだと述べている[3]。心理学者であるメラニー・グリーンとティム・ブロックは、これらフィクションの世界では聞き手は情報の処理方法を変え、話に夢中になっている聞き手ほどストーリーの誤りや矛盾を見抜けなくなるのだと主張している[4]。そのためストーリーテラーは、さもなければ反論されかねないストーリーを構築することができるのであるが、これは後述するようにビジネスのストーリーテリングにおいては功罪相半ばするものである。なぜなら、詐欺師どもに悪用されかねないからだ。

ストーリーを覚えてもらう

　30年以上にわたり教鞭をとってきた私は、幸運にも数十年が経過しても私の講義は面白かったと（少なくとも私の前では）言ってくれる学生に恵まれてきた。講義のなかで触れたちょっとした逸話やストーリーを彼らがよく覚えていることには驚くが、講義の詳細や取り上げ

た数字などは記憶のはるかかなたに消え去っているのだ。

これは私だけの経験ではなく、ストーリーが持つスタミナは多くの研究が示すところである。ストーリーは数字よりも明確に、より長く記憶されるのだ。被験者がストーリーと解説文とを読み聞かされたあとに、その記憶をテストするという研究があった[5]。内容は同じであったが、ストーリーは解説文に比べて50％も明確に記憶されていたのだ。なぜストーリーはよりよく記憶されるのかということについて、研究者たちはストーリーのなかにある因果関係が記憶を容易なものにしていると仮定しており、被験者が推測し、関係性を見いださなければならない場合は、特にそれが顕著だとの仮説を持っている。それゆえ、被験者に同じ内容の異なる文章を読み聞かせた場合、因果関係があまりにはっきりしているか、もしくは極めて弱いときのほうが内容を記憶できず、因果関係は不明確であり、被験者がそこを埋め合わせなければならない場合のほうが記憶は鮮明なのである。

これらの研究からストーリーテラーが学ぶべき教訓があるとすれば、ストーリーがもっとも機能するのは聞き手を引き込むだけでなく、彼ら自身に考えさせ、自分たちで連関を持たせた場合である、ということだ。それらの連関は私が当初彼らに伝えようとしたものと同じかも知れないが、聞き手が押しつけられるのではなく、自分たちで見いだしたものであれば、より効果的であるばかりか、より鮮明に記憶されるのだ。人生同様に、ストーリーテリングにおいても、過ぎたるはなお及ばざるが如しである。

ストーリーは行動を促す

話し手と聞き手とを感情的に結びつけ、より鮮明に、より長く記憶されることだけがストーリーの力ではない。ストーリーは聞き手に行動を促すこともできるのだ。ストーリーテリングに関する調査の一環

として、ポール・ザックはストーリーが語られている間、分泌される脳神経物質であるオキシトシンの増大が、ストーリーが語られたあとの行動に関係があるかどうかを調査した。被験者にイギリス政府が作成した政府広報のビデオを見るように指示した実験において、ビデオを視聴したときのオキシトシンの増大を測定すると、慈善活動への寄付が増額されたことが映し出されたときにより多く分泌されていることが判明した。

さらに、脳神経物質の増大を促し、より多くの行動を引き起こすストーリーがあることも分かった。たとえば、劇的な展開があるストーリーでは、変化に乏しいそれよりも大きな反応が得られ、また視聴者が登場人物たちへの関心を強めるようなストーリーでも同様である。

ビジネスのストーリーの特例

ストーリーが結びつきを強め、より長く記憶され、行動を促すのであれば、ビジネスにおいてさまざまな要素からなるグループに働きかけるためにストーリーテリングが用いられるのも当然である。潜在的投資家に対しては、彼らが事業に高い価値を見いだし、資金を投下してくれるようストーリーを語る。従業員たちに対しては、彼らが喜んでその企業のために働いてくれるようなストーリーを語る。顧客に対する事業のストーリーでは、彼らが製品やサービスを、願わくは高い価格で購入してくれることを目的とする。ストーリーは語られるグループによって変わり、互いに相矛盾することすらあるが、本書の後半で述べるとおりそのことが問題を引き起こす可能性もある。

ビジネスでストーリーテリングが用いられる最たる例が営業や広告宣伝である。もっとも優れた営業マンが効果的なストーリーを語るだけでなく、広告宣伝においても、顧客に製品やサービスの購入を促すとともに、ブランドネームを覚えて（そして価値付けして）もらうよ

うストーリーを構築する。

　実務教育において、ストーリーテリングはすべての科目の重要な一部であり、ケーススタディの方法でも形式化されてきた。すべての優れたケースにおけるストーリーは、単に基本コンセプトを描きだすだけでなく、学生たちがそのコンセプトを長きにわたり覚えていられるような方法で描きだされるのだ。優れたストーリーと同様に、ケースは指導者が正しい回答であると信じていることに学生たちを導くような方法で記されているが、これも誤った用いられ方をすれば、印象操作に姿を変えることになる。

　投資の分野では、ストーリーテリングは投資哲学と提案とが一体となる。数字やデータを避け、ストーリーだけ、つまり説得力あるストーリーに基づいて事業に投資する投資家もたくさんいる。数字を追っているアナリストや投資家ですら、ストーリーをもってそれらの数字を説明しようとすることがしばしばだ。たとえば、セルサイドの株式調査では、セクターやもっとも高い価値を持つ領域にある企業について、もっとも説得力あるストーリーを語るのはそれらをカバーしているアナリストである。伝説的な投資家についても、著名な投資家をその業績ではなく、ストーリーとして記憶している場合が多い。たとえば、ウォーレン・バフェットについてもっとも頻繁に繰り返されるストーリーのひとつとして、1964年に彼がアメリカン・エキスプレスに投資したことが挙げられる。同社は、コモディティトレーダーのティノ・デ・アンジェリスに資金を貸し付けており、彼が水増ししたサラダ油を担保に利用したことで引き起こされたスキャンダルによって汚名を着せられていた。詐欺が表沙汰になると、アメリカン・エキスプレス株は暴落する。しかし、同社のクレジットカード事業はスキャンダルには無縁であるばかりでなく、時価総額の何倍もの価値があると見たバフェットは、自身の運用資産の40％もの資金を投じ、やがて株価が回復したことで回収する。バフェットがこの投資から獲得した利

益は3300万ドルと、ほかの案件に比べれば微々たるものにすぎなかったが、アメリカン・エキスプレスのストーリーは、調査を行うことがやがては大きな報いをもたらす証拠として、バリュー投資家の間で語り継がれることとなる。

ケーススタディ2.1
スティーブ・ジョブズ ── 一流のストーリーテラー

　長いことアップルを利用してきた者のひとりとして、私はスティーブ・ジョブズが神話的な高みへと昇る姿を目にしてきた。それは彼が企業としてのアップルだけでなく、音楽やエンターテインメントのビジネスを見事に一変させたことによるところが大きい。良きにつけ悪しきにつけ、ジョブズの伝説として挙げられる点は多々あるが、彼のストーリーテリングの才能は際立っていた。この才能が発揮されるのが年次総会でのプレゼンテーションで、トレードマークとなった黒のタートルネックに身を包んだ彼は最新のアップル製品を用いながら同社のストーリーを語るのである。特筆すべきは、1984年に行った基調講演（その場でマッキントッシュを紹介する）と1997年のプレゼンテーション（iMacを公表）で、それは伝説の始まりとなっただけでなく、ストーリーを語る彼の能力を見せつけるものであった。

　1984年には、コンピューターはハイテクオタクのためのものにすぎず、マイクロソフトのコマンドを打てることが数少ないハイテクに通じた人物であることの証左であった。スティーブ・ジョブズは、やがて世界中のだれもがコンピューターを利用しなければならず、またコマンドを修得することもなくなる未来が訪れると考えていた。伝統的なデスクトップとファイルホルダーをデバ

イスとして用いることで、だれもが机上でページをめくるのと同じように、コンピューターを道具として容易に利用できるようになる、と語ったのだ。1997年、世界はコンピューターが、タイプライターよりも効率的に書類やスプレッドシートを作成できるビジネスの道具として利用できることを認めることになる。このときも、スティーブ・ジョブズは丸い形状と派手な色使いのiMacを用いて、コンピューターが音楽やエンターテインメントを家庭に届ける道具となるというストーリーを語り、その後10年間に見られたアップルの成長の礎を築いたのである。

これら2つの事例はビジネスにおけるストーリーテリングにまつわるもうひとつ重要な真実を伝えている。双方のケースでスティーブ・ジョブズが語ったストーリーは、将来を見通した、魅力あふれるものではあったが、彼もアップルも1984年のストーリーのリセットからは何の利益も得ていない。実際に、マッキントッシュは設計上の問題とソフトウェアの性能とが重しとなって苦労するのだが、それらの問題にはジョブズ自身の弱点が原因となったものもある。そして、その教訓を学んだのがマイクロソフトであり、ウィンドウズを設計し直して、アップルをほとんど駆逐してしまったのだ。1997年に発売したiMacが成果をもたらすまでにはしばらく時間がかかり、アップルがそこから利益を得るのは5～6年が経過してからのことであった。ここで学ぶべき教訓は、優れたストーリーテリングはビジネスを構築するうえで重要な要素となるが、たとえもっとも魅力的なストーリーであっても富や報酬を保証するものではない、ということだ。

ITデータ時代におけるストーリーテリング

　大量のデータ（ビッグデータ）へのアクセスがますます容易となり、データ解析の道具やコンピューターの性能も向上するなかで、計算屋にとっては黄金期の到来が期待されている。次の第3章で見るとおり、その兆候はある。しかし、皮肉にも数字遊びとコンピューターの性能の向上とが、時に大量の数字とは好対照をなす、優れたストーリーテリングの需要を高めてもいるのだ。情報の入手がより容易となる一方で、その情報を記憶しておくことがより難しくなるという副作用があることは明らかである。過剰な情報にさらされると、われわれの脳は情報処理をやめてしまい、『サイエンティフィック・アメリカン』の記事でも指摘されたように、記憶する代わりに、外付けハードディスクとしてのインターネットへの依存度を高めるのである。[6]ニューヨーク・タイムズの記事でジョン・フートは、テクノロジーに依存することで、われわれは知識を細切れにし、全体像を見失っているのであろうが、そこを埋めるのがストーリーテリングとなろう[7]と主張している。私はこれらの説明が理にかなっているかどうかは分からないが、金融市場においては、入手できる情報が増大したことで、投資家たちは、判断を下さなければならないときに、より多くの不安を感じるようになっている。このことが、常に投資判断に悪影響をもたらす行動上の問題を悪化させていることは明らかである。結果として、投資家たちはここ数十年にも増して優れたストーリーテリングに引きつけられるようになっている。

　デジタルか否かを問わず、われわれはより多くの雑音にさらされて生きているが、それらは、われわれが身の回りで起きていることにどれほど注意を払うかに影響を及ぼしている。実際に、われわれは同時に複数の仕事をこなすことが増えているが、それによって身の回りの出来事の多くを見逃しているばかりでなく、われわれが形成する記憶

もよりあいまいなものとなり、思い出すのが難しくなっている。ここでもやはり、ストーリーテリングによってわれわれは注意を払い、また記憶することができるようになるのである。

　最後に、ソーシャルメディアの成長がストーリーテリングの可能性を広げている。われわれのストーリーに耳を傾ける聴衆（フェイスブックの友人すべて）が増えたばかりでなく、そういったストーリーのいくつかが拡散され、驚くべきスピードで世界中に広まる可能性が常に存在するのである。実業界はこのトレンドに即座に反応し、自分たちのストーリーをソーシャルメディアに掲載し、拡散させようとしている。私の同僚、スコット・ギャロウエーはデジタル・IQ指数（Digital IQ Index）を用いて、企業がデジタル空間でどのように活動しているかを測定しているが、そこでの後れを取り戻すには2倍の労力（とさらなる出費）が必要になることが明白だという。

ストーリーテリングの危険性

　前述のとおり、ストーリーは強力であり、人々の感情を結びつけ、記憶させ、聞き手に行動を促すものである。しかし、同様の理由によって、ストーリーは聞き手だけでなく、話し手にとっても極めて危険なものとなるのだ。前項までがストーリーを語り、耳を傾けることに対して賛成の意を表したものであるならば、本項はストーリーを独り歩きさせる危険性について述べる注意書きだと考えてほしい。

感情面の二日酔い

　一流のストーリーテラーが架空の地を創造し、われわれをそこにいざなおうとしている場合、懐疑主義を脇に置いてその地についていくことのメリットは小さい。それゆえ、私は、週末にJ・R・R・トー

ルキンの中つ国やJ・K・ローリングのホグワーツ魔法魔術学校で過ごし、彼らの創造力に刺激を受ける集中講義を受けていても、まるで何事もなかったかのように仕事に戻ることができる。ビジネスの現場では、われわれは投資を行ったり、雇用されたり、製品を購入したりしているので、まったく異なるストーリーテリングの試練に臨むことになるが、もしこれらの決断を単にストーリーにのみ依拠して下しているとしたら、かなり大きなリスクを負っていることになるであろう。

　行動経済学は近年生まれた研究分野であり、心理学と経済学との共通部分を取り扱うものである。簡潔に言えば、行動経済学とは、人々が感情や本能や直感に基づいて決断すると誤った判断を下すことになるという、人間生来のあらゆる非合理性を暴きだすものである。この分野の生みの親であるダニエル・カーネマンは、著書『ファスト＆スロー』（早川書房）のなかで人間の非合理性を描きだし、われわれが意思決定のプロセスに持ち込む、ストーリーが容易に利用できるバイアスのいくつかを記している[8]。

　しかし、感情的になって真実から乖離してしまう危険性があるのは聞き手ばかりではない。ストーリーテラーも同様の問題に直面しており、自らのストーリーを信じ、それに基づいて行動し始めることになる。実際に、ストーリーはわれわれがすでに持っているバイアスを増幅し、強化し、そしてより悪いものとするのだ。TEDトークでタイラー・コーエンは、人々に直観を信じるよう説いている一連の心理学の書物を批判している。

　　あまりに多くのストーリーを語り、またあまりに容易にストーリーに惑わされることが、われわれが事態を台無しにするもっとも重大な要因である。では、なぜこれらの書物はそのことを伝えないのだろうか。その書物自体がすべてストーリーに関するものだからである。これらの書物を読めば、自分たちが持つバイアスの

いくつかについて学ぶことにはなるが、その他のバイアスを本質的に悪化させてもいるのだ。それゆえ、それらの書物自体が認識の誤りをもたらすことになるのだ。[9]

ストーリーテリングの利点のひとつとして、聞き手がストーリーに引き込まれるほど、疑うことをやめ、怪しげな主張や過程をもまかり通してしまうということを前述した。それはストーリーテラーにとってはプラスであるけれども、たいていは一流のストーリーテラーである詐欺師たちが大金持ちになれる話を作り出し、聞き手からお金を引き出すことを可能にもしているのだ。ジョナサン・ゴットシャルの言葉を借りれば、「一流のストーリーテラーはわれわれを酔いしれさせようとし、そしてわれわれは分別を見失い、彼らの手のうちにはまるのである」。つまり、映画製作者にとって善なることが、ビジネスのストーリーにとっても有益であることが証明されるのである。[10]

移り気な記憶

多くのストーリーテラーが個人の記憶を頼りに自分たちのストーリーを考え出すことは事実であるが、彼らが効果的なストーリーを語れば、そのストーリーはかなり長いこと記憶されることになる。研究者が発見しているとおり、人間の記憶は不安定なものであり、容易に操作されてしまう。研究者は被験者の70％を実際には行っていないにもかかわらず、青年期に警察沙汰となった罪を犯したことがあると思い込ませることができたとする研究もある。[11] また別の研究では、被験者に、実際はそうではなくとも、子供のころにショッピングモールで迷子になったことがあるという偽の記憶をもたらすことができたという。[12]
ビジネスのストーリーがストーリーテラーの経験に基づいて構築されているかぎり、実際の経験と空想との境界線は容易に飛び越えられ

てしまう。貧困から立身出世を遂げたとする創業者や、市場が暴落する直前に身を引くことができたと主張するファンドマネジャー、ありもしない経営課題に取り組んでいるとするCEO（最高経営責任者）は、自分たちのストーリーを繰り返し語ることで、それを信じるようになるのである。これは、ストーリーは常に捏造され、欺瞞に満ちていると言っているのではなく、善意のストーリーテラーでさえ自らの記憶を書き変えてしまうこともあれば、それらのストーリーを聞く者たちが語られたとおりにストーリーを記憶しないこともある、ということである。

対抗手段としての数字

　単に人を喜ばせるためのストーリーと、ビジネスにおけるストーリーの主たる違いは、後者は現実的でなければならず、また現実世界は創造力にあふれていることを理由にビジネスのストーリーテラーを報いることはない、ということである。ストーリーだけでビジネスの判断を下すことの害悪のひとつが、容易に一線を超え、おとぎの国に迷い込んでしまうことである。ビジネスでのストーリーテリングでは、これがまったく機能しない形で現れる。

●**おとぎ話**　これは、ほとんどの部分は一般的な台本に従って語られるが、ある部分に至って、話し手が予測と自分たちの希望とを置き変えてしまい、創造力を暴走させてしまうビジネスストーリーである。当然のことながら、そういったストーリーでは、話し手が最終的にビジネスの成功者として富を手にすることになる。
●**暴走ストーリー**　おとぎ話と近似しているが、このストーリーは聞こえが良く、話し手も好ましく感じられるがため、また聞き手はそのストーリーが本当であることを願うがために、ストーリーの盲点

第2章 ストーリーを教えてください

や論理の破綻を見落としてしまうものである。

　ストーリーテリングが独り歩きすると、容易に焦点が薄れ、ビジネスストーリーにおいては関係者すべてにとって危険なものとなる。

　ストーリーが感情に訴え、また過去の経験が偽の記憶によってゆがめられるとすれば、会話のなかに数字を持ちこむことの利点が理解できよう。ストーリーテラーがおとぎの国に迷い込んだとしたら、彼や彼女を地上に戻すもっとも簡単な方法は、データを用いてその旅路が不可能なもの、またはあり得ないものであることを示せばよい。同様に、ストーリーが強力で聞き手を圧倒するものである場合は、約束された結果が達成されるまでに何が必要であるかという質問をいくつかすることで、聞き手に正気を取り戻させればよいのだ。

ケーススタディ2.2

信用詐欺 ── 良からぬ目的をもったストーリーテリング

　詐欺は人類誕生と同じくらい古くから存在するが、何がそれを可能にしているのであろうか。また、うまくいく詐欺と失敗する詐欺があるのはなぜだろうか。その答えは多々あろうが、すべての詐欺師に共通する要素は、彼らは一流のストーリーテラーであり、聞き手の感情面における防御態勢の一番弱い場所を理解し、ストーリーテリングの力をもって被害者たちをそのストーリーに乗せることができる、ということである。

　チャールズ・マッケイは市場のバブルに関する著書『**狂気とバブル**』（パンローリング）のなかで、いつの時代でも営業マンはストーリーを用いてチューリップの球根から怪しげな企業の株式まであらゆるものを売り込み、また価格を引き上げてきたか、なぜ

37

投資家はそれらのストーリーにだまされ続けるのかを記している。[13]
金融市場の発達とメディアの拡大によって、ストーリーテラーたちは観客を増やし、またそれによって自らの被害者候補を増加させているのだ。

　近年では、バーニー・マドフが投資スキームを売り込んだ。彼は、時価総額上位100銘柄のうち、およそ50銘柄を「適切なタイミング（彼が市場のタイミングを取る方法を見いだしているかのような印象を投資家たちに与える）」で取得し、プットオプションを用いることで潜在的損失を限定するのだと主張した。主たる売り込み材料は3つある。その1つ目が、戦略が「外部の者には複雑すぎて理解できない」ことであり、独自のノウハウに頼るものなので詳細を伝えることができないということである。2つ目は、見事に設計されているので、市場環境が悪いときでも損失を回避できそうだ、ということだ。そして3つ目の、おそらくはもっともずる賢い要素であるが、桁外れに大きなリターンではなく、ほどほどのリターンをもたらす戦略である、ということである。マドフがターゲットにしたのは、リスク回避的な個人や財団で、その多くが彼同様にユダヤ系であり、約束したリターンを「合理的」に聞こえる程度に低く抑え、顧客層を「限定」することで、大きな疑問を抱かれることもなく、およそ20年にわたり生き続けることができたのだ。

第2章　ストーリーを教えてください

ケーススタディ2.3

テラノス──本当であってほしいと思うほど良いストーリー

　テラノスのストーリーは、スタンフォード大学の２年生で、19歳になるエリザベス・ホームズが大学を中退して起業した、2004年３月に始まった。同社はシリコンバレーのスタートアップ企業でありながら、シリコンバレーらしからぬ、不可欠ながらも古くからあるヘルスケア産業の一部、血液検査に焦点を当てたものであった。スタンフォード大学の研究室でSARS（重症急性呼吸器症候群）ウィルスにまつわる血液検査に従事した経験をもとに、ホームズはテクノロジーを用いれば、従来の検査よりも少量の血液で、より早く、効率的に検査結果を（医師や両親に）示すことができると結論づけた。彼女自身が告白している従来の血液検査で用いられる注射嫌いと合わせ、テラノスのナノテイナーと呼ばれる採取した数滴の血液を入れる１センチほどの容器を用いれば、従来の検査で用いられてきた何本もの採血管も不要になるとしたのである。

　このストーリーを聞いただれもが魅了され、スタンフォード大学の担当教授は彼女にビジネスを始めるよう勧め、ベンチャーキャピタリストは列をなして彼女に何億ドルもの資金を投じ、医療サービスの提供者たちはこれが医療サービスの重要な部分に変革をもたらし、痛みを軽減し、また費用を低減させるものだと考えた。医療サービスの分野では異なる立場にあるクリーブランド・クリニックとウォルグリーンは、この技術を採用するに値する魅力あるものだと考えた。同社のストーリーはジャーナリストの目にもとまり、ホームズはすぐに時の人となる。フォーブス誌は彼

39

女を「自力でビリオネアとなった最年少の女性」と呼び、2015年にはホレイショ・アルジャー賞を受賞している。

　はた目には、テラノスの血液検査事業への参入は順調なように見えた。同社は、ナノテイナーの血液で30の検査が可能となり、医師に効率的に結果を提示できるとの主張を繰り返し、ウェブサイトには、現状から劇的に費用が低下（90％もの低下となる）することを示す各検査の価格表を提示していた。ベンチャーキャピタルの世界では、テラノスはもっとも価値ある未上場企業のランキングで常連となり、その価値は90億ドルを超えるとも言われ、ホームズは世界でもっとも裕福な女性のひとりとなった。世界中が彼女に魅了され、ニュース記事を読んだだれもがすぐにでも血液検査の世界が一変するものと思っていた。

　しかし、2015年10月16日、ウォール・ストリート・ジャーナルが同社はナノテイナーの可能性を誇張しており、実際に社内で行った血液検査のほとんどでナノテイナーを用いていないと報じると、テラノスのストーリーはほころびを見せ始めることになる[14]。さらに問題となったのが、同社の上級研究員がナノテイナーによる血液検査は信頼に足らないとし、製品の科学的裏づけに疑問を呈した記事が出たことであった。数日後、テラノスにとって事態はさらに悪化する。FDA（米食品医薬品局）が、同社への査察後、同社が提供するデータならびに製品の信頼性に懸念があることを理由に、ヘルペスの検査以外ではナノテイナーの使用をやめるよう要請したと伝えられた。ホームズが製品を利用しているとしていたグラクソ・スミスクラインは、自分たちは過去２年間、スタートアップ企業とは取引していないと主張し、クリーブランド・クリニックも採用を取りやめた。テラノスは当初、対決姿勢を示し、重大な問題に取り組むよりも、批判的な記事に反論しようとした。2015年10月27日、ホームズはナノテイナーが信頼に足る血

40

液検査器具として利用できるとするデータを発表したが、これが同社の「最大の業績」となってしまった。その後数カ月、逆風は続き、同社の研究所における問題と、血液検査の技術に関する問題とがあらわになった。2016年7月、ホームズ女史が研究所を運営することを、FDAが禁じたことで同社の未来は失われ、ウォルグリーンなどのビジネスパートナーたちも同社を見捨ててしまった。

　ハリウッドの脚本家が若いスタートアップ企業に関する映画の台本を書いたとしても、テラノスのストーリーほど興味を引く物語をつくるのはほとんど不可能であろう。19歳の女性（これだけでも典型的なスタートアップ企業の創業者とは一線を画す）がスタンフォード大学（新たなハーバード大学である）を中退し、だれもが嫌がる医療儀式を容易にする事業に参入するのだ。だれもが、血液検査のために何時間も診療所で待たされ、専門家に何本もの注射針を打たれて大量の血液を抜かれ、検査の結果を知らされるまでさらに数日待ち、やがては1500ドルもの検査費用を請求されて青ざめていたのだ。ビジネスとして魅力的であることに加え、このストーリーには現状では金銭的負担に耐えられない多くの人々に迅速かつ安価な血液検査を提供することで、ヘルスケアの世界に変革をもたらす製品を提供するという使命をも帯びていたのだ。同社に生命を吹き込んだ、若さと情熱と使命感とがホームズのスピーチやインタビューにも表れている。[15]このような素晴らしいストーリーと、好感の持てるヒロインがいれば、だれも製品が本当に有効なのかどうかなどというありふれた疑問を呈するような空気の読めないまねをしようとはしないであろう。

結論

　ストーリーはビジネスにおいて重要である。純粋な事実や数字にはできないようなレベルで事業と投資家や顧客、そして従業員とを結びつけるのがストーリーであり、それが行動を呼び起こすのだ。しかし、事実と照らし合わせることをしなければ、悪い結果をもたらすことになる。ストーリーテラーは現実に背を向け、成功が保証された空想の世界を作り出そうとしがちである。ストーリーに魅了された聞き手も、ハッピーエンドを期待するがために、用心深い質問をせず、疑念や戸惑いを脇へと追いやってしまうのだ。本書に使命があるならば、それは創造的なストーリーテリングを可能ならしめるテンプレートを提供する一方で、夢想の世界へと踏み込むことを警告するだけの規律を紹介することであろう。もしビジネスのストーリーを耳にしているならば、本書は希望と予測とを取り違えないようにするチェックリストとして役立つことだろう。

第**3**章

ストーリーテリングの要素

The Elements of Storytelling

　文学の世界では、ストーリーテリングが技術なのか工芸なのかという議論が長いこと繰り返されてきた。私はそのどちらでもあると思う。ストーリーテリングには人に教えることのできない面もあるが、教えられる要素ばかりでなく、訓練すればうまくなる面もたくさんある。本章では、優れたストーリーに必要な要素に目を向け、またビジネスにおけるストーリー向けにどのような改善が必要となるかを検証したい。いくつかのタイプのストーリーを見ていくことで、章末にはストーリーと数字とを結びつける基礎を築き、話し手が言葉と仕組みとを用いて、どのように聞き手の反応を引き出すことができるかを見ていこう。

ストーリーの構造

　優れたストーリーには、あるひとつの構造がある。ここでは、ストーリーの構造全般に目を向け、ビジネスのストーリーという観点からこの問題に取り組んでみたい。お読みいただくにあたり、私は先行研究レビューを行うまで、ストーリーの構造には1世紀にもわたる長い歴史があることに気づかずにいたことを正直に記しておく。このストーリーの構造のほとんどが、劇作家や小説家や著述家たちがより魅力的なストーリーを語る一助となるよう築き上げられていることを知り、

43

私の目的はより簡潔なものとなった。つまり、ビジネスのストーリーに用いることができる教訓を過去から引きだすことである。

　ストーリーが必要とするものを初めて形式的に書き記したのはアリストテレスの『詩学』である[1]。彼はギリシャ劇を観察して記したこの書物において、すべてのストーリーには序論、本論、そして結論が必要であり、ストーリーを進めるにあたってはストーリー内の出来事が互いに因果関係で結ばれていなければならないとした。ストーリーに効果を持たせるために、主人公はストーリー全般を通じて運命の変化を体験することになる。この構造が時代を超えて生き続けていることには驚くばかりである。

　19世紀、ドイツの小説家で脚本家でもあるグスタフ・フライタークはこのストーリーの構造をより具体化し、五幕物という彼独自の形式を示した[2]。

1. **提示部**　これはストーリーを始める部分であり、そのなかで述べられていく主たる問題を紹介する部分である。
2. **上昇展開**　ここでは追加的な出来事を通じてストーリーに緊張感を導入する。悲劇においては、登場人物たちにとって物事が順調に進展する場面であり、ハッピーエンドのストーリーでは、困難が巻き起こることが多い。
3. **転換点**　ここでは流れを変える出来事が起こる。悲劇では事態が悪化し、ハッピーエンドでは事態が好転する場面である。
4. **下降展開**　ここでは、前段で示された変化の効果を引き出すような出来事が起こる。
5. **結末**　悲劇であれば破局が訪れる一方で、主人公が勝つ、また負けるような結論となる。

　フライタークの構造は、**図3.1**のような三角形で示されることが多

44

図3.1　フライタークのストーリー構造

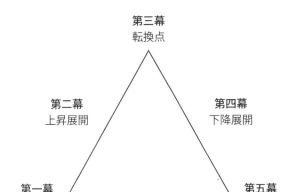

　フライタークのストーリー構造では、話し手が環境を支配し、いつ、だれに対してサプライズが起こり、またどのような結果になるのかを決める舞台監督のように振る舞うことになる。それゆえ、これをビジネスのストーリーテリングにそのまま用いるには限界がある。ビジネスでは、出来事の多くが制御不能であり、徹底的に練られたストーリーも現実世界の出来事によって無駄になるわけで、結末をあらかじめ書き記すことなどできないのである。

　前世紀の中ごろ、著名な神話学者であるジョゼフ・キャンベルは長年にわたって神話を研究した結果、すべて共通の構造を持っているという結論に至った。つまり、平凡な出自の英雄がやがて偉大なる勝利を得る旅路である、と。**図3.2**はその英雄の物語を簡潔に図示したものである[3][4]。

　スターウォーズのファンであれば、この図に見覚えがあるであろう。というのも、ジョージ・ルーカスは映画の脚本を書くにあたり、この論に影響を受けているのである。フライタークの構造と同様に、この

図3.2 英雄の旅路　略図

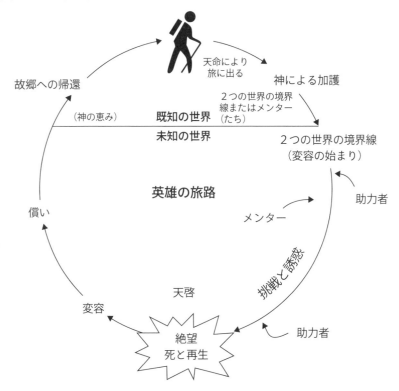

神話論もビジネスにとって都合が良いことは明らかであるが、ほかに比べて明確に記憶されるビジネスのストーリーが存在する理由を説明することにはなると考えている。ここで、スティーブ・ジョブズと、彼がビジネス界の伝説にまでなったことを思い浮かべてほしい。キャンベルの英雄と同じように、ジョブズはシリコンバレーのガレージで天命を受け、スティーブ・ウォズニアックとともにアップルコンピュータの1号機を制作する。そして、アップルを企業として成功させるまでの彼の挑戦と試練とは報道でも伝えられたとおりである。そして、彼のアップルからの追放とその後の復帰（死と再生）によって、同社の

歴史において偉大なる第二幕の舞台が整ったのである。

　ストーリーテリングに用いることができる構造はほかにもあると思うが、振り返ってみれば、アリストテレスの三段構造から、ジョセフ・キャンベルの英雄の旅に至る道はさほど長くはないように思われる。実際に、ストーリーにはわれわれが考える以上に共通点があり、また現代の感性に合わせて更新されることがよくある。

　ウーバーやフェラーリ、アマゾンのバリュエーションに命を吹き込むストーリーを構築するにあたり、アリストテレスやフライタークやキャンベルの教訓を念頭に入れていると言ったらウソになる。実際のところ、私は最近まで彼らの考えをあまりよく知らなかったのであるが、ビジネスのストーリーテリングに用いることができるこれらの構造から学ぶことがあった。アリストテレスからは、ストーリーを序論、本論、結論と簡潔にし、焦点をぼかさずにおくことの大切さを学んだ。フライタークのおかげで、ビジネスのストーリーに成功と失敗のどちらをも取り込むことの必要性を理解した。さもなければ、ストーリーは変化に乏しく、退屈なものとなってしまう。キャンベルの構造が強調するのは、ストーリーの登場人物の重要性であり、聞き手がどのように主要な登場人物の困難や成功に共感するかということである。少なくとも新しい企業では、ストーリーはビジネスそれ自体と同様に事業を運営する創業者や経営者に焦点が当てられるということが教訓となる。最後に、この手のストーリーは聞き手の感情に訴えかけるので、自分たちがストーリーとつながっているのだという実感を持たせることができるのだ。

　主にエンターテインメントで語られるフィクションと、ビジネスにおけるストーリーとの大きな違いは、前者では創造性に制限が課せられることはほとんどないが、後者は創造性にかなりの制限を受けるということだ。映画の脚本や原作を書いているならば、自分だけの世界を創造することができるし、突飛な非現実的なものであっても構わな

いし、十分な能力があるならば、読み手をその世界へと引き込むことができるであろう。ビジネスのストーリーを語っているのであれば、より現実に立脚したものでなければならない。その場合、創造性だけでなく、ストーリーで約束したことが実現できるかどうかが問われることになるからである。とは言うものの、一般的なストーリーテリングの構造をビジネスに応用できない理由はない。

ストーリーの類型

ストーリーの構造と同様に、われわれが見聞きするストーリーのほぽすべてが、過去のストーリーの焼き直しである。ストーリーの分類は一般的なストーリーでなされることが多いが、それはビジネスの世界においても当てはまるものである。

一般的な形

ストーリーテリングに関する著書のなかでクリストファー・ブッカーは、数百年にわたって意識されてきたストーリーの基本的なパターンは7つだけであると主張している。[5]第一が、怪獣退治である。たいていは体も小さく、弱々しいと思われている弱者が邪悪な相手を倒すのである。再生物語は再生のストーリーで、ある人が生まれ変わり、より良い人生を送るのである。冒険では、主人公は自らを、さらには世界を救うアイテムなどを探すミッションに出かけるのだ。ロード・オブ・ザ・リングやスターウォーズが観客を魅了するのはこれである。立志伝は変容に関するもので、貧しかったり、弱かったりする者などが危険を冒して裕福になり、また権力を手にするのである。放浪と帰還では、登場人物は意図するしないにかかわらず発見の旅に出て、やがてより賢く、幸せに、またはより裕福となって元の場所へと戻るので

ある。喜劇では、人生の難関を乗り越えていく姿を通じて人々を笑わせることが目的となり、悲劇ではその反対となる。つまり、そこでは人々を泣かせることが目的となる。ブッカーは、高尚な文学から三文小説、オペラからメロドラマ、シェークスピアの歌劇やジェームス・ボンドの映画まで、あらゆるストーリーがこれら7つのパターンに入ると主張している。

製品のストーリー

　広告会社は、製品の売り込み文句を作るために何十年もの間、一般的なストーリーの類型を利用してきた。パーソナルコンピューター事業（IBMやマイクロソフトが典型）が重きを成していた1984年のアップルのマッキントッシュの広告は、怪獣退治の典型であった。アップルの1984年の広告はスーパーボウルが行われる日曜日に封切られたのであるが、このストーリーを目にするには1年でもっとも良い場であり、広告会社は大枚をはたいて、極めて短期間にテレビの視聴者たちに訴えかける機会を手にしたのである。専門家と一般視聴者の双方は、テレビ視聴者にはもはや儀式化している広告のうち、どれがもっとも印象に残るかを調査されている。常に抜きんでる企業や広告会社というのは存在しないが、30秒から60秒で見事に表現される魅力的なストーリーを伝える広告がもっとも記憶に残るもののひとつであることには変わりない。

創業者のストーリー

　新しいスタートアップ企業は言うまでもなく、実績ある事業においても、ビジネスのストーリーは創業者のストーリーと密接に結びついており、創業者のストーリーこそが投資家の関心を集めるのである。具

49

体的に述べれば、創業者のストーリーというのは次の5つに分類される。

1. **ホレイショ・アルジャーのストーリー**　アメリカではもはや古典となっているが、一種の成り上がりストーリーである。投資家は、計り知れないほどの苦難に直面しても粘り強く自ら身を立てようとする創業者に魅了されるのである。
2. **カリスマのストーリー**　このストーリーでは、創業者がひらめき、つまりビジネスチャンスのビジョンを得て、それを形にしようとする瞬間が語られる。イーロン・マスクは、スペースXやテスラやソーラーシティなど多くの事業を立ち上げているが、それらの事業において、投資家は企業それ自体だけでなく、カリスマ性のある創業者であるマスクにも引きつけられているのである。
3. **コネクションのストーリー**　だれを知っているかが優位性をもたらす事業もある。家庭環境や政治家や官僚といった過去の職業のおかげで、適切なコネクションを持っていることで創業者は特別な優位性を得るのである。
4. **セレブのストーリー**　投資家は、創業者がセレブであることに引かれることがある。これは、そのステータスのおかげで投資家が事業に魅力を感じ、価値を生み出すことになると考えているからである。ジャック・ニクラウス、マジック・ジョンソン、オプラ・ウィンフリーなどはセレブである自らの立場を利用して事業を成功させているが、多くの投資家は事業それ自体と同様にセレブの名前に引かれているのである。
5. **経験のストーリー**　創業者の実績が投資家をその事業に引きつける。事業に投資するにあたり、過去に事業を成功させているのであれば、新しい事業でも成功するだろうという予測が成り立つのである。

しかし、あまりに行きすぎて、ビジネスのストーリーが創業者のことだけとなると、危険なことが2つある。1つ目は、あまりに創業者に依存したビジネスでは、創業者の個人的な失敗が致命傷になる。2003年にマーサ・スチュアートがインサイダー取引で有罪となったとき、彼女の名前を冠した上場企業は15%も株価が下落するなど、その後、大きな打撃を受けた。2つ目は、聞き手は常に投資家のストーリーの個人的な部分に魅力を感じているので、この個人的な要素が事業の成功と結びつかなければならない。おそらくこの点が、多くのセレブが起業家の道を歩み出しても、ほとんど成功しない理由であろう。

> **ケーススタディ3.1**
>
> ## 話し手に依存したストーリー ── アンダーアーマーとケビン・プランク
>
> アンダーアーマーはアパレル業界の成功物語であり、ウェアや靴を販売する小さな企業から、ナイキのような巨大企業の向こうを張るまでに成長した。アンダーアーマーのストーリーは、その事業だけでなく、創業者のケビン・プランクのストーリーでもある。5人兄弟の末っ子であったプランクはメリーランド州で幼少期を過ごし、やがてメリーランド大学でフットボールの選手となった。彼はチームのキャプテンを務めていたが、自分とチームメートたちが練習後、汗を吸って重くなったシャツを着ていることに気づき、女性の下着に使われている繊維を使った、軽くて速乾性のあるシャツを作るというアイデアを持つに至る。
>
> 1996年の大学卒業後、プランクは祖母の家の地下で事業を始めると、その後10年間でナイキの向こうを張るまでに成長させ、2015

年には40億ドルの収益を上げるまでとなる。アンダーアーマーの
ストーリーでは彼が目立つ存在であるが、同社の初期のコマーシ
ャルでは、メリーランド大学のフットボールチームの仲間を登場
させていた。彼はまたさまざまな種類の株式を発行して、企業の
議決権を支配している。

ビジネスのストーリー

　ビジネスのストーリーと言っても幅広いが、ビジネスが企業のライ
フサイクルのなかでどこに位置するのか、また直面している競争がど
のようなものかによって変わってくるであろう。一般化がすぎて、す
べてのストーリーをカバーできないかもしれないが、いくつかの古典
的なビジネスのストーリーを**表3.1**にまとめておく。

　このリストがすべてを包含しているわけではないが、上場企業、未
上場企業双方の大部分をカバーしている。ここで指摘すべきことが2
つある。1つは、企業は2つのストーリーを持つことが可能だ、とい
うことだ。2015年9月のウーバーがその例に属するが、同社は革新ス
トーリー（自社がカーサービス業を変革する）と支配ストーリー（自
社はカーシェア市場の止めざる潮流である）の双方を語ったのである。
2つ目は、企業がライフサイクルを進むにつれて、ストーリーも変化
するということだ。それゆえ、グーグルが1998年に検索エンジンの市
場に参入したとき、同社は既存のプレーヤーにケンカを仕掛ける弱者
にすぎなかったが、2015年に至るまでに、同社は市場の支配的存在へ
と成長し、おそらくはそれにふさわしい評価を得ていることであろう。

第3章　ストーリーテリングの要素

表3.1　ビジネスのストーリーの類型

ビジネスの ストーリー	類型	投資家向けのピッチ
強者	大きな市場シェア、優れたブランド力、大きな資本調達力を持ち、情け容赦ないとの評判がある	顧客を喜ばせるために支配企業よりも懸命に働いており、企業イメージもより良いものとなっている
敗者	市場シェアの面で大きく水を開けられているが、支配企業よりも安く優れた製品を提供していると主張している	競合を押しのけ、収益と利益ともに増大している
ピンと来た瞬間	市場で満たされていないニーズを見いだしたとする企業で、たいていは予期しないような方法で、やがて市場のニーズを満たしていくことになる	満たされていないニーズに応えることで事業として成功する
より良い仕掛け	既存の製品やサービスをより良い方法で提供するとする企業で、より望ましくまたニーズに適切に答えることができる	既存の企業の市場シェアに食い込むことになる
革新者	事業の方法を変える企業で、製品やサービスの提供方法を根本的に変革する	現状が非効率であり、革新によって事業のあり方が変わる（そうすることでお金を稼ぐ）
低コスト業者	事業のコストを削減する方法を見いだした企業で、価格を安くし、より多くの売り上げを上げることが期待される	薄い利幅を補ってあまるだけの売り上げの増大が見込まれる
使命を持つもの	単にお金を稼ぐこと以上の大きく崇高な使命を持つ企業	社会に対して良いことをしながらお金を稼ぐ

53

ストーリーテラーのステップ

　本章では、主に創業者からの売り込みを判断したり、投資対象としての企業を分類する聞き手や投資家の立場からストーリーテリングを見てきたが、創業者またはストーリーテラーの場合はどうであろうか。ここでは、ストーリーの構造や類型から得られる教訓を用いて、より良いストーリーを語るために用いることができるステップについて見ていこう。

1. **事業を理解し、自らを知る**　ストーリーテラーとして、事業を理解していなければ、それについてストーリーを語ることはできない。その事業が何なのか、また将来どのようになるのかというビジョンがあいまいで不確かなものであったら、ストーリーもその混乱を反映したものとなってしまう。これは、長い歴史のある一流企業のCEO（最高経営責任者）であろうと、ベンチャーキャピタルの資金を求めるスタートアップ企業の創業者であろうと、当てはまることである。実際に、スタートアップ企業の創業者は事業には不可欠の存在であるので、立ち上げた企業同様に自らがストーリーの一部となるのであり、それゆえ何らかの内省（そのベンチャーで果たそうとする役割について）が必要となるであろう。

2. **聞き手を理解する**　ビジネスのストーリーは、聞き手によってその興味の対象が異なるので、話をする相手（従業員、顧客、または潜在的投資家）次第で異なるものとなる可能性がある。従業員は事業を成功させようという情熱を共有する者たちであるかもしれないが、それ以上に、その成功をどのように分かち合えるのか、また失敗した場合に直面する個人的なリスクはどのようなものか、ということに興味を抱いている。顧客は、企業の利益よりもその製品に興味を抱いており、その製品やサービスが自分たちの要求

第3章　ストーリーテリングの要素

をどのように満たしてくれるのか、その見返りとしてどれだけ支払わなければならないのかという説明を聞きたがっている。投資家は、顧客と同様に製品やサービスについて知りたいと考えてはいるが、それはどのように収益や価値へと転換されるのか、という視点からのことである。投資家のなかでも、投資対象期間（短期か長期か）、どのようにリターンを生み出したいと考えているか（現金でのリターンか、価値の増大か）に大きな違いがあるので、ある者に対してはうまくいくストーリーもほかの者に対しては失敗となることがある。

3．事実を整理する　事実をないまぜにすることほど、ストーリーを台無しにするものはない。それゆえ、自社、競合他社、そして対象となる市場についての学習が必要となる。他者に話す前にストーリーを確認するにあたって、ジャーナリズムで言われる5つのWをビジネスにも当てはめるべきである。

- ●顧客、競合、従業員はだれ（Who）なのか
- ●事業の現状と、将来の展望はどのようなもの（What）なのか
- ●いつ（When）事業は展望どおりになると思うか
- ●市場や地理的場所という意味で、どこ（Where）で操業するのか
- ●この市場で勝者となれると考えているのはなぜ（Why）なのか

章の後半で、この問題に立ち返り、数字を取り入れることでこれらの質問に答えることができるようになる、ということを見ていきたいと思う。

4．具体的に語る　市場機会やマクロ経済のトレンドに基づいたビジネスのストーリーならば、それらのトレンドをどのように利用するのかという計画を具体的に話す必要がある。たとえば、ソーシャルメディアの企業を設立しているとしよう。互いの交流やニュ

55

ース情報の入手、そして娯楽のためにソーシャルメディアを頼る人々が増えているとするだけでは不十分である。企業として、それらの人々にどのような製品やサービスを提供するのかを具体的に説明しなければならないのだ。

5. **語るな、示せ**　スティーブ・ジョブズの基調講演が人々の心に響くのは、たとえ誤作動が起こるリスクを冒してでも、ステージでアップルの新製品を聴衆と共有しようとするからである。同様に、製品やサービスがどのように機能するかを示すことができれば、より記憶に残るばかりでなく、その効果も高まるのである。

6. **終わりが肝心**　アリストテレスの忠告を肝に銘じ、聴衆を興奮させ、行動しようとさせておくだけでなく、伝えようとしたメッセージが残るようにストーリーを終わらせるべきである。

　私はベンチャービジネスを投資家や従業員や顧客に売り込んだことが一度もないので、この問題について私が提供するアドバイスに疑いを抱いたとしても致し方ないことである。しかし、私は教員であり、また優れた指導にはこれら6つのステップすべてが必要になると常々考えている。

優れたストーリーの要素

　では、何がより魅力的なストーリーを生み出すのか。結局のところ、ストーリーにはさまざまな形があり、さまざまな人々が語り、さまざまな展開があるわけだが、優れたストーリーには何らかの共通点がある。読者が考える特徴とは異なるところがあるかもしれないが、私が考える優れたビジネスのストーリーを生み出す要素とは次のとおりである。

1．**ストーリーがシンプルであること**　優れたビジネスのストーリーには、核となる明解なメッセージがあり、そのメッセージを阻害するような複雑さがない。

2．**ストーリーが信頼できること**　ビジネスにおける優れたストーリーとは、実行に移し、他者に説明できるものでなければならず、やがては現実という試練を通過しなければならない。そのためには、自らがもたらす強みを説明する一方で、事業としての限界についても率直に受け入れなければならない。

3．**ストーリーが本物（Authentic）であること**　本物とはよく使われる言葉ではあるが、その意味は曖昧である。しかし、１人の人間としての話し手やその事業が真に目的とするものがストーリーに反映されれば、より聞き手の心に響くものとなることは明白である。

4．**ストーリーが情に訴えるものであること**　これはストーリーテラーがステージで泣きわめくという意味ではなく、それが心から出たものであるかどうか、という意味である。話し手が自分のストーリーに情熱を感じていないとしたら、ほかの者にそれを期待することはできないであろう。

　通常のビジネスの注意事項について述べるよりも、ここでは私のお気に入りのストーリーテラーであるピクサーに教訓を得たいと思う。子供たちとトイストーリーを見て、そのあまりに見事なストーリーテリングに大人も子供も夢中になったことを覚えているが、ピクサー・スタジオに対する私の称賛は時間を追って大きくなるばかりである。かつてこのスタジオで働いていたエマ・コーツが作成した、『22ルールズ・トゥ・フェノメナル・ストーリーテリング（22 Rules to Phenomenal Storytelling）』という自らの経験に基づいたストーリーテリングに関する簡潔なマニュアルを幸運にも見つけることができた。彼女が挙げ

ているルールのすべてをビジネスのストーリーに直接的に持ち込める
わけではないが、ビジネスシーンでも適用できるものもたくさんある。
ピクサーのルールをビジネスのストーリーテリングに用いれば、スト
ーリーを聞き手の興味に合わせ、そのストーリーを簡潔明瞭なものと
し、それを伝えるにもっとも経済的な方法を見いだし、そして完璧を
期するのではなく、何度も修正を重ねることに役立つことであろう。私
は最後のアドバイスがもっとも重要であると考えているが、それはス
トーリーのなかで、「何が有効で何が有効でないか」は、さまざまな聞
き手に話をしてみることでしか分からないからである。実践こそがよ
り良いストーリーを生み出すのだ。

　個人的なことであるが、私はビジネスのアイデアを実績あるベンチ
ャーキャピタリストや実業家たち（これらがシャークと呼ばれる）に
説明し、資金調達を図るシャーク・タンクというテレビ番組が大好き
である。この番組を見るときに決まって行うことのひとつが、番組の
間、語られているビジネスのストーリーを聞きながら、うまく伝わる
ものとうまく伝わらないものがある理由を考え、また、それがどのよ
うに資金獲得へとつながるかを考えるのである。

結論

　優れたストーリーはマジックのように結びつきを生み出し、行動を
呼び起こすことができる。本章では、このマジックに潜む技術に焦点
を当ててきた。ストーリーを構築する方法は、驚くべきことに過去2000
年の間ほとんど変わらず、それがアリストテレスの劇場向けの構造で
あっても、ジョセフ・キャンベルが言うところのあらゆる神話の根幹
にある英雄の冒険であっても、ストーリーは何百年間も同じ構造の上
に成り立っているのである。同様に、フィクションであっても、ビジ
ネスであっても、何度も立ち返ることになるストーリーの基本形はほ

んのわずかしかないのである。

　本章を通して、ビジネスの優れたストーリーを構築し、語るための
ステップを検証してきた。ビジネスの優れたストーリーテラーは、ス
トーリーの構造や類型を学ぶ一方で、自らのビジネス、聞き手、自分
たち自身を理解しなければならず、そして、ファンタジーではなく現
実に照らした簡潔なストーリーを作り出さなければならない。聞き手
は心を開いてそのようなストーリーを聞くであろうし、常に事実と照
らしながらも、フィクションとは異なり、ビジネスのストーリーは必
ずしも期待どおりの結果にはならないということも理解することであ
ろう。

第4章

数字の力

The Power of Numbers

　ストーリーは文脈を構築し、記憶にとどまることができるが、人々を説得するのは数字である。数字はもっともあいまいなストーリーにさえ、一種の正当性を与え、数字に基づいて判断すれば、不確実性に直面しても安心感がある。本章では、数字の歴史を通じて、古代文明から今日の数量モデルに至るその起源をたどってみたい。その後、数字がわれわれに与える影響について考え、なぜわれわれはそれを用いるのか、そして過去30年間における発展によってデータを収集し、分析し、また拡散させることがどれほど容易となったかを見ていきたいと思う。本章の最後には、数字に頼りすぎることの危険性、またそうすることで実際には違っても、自分は客観的であり、状況を把握していると誤解してしまう様子を検証するつもりである。

数字の歴史

　最初の記数法が登場したのは先史以前であり、それは洞窟壁画に描かれた集計のシステムであった。すべての古代文明がそれぞれの記数法を有しており、マヤ文明のそれは60進法である。今日の数学の基本となる10進法とわれわれが利用している数字を生み出したのはエジプト人とされ、アラビア数字と呼ばれているが、最初に利用したのはイ

ンド人である。その間、アラビア人がゼロという魔法の数字を発見し、負の数の可能性を追及したのは中国人である。

　人類の存在とともに進化してきたにもかかわらず、数字はわずかにしか利用されてこなかった。それは、データを入手し保存することが難しく、計算には時間がかかり、分析の道具も限られていたことが原因である。中世に至り、保険業が誕生すると、統計理論が躍進を遂げ、ビジネスの世界で数字の利用が拡大した。数字の利用に加速をつけたのが19世紀における金融市場の発展であり、職業としての計算屋が増加し、保険数理士や会計士、株式のブローカーなどが登場する。

　20世紀中ごろからのコンピューターの発明によって、再び変革が起こる。演算能力が向上したことで人々の労働に取って代わったのだ。1970年代にパソコンが発明されるまでは、巨大かつ高額のコンピューターシステムを持つ者たち（大企業や大学や研究所など）が圧倒的な優位性を保持していた。パソコンはデータへのアクセスだけでなく、そのデータを分析する道具をも一般化し、これまでにないほど大勢のビジネスマンや投資家やジャーナリストたちが前世代ではほんの限られた人々にしかできなかったことに取り組めるようになったのだ。

数字の力

　マシンパワーが急速な勢いで向上するにつれ、意思決定において明らかに数字が重きをなすようになる。ビジネスマンたちは、どのような製品を生産し、それをだれに、どのような価格で販売するのかを導き出すためにビッグデータの利用を話題にする。投資家も数字を重視するようになり、一部の投資家（クオンツ）はもっぱらデータとそれを分析する洗練された道具を信用している。では、人々を引きつけるこの数字という存在に焦点を当てたいと思う。

数字は正確である

本書の最初に、オークランド・アスレチックスのマネジャーである
ビリー・ビーンを取り上げた『マネー・ボール』（早川書房）を紹介し
た。[1]野球はアメリカで長い歴史を持つスポーツである。選手に関する
膨大な統計を生み出してきたスポーツとしては皮肉なことであるが、若
い有望な選手についてスカウトが語り、試合中の作戦を監督が語り、ど
のように打ち、どのように投げるのかをプレーヤーたちが語る、とい
った具合に、主にストーリーテリングによって運営されてきたもので
もある。ビリー・ビーンはこのスポーツに革命を起こした。数字を信
頼し、試合から得られた膨大な統計数字を使って、だれが試合に出て、
またどのように戦うかを決定したのだ。わずかな予算でワールドチャ
ンピオン級のチームを築き上げたことで彼はスターマネジャーとなる
が、ほかの球団も彼のまねをするようになる。マイケル・ルイスはさ
まざまな方法でストーリーテリングと数字との緊張関係を伝え、数字
を擁護する主張を行っている。ビーンの努力に対して昔ながらの野球
関係者が示した反応は、「非科学的な文化が科学的な方法にどのように
反応し、また反応できないかを示した好例である」と記している。[2]

数字は科学的で、ストーリーよりも正確であるという考えが根強く
持たれているが、ビリー・ビーンが野球界にもたらした革命はこの信
念の結果として広まったのである。野球データの分析家であり、ビー
ンの師でもあるビル・ジェームズが名づけたセイバーメトリクスは今
やほかのスポーツにも広がり、マネジャーや選手たちもそれに頼って
いる。統計学者であるネイト・シルバーは、従来の政治専門家たちが
語るふわふわしたストーリーに数字をもって挑戦し、選挙予測の世界
に強烈な影響を及ぼしている。データ革命の影響をもっとも受けた分
野がビジネスであることは、分析に利用できるデータが膨大にあり、ま
たそれらのデータを用いることの利点が大きいことを考えれば、驚く

には値しない。

　第２章において、ソーシャルメディアがストーリーテリングの舞台を作り出したと指摘したが、われわれが数字をどれほど気にしているかを示しているのもまたソーシャルメディアであることは興味深い。フェイスブックの内容をいいねの数で測り、ツイッターの到達度をリツイートの数で測っているが、より多くの人々の注目を得ようとソーシャルメディア上のコメントを書き換えることがあるのは言うまでもないであろう。

数字は客観的である

　教育を受けている過程で、われわれは科学的手法というものを教えられる（そして、しばしば忘れる）。少なくとも高校の教室で教えられるように、科学的手法では、まず仮説を立て、実験を行い、データを集め、そしてデータに基づいて仮説を受け入れたり、却下したりする。ここで暗に示されるのは、真の科学者は偏見を持たず、疑問への解をもたらすのはデータである、ということだ。

　第２章でストーリーテリングの危険性について述べたとき、ストーリーにどのようにバイアスが忍び込み、またストーリーテリングの世界から聞き手が抜け出すのがどれほど難しいかを指摘した。人々が数字に引かれる理由の１つが、それが公平かどうかは別として、数字には偏見がなく、それゆえそこに隠された意図はないと考えているからである。次項で見るとおり、この考えは正しくないのであるが、聞き手はストーリーよりも数字をもって説明されたほうが話し手の影響は少ないと考え、また人間のほうがより主観的だとみなしがちであることは否定できないのだ。

数字は管理を暗示する

子供向けの小説『星の王子さま』のなかで、惑星を旅する王子は星の数を数えている男と出会う。男は、すべてを数えることができたら、その星を手に入れることができるのだと言う。この童話には影響力があり、多くの人々が何かを測定し、数字で表現すれば、それをより確実に支配できるようになると感じているようだ。それゆえ、体温計は熱があることを伝え、血圧計はその時点での血圧を示すだけであるにもかかわらず、人々はそれらがあれば健康を管理できると信じているようである。

ビジネスの世界では、「測定できないものは管理できない」がマントラとなった。このスローガンは、測定の道具を製造・供給している企業にとっては聞き心地の良いものだ。結果や進捗状況を正確に測定することで、大きな進歩を遂げた事業領域がある。在庫管理では、各商品の在庫数をリアルタイムで把握することができれば、企業は同時に在庫数を削減し、より早く顧客のニーズを満たすことができる。しかし、ビジネスの多くの分野で、実際は「測定できるものは、すでに管理されているのだ」とも言うべき現実がある。言い換えれば、真摯な分析をより多くの数字で置き換えただけのようにみえる事業が多いのである。

ケーススタディ4.1

クオンツ運用の力

資産運用の分野における数字の力を一番分かりやすく伝えるのはクオンツ運用の成長であり、この方法を推奨する者たちは自分たちが数字だけに基づいて投資することを明言している。実際に、

彼らは自分たちの投資プロセスをどれだけデータに落とし込めているか、また自分たちのデータ分析のツールがどれだけの能力を持っているかを競って説明している。クオンツ運用のルーツをさかのぼると、驚くべきことに多くの者たちが現代のバリュー投資の父であると考えているベンジャミン・グレアムに行きつく。グレアムは割安となっている企業を見いだすための総合的な評価基準を定義したが、データを手作業で収集し、企業の選別も人の手で行っていた当時ではこれらの基準を適用することは容易ではなかったが、今日、銘柄の選別は容易で、ほとんどコストもかからない。

　現代ポートフォリオ理論を生み出したマーコビッツの革命もまたクオンツ運用に大きく寄与している。つまり、1950年代にハリー・マーコビッツが発展させた効率的なポートフォリオ、つまり一定のリスクで最大のリターンをもたらすポートフォリオを見いだす方法は、データの収集にも分析にも限界があった当時では悪夢のような計算が必要であった。しかし今日では、個人投資家でさえパソコンとオンラインのデータを手にすれば、数十年前には数週間も要したような株式の効率的なポートフォリオのサンプルを構築することができる。

　1970年代後半には、ヒストリカルリターンと財務データがより入手しやすくなり、学術研究の新潮流が生まれ、研究者たちは過去のデータを検証して規則性を見いだそうとした。これらの研究から当初分かったことは、時価総額の小さい企業は時価総額の大きい企業よりも高いリターンをもたらし、PER（株価収益率）の低い企業は株式市場をアウトパフォームするというもので、それらは古典的なリスク・リターンのモデルと一致しなかったことから、学者たちはアノマリーだとした。投資家やファンドマネジャーは、市場の非効率性をより高いリターンを生み出す機会として

開拓していくことになる。

　過去10年で、リアルタイムで入手できるものもあるなど、データの入手はより容易となり、計算能力も著しく向上したことで、クオンツ投資は新たな段階に突入し、危険性をはらむまでになった。マイケル・ルイスは『フラッシュ・ボーイズ――10億分の1秒の男たち』（文藝春秋）のなかで、高性能なコンピューターを用いてリアルタイムで株価のデータをスキャンし、ミスプライスを見つけるやいなやトレードを行うハイフリークエンシートレーダーと呼ばれる投資家の一群について述べている。これらのダークプール取引はほとんど数字だけに依拠して行われるもので、純粋に数字に頼った投資プロセスの必然的な結末である。

数字の危険性

　ストーリーテリングの強みがそのまま弱点ともなるように、数字の強みもまた、計算屋たちに自分たちの狙いを押し通すために利用される弱点ともなるのだ。

信頼性という幻想

　私は「Precise」と「Accurate」という言葉を区別せずに使っていたが、あるとき、数学者にそれら2つの言葉は異なることを指しているのだと指摘された。彼はダーツ盤を使ってその違いを説明してくれた。モデルの信頼性（Precision）というのは、同じ入力データを用いた場合、あるモデルがもたらす結果がほかのモデルによるそれとどれほど近似しているかを示す尺度であり、モデルの妥当性（Accuracy）というのは、モデルの結果を真の値と比較することで測られるものである

67

図4.1 妥当性（Accuracy）と信頼性（Precision）

妥当性が高い
(High accuracy)
信頼性が高い
(High precision)

妥当性が低い
(Low accuracy)
信頼性が高い
(High precision)

妥当性が高い
(High accuracy)
信頼性が低い
(Low precision)

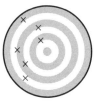
妥当性が低い
(Low accuracy)
信頼性が低い
(Low precision)

という（**図4.1**）。

　違う言い方をすれば、妥当性が低く信頼性の高いモデルや、信頼性が低く妥当性が高いモデルを構築することができるということだ。計算屋は妥当性よりも信頼性に価値を置くという誤りを犯しがちであるから、この比較は特筆に値する。

　数字を扱う仕事をすれば、数字は正確に見える、またはそう見せることができるけれども、将来を予測するということに関しては正確でも何でもないことを理解するであろう。実際に、統計学はこの不正確さを、予測を行う過程で明確にしようとしており、予測を行うときには、標準誤差という形で誤りの可能性を明らかにすべき、とされてきた。しかし、現実社会、特にビジネスや投資においてはそのアドバイスは無視され、推定が事実として取り扱われることで、悲惨な結果に陥ることがしばしばである。

　この不正確さを助長する数字がもつ最後の側面がある。行動経済学の重要な所見のひとつとして、数字に対するわれわれの反応はその大きさだけでなく、どのように提示されるかにも依存する、というものがある。これは、小売店が2.50ドルの商品に値段を付けるときに利用する弱みであり、2.00ドルと価格を付けるよりも20％オフとしたほう

第4章　数字の力

表4.1　フレーミング効果

フレーミング	治療法A	治療法B
ポジティブ	200人が助かる	600人全員が助かる可能性が33.33%、だれも助からない可能性が66.67%
ネガティブ	400人が死亡する	だれも死なない可能性が33.33%、全員が死ぬ可能性が66.67%

が顧客には買われやすい、というものだ。このフレーミングバイアスのもっと有名な例のひとつが、被験者に致死の病にかかった600人に対する2つの治療を選択させたもので、それぞれの選択結果は**表4.1**のとおりである。ポジティブなフレーミングを行ったときに、治療法Aを選択したのは、それが数字のうえでは治療法Bとまったく同じ結果であるにもかかわらず、被験者のうち72%となった。一方、ネガティブなフレーミングをすると、これも治療法Bと結果が同じであるにもかかわらず、治療法Aを選択したのは被験者のうち22%にすぎなかった。これをビジネスに当てはめると、利益（ポジティブ）と損失（ネガティブ）、事業の成功（ポジティブ）と事業の失敗（ネガティブ）についても異なるフレーミングによって伝えれば、同様の数字であるにもかかわらず、まったく異なる反応があるということになる。

> **ケーススタディ4.2**
> ## 株式の「耳障りな」ヒストリカル・リスク・プレミアム
>
> 　株式のリスクプレミアムとは、簡単に言えば、投資家が、リスクのない投資に資金を充当した場合に比べて、株式投資（リスクのある投資対象）にどれだけの対価を求めるか、ということであ

69

る。つまり、投資家が年間で３％の保証された（リスクがない）リターンを獲得できるとしたら、株式のリスクプレミアムとは、株式投資に求めるそれを上回る分、ということになる。直感的に言えば、リスク回避の度合いが高ければそれだけプレミアムも高まるわけで、リスク回避型の投資家がいかなるものか、またリスクが大きければそれだけ株式のリスクプレミアムも増大すると考えられるので、投資家が投資対象としての株式にどれだけリスクがあると考えているか、これらを株式のリスクプレミアムが示すことを期待しているのである。

　株式のリスクプレミアムが企業財務やバリュエーションの双方にとって重要な情報であるならば、その数字をどのようにして見積もることができるのだろうか。実務では歴史に頼ることがほとんどで、過去に投資家がリスクのない投資に比べて株式からどれだけのリターンを獲得してきたのかを見ているのだ。アメリカでは、株式市場が拡大、成熟してきた過去100年以上にわたるデータベースが存在する。アメリカ財務省が破綻することはなく、それゆえに発行した有価証券（ＴビルやＴボンド）は保証されているリスクのない投資対象だと仮定すると、過去のデータから株式のヒストリカルなリスクプレミアムを見積もることができるのだ。たとえば、1928年から2015年までの期間で、アメリカ株は平均すると毎年11.41％のリターンをもたらし、同期間におけるＴボンドの年次リターンは5.23％であった。この差額である6.18％が株式のヒストリカルなリスクプレミアムとされ、実務では将来の推定値として利用されるのである。

　この数字をもう少し詳細に検証するためには、これは変動の大きい株式のリターンの平均値であり、1933年の約50％という高い値から、1931年のマイナス44％程度の低い値まで幅があることを指摘しなければならない。**図4.2**はこの株式市場のボラティリテ

70

図4.2 アメリカ株とTボンドの年率リターン（1928〜2015年）

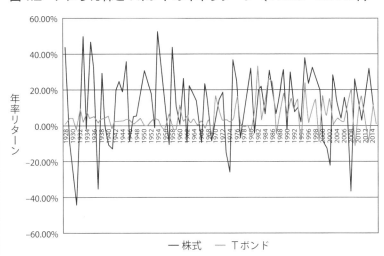

出所＝ダモダラン・オンライン（http://pages.stern.nyu.edu/~adamodar）

ィを示している。

　6.18％という株式のリスクプレミアムの推定値は、2.30％という標準誤差からすると注意を要するものである。これは何を意味するのであろうか。大ざっぱに言えば、推定値はどちらの方向にも4.60％もの誤りがあるということであり、本来の株式のリスクプレミアムは1.58％と低い値かもしれないし、10.78％もの高い値になるかもしれない、ということである[3]。

　どのような推定値を選択するかによって、予測の値が影響を受けるという事実を考えれば、数字は当てにならないものとなる。1928年から2015年の期間ではなく、もっと短い期間（たとえば直近10年とか50年とか）を利用することも、もっと長い期間（1871年以降のデータベースがあるのだから）を選択することもできるのだ。10年物のTノートではなく、3カ月物のTビルや30年物のTボンドを使うこともできる。さらに言えば、算術平均ではなく、

表4.2　異なる基準によるアメリカ株式のリスクプレミアム推定値				
	算術平均		幾何平均	
	株式－Tビル	株式－Tボンド	株式－Tビル	株式－Tボンド
1928–2015	7.92%	6.18%	6.05%	4.54%
1966–2015	6.05%	3.89%	4.69%	2.90%
2006–2015	7.87%	3.88%	6.11%	2.53%

複利や幾何平均を利用することだってできるのだ。**表4.2**が示すとおり、どれを選択するかによって、得られる推定値も異なるのである。

　つまり、期間やリスクのない投資対象、さらには平均リターンの算出方法など異なる基準を用いれば、アメリカ株式のリスクプレミアムの推定値も異なるものとなるのだ。結局のところ、株式のリスクプレミアムとは推定値であって、事実ではないのである。

客観性という幻想

　数字の提示の仕方によって、人々の反応が変わるという事実が、数字に関する2つ目の誤認、つまり数字は客観的であり、計算屋には隠された意図はないとする誤った認識をもたらす。本当だろうか。次の第5章において詳細に見ていくとおり、データを収集、分析し、提供する過程において、バイアスが入り込む余地は多分にあるのだ。さらに悪いことに、有能な計算屋の手にかかれば、このバイアスはストーリーの場合よりも巧妙に数字のなかに隠されてしまうのである。

　聞き手によっても、さまざまなバイアスが入り込む余地があり、数字の見方やどの数字に焦点を当てるかといったことは聞き手の先入観

に大きく左右されるのである。例として、私は毎年初めにアメリカの上場企業が支払っている実効税率の見積もりをウェブサイトに掲載している。総合的な統計を提供するために、各セクターの平均税率を3つの異なる算出方法を用いて掲載している。つまり、セクター内の全企業の税率の単純平均、同じく加重平均、そしてセクター内で黒字となった企業だけの税率の加重平均である。毎年、ジャーナリストや政治家や経済団体などが私の税率のデータを利用しているが、それぞれまったく異なる主張を支持するデータとして利用されている場合が多い。自分たちは公平な税金を支払っていると主張したい経済団体は、自分たちの主張を正当化するもっとも高い数字を生み出す税率の算出方法を利用する。アメリカ企業は公平な税金を支払っていないと考えている団体は、同じ表を見て、自分たちの主張を擁護するためにもっとも低い数値を出す算出方法を選ぶ。どちらの側も、事実と数字は自分たちの主張を裏づけるものであるとし、自分たちにとって都合の悪い数値を認めることはない。

> **ケーススタディ4.3**
> ## 株式のリスクプレミアムにまつわる数字とバイアス
>
> **ケーススタディ4.2**において、異なる条件を選択すれば、株式のリスクプレミアムはまったく異なる推定値となり、最低値で2.53％（Ｔボンドに対する株式のプレミアムを10年間幾何平均した値）、最高値で7.92％（1928年から2015年までの、株式のＴビルに対するプレミアムの算術平均）にもなることを説明した。だが、1928年から2015年におけるリスクプレミアムの標準誤差は2.30％と推定していたので、この差異は驚くに値しない。
>
> どのリスクプレミアムを利用するかによって結論は変わってし

まうのであるが、その影響が大きくなる分野のひとつが、アメリカにおける公共事業、つまり電力や水道の規制に関するものである。何十年もの間、これらの事業に従事する企業は自分たちの地域において独占的に操業することが認められ、そのかわりに、規制当局がそれら公共事業がどれだけ商品の価格を増大させるかを決定してきたのだ。この判断を下すために、当局はこれらの企業に投資する投資家たちが得るべき公平な収益率に着目し、その収益率をもたらすために商品価格の上昇を認めてきたのだ。過去数十年、この公平な収益率とは主に株式のリスクプレミアムを基準に算出され、また株式のリスクプレミアムが上昇するにつれて収益率も上昇してきたのだ。

　当然のことながら、規制される側の企業と規制当局とは、**表4.2**にあるどの数字を利用するかということについてまったく異なる見解を持つ。企業側は、プレミアムが高いほど、より高い収益率が期待され、その結果価格の上昇も大きくなるので、おそらくは7.92％というもっとも高いプレミアムを要求することになる。一方で規制当局は価格の上昇を抑え、消費者の満足度を高めることになるより低いプレミアムを選好することになる。どちらの側もプレミアムの推定値は真実であると主張し、法廷や仲裁委員会が妥結をはかることになる場合が多いのだ。

コントロールという幻想

　何かを測定するということは、それをコントロールしているという意味ではない。体温計を用いれば熱があることは分かるが、その手当てができるわけではないのと同じように、ポートフォリオの標準偏差を測定しても、リスクがあることは分かるが、そのリスクから守られ

るわけではない。つまり、何かを測定することができれば、それをコントロールできていると感じるようになることは事実であり、また数字にかける時間が多ければ多いほど、計測の道具を支えとするようになるのである。

　私が時間のほとんどを費やしてきた企業財務やバリュエーションという分野においても、この現象が多くの面で見られることに気づいた。その第一が、what if分析や感度分析で、バリュエーションやプロジェクト分析の付録として用いられるものである。ほとんどの場合、これらの分析はすでに判断が下されたあとに行われるのであるが、アナリストたちがなぜそれらに多くの時間を割くかは、そうすることでよりコントロールしていると感じるからであるとしか説明できない。次に挙げられるのは、アナリストが些細な、往々にして無関係の細かい事柄に注目することである。企業のバリュエーションであろうが、プロジェクトの収益率であろうが、疑わしいときは、最終的に算出した数字になかば冗談で小数点以下を付けるのだ。

　洗練された計測手段を持っているからといって、自分がコントロールしているのだと信じ込むことは、数字に常識が覆されるばかりでなく、目の前のリスクに対して適切な準備をしなくなるという危険性がある。不幸にも、それが2008年の金融危機の間、世界中の銀行で起こったことである。危機に先立つ20年間、これらの銀行は「VAR（想定最大損失額）」と呼ばれるリスク測定法を発展させ、最悪のケースにおいてどれだけの損失を被るかを数字で分かるようにしてきたのである。その間も、リスク管理の専門家や学者たちはVARを改良し、より効果的なものとするために、より強力かつ複雑なものにしていったのだ。銀行経営者たちがVARへの依存度を高めるにつれ、彼らは自分たちのガードを下げ、また算出したVARが自分たちの設定した安全域にあるかぎりは、自分たちのリスク負担もまたコントロールされているのだと結論づけるようになったのである。2008年、その妄想は崩れ去り、VAR

75

の主たる前提の弱点が露呈すると、自分たちは守られていると考えていた銀行群も、そうではないことに気づいたのである。

> ### ケーススタディ4.4
> ## LTCMの悲しくも真実のストーリー
>
> 　もし数字を信頼しすぎるきらいがあるのなら、LTCM（ロング・ターム・キャピタル・マネジメント）の経験を意に留めるべきである。ソロモン・ブラザーズのトレーダーであったジョン・メリウェザーが1990年代初頭に設立した同社は、金融界における最良の知性を結集して債券市場のミスプライスを見いだし、そこから利益を獲得することをうたったのである。第一の公約を果たすため、メリウェザーはソロモンの最高の債券トレーダーを誘い、マイロン・ショールズとボブ・マートンという２人のノーベル賞受賞者を役員として迎えた。設立から最初の数年間、同社は２つ目の公約にも応え、ウォール街のエリートのために桁外れのリターンをもたらした。その間、LTCMはウォール街の羨望の的であり、低利子の借り入れで資本を増やし、もっとも安全な投資機会を通じて大きなリターンを獲得していた。
>
> 　投資資金が増大するにつれ、同社はよりリスクの高い投資対象まで調査の手を広げていったが、それらはデータ分析だけに依拠していた。それ自体が致命傷となることはなかったが、同社は安全な投資を行っていたときと同じようなレバレッジをこれらリスクの高い投資でも用い続けたのである。そうしたのは、同社が構築した複雑なモデルによれば、個々の投資にはその歴史からしてリスクがあるものだとしても、全体が同じように動くことはなく、それゆえ、ポートフォリオ全体としては安全だとされたからであ

る。

　1997年、ひとつの市場（ロシア）の崩壊がほかの市場に波及すると、この戦略は破綻してしまう。ポートフォリオが減価すると同時に、LTCMはその規模を縮小し、高いレバレッジを解消しなければならないことに気づく。市場価格に影響を与えることなく、また貸し手からのプレッシャーを受けることなく大きなポジションを解消することができなかったLTCMは破綻に直面する。市場のほかの投資家への悪影響を恐れたFRB（米連邦準備制度理事会）は銀行主導による同社の救済に乗り出した。

　この失敗からわれわれが学ぶことができる教訓は何なのか。高い地位にある友人を持つことは良いことである、という皮肉はさておくとして、LTCMの破綻が教えることは、もっとも優れた知性と、最新のデータと、投資や事業で最良のモデルを有していることが必ずしも成功を意味することではない、ということであろう。

脅しの要素

　懐疑的な聞き手と対面している企業財務のアナリストやコンサルタント、または銀行家が部屋を静かにさせる簡単な方法のひとつが、数字でいっぱいとなった複雑なスプレッドシートを開いて見せることである。聞き手が数字に不慣れであればなおさらであるが、数字に慣れた聞き手が相手であってもこれは有効である。というのも、概して人類の頭脳というのは1ページに並んだ100もの数字を見て、それを理解することなどできないからである。

　数字が威嚇になるという事実は、計算屋にも、その聞き手にも知られていないことではない。計算屋にとっては、議論を打ち切り、数字

77

に潜む、大きく、致命傷ともなる弱点を暴きかねない細かい質問を封じるためにこの脅しが有効である。聞き手にとっては、自分たちが宿題をしていない言い訳になる。2008年のVARのように、すべてが崩壊しても、数字を提供する側も利用する側も、自らの過ちをモデルのせいにできるのである。

　私は、自分のバリュエーションや投資判断について、反対する者たちを数字を使ってぎゃふんと言わせることができることを知っている。私の投資論の核心を突き、おそらくは弱点を暴きだすような質問を受けたら、頭に来て、その質問をかわし、質問者に自らの疑問の根拠を分からなくするような計算式を引っ張りだすこともできるが、そうしたところで、私の判断をより危ういものにするばかりである。

まねされるという問題

　純粋な計算屋が主張するように、数字だけを判断基準にすると、意思決定者としては2つの理由から大きな問題を抱えることになる。その1つは、完全にアウトソースされる立場に置かれるので、異なる立場にある、より安価な計算屋だけでなく、機械にも置き換えられてしまうということだ。つまり、自らの強みが、客観的かつ数字に裏づけられた機械のような意思決定ができることであるとするならば、機械のほうがその仕事をするには優れていることになる。もちろん、それを約束し、ロボットによる投資アドバイスを提供する新しい金融テクノロジーの企業もある。つまり、彼らは投資アドバイザーとして投資家に数字（年齢、収入、貯蓄、引退計画など）を尋ね、その数字をもとにコンピューターが投資ポートフォリオを構築するのである。

　他者よりも良いデータや性能の良いコンピューターを持っていることでアウトソーシングのリスクに対抗しようとするならば、第二の問題にさらされることになる。つまり、純粋に数字に依拠した意思決定

プロセスは容易にまねされるということである。それゆえ、読者が「クオンツ・ヘッジファンド」を運用していて、売買すべき最良の銘柄を見いだす複雑なクオンツモデルを構築しているとしても、私がすべきことは、売買されている株式を見るだけで、あとは十分な性能を持つコンピューターがありさえすれば、読者の投資戦略を再現することができるであろうということである。

タビネズミ問題

ビッグデータの天国に住み、だれもが巨大なデータベースとそれを分析する強力なコンピューターを持って、データを解析していると仮定してみよう。皆同じデータを共有し、おそらくは同じ手段を用いているのであるから、だれもが同じ投資機会に、概して同じタイミングで着目し、そこから利益を上げようとするであろう。このプロセスは「群れ」を生み出し、同じ銘柄を同じタイミングで売買することになる。するとどうなるか。この群れはモメンタムを創出し、少なくとも短期的には判断を後押しすることになるが、基礎となるプロセス（事業や市場や経済全般など）に構造的な変化が起これば、集団で過ちを犯すことにもなろう。つまるところ、データとは過去の産物であり、将来が過去とは異なったものとなるのであれば、構造的変化の結末とデータに基づいた予測とはかけ離れたものとなってしまうのだ。

これが示唆することは厳しいものである。データに依存した世界へとますます足を踏み入れ、より多くの人々がそのデータを利用するにつれ、当然ながら、われわれは歴史的にも類を見ないほどの好況と不況の波に直面することになる、ということだ。市場のバブルはこれまでにないほど大きなものとなり、必然の結果としてそれらのバブルが弾ければ、その残骸もまた今までにないほど大きなものとなる。

対抗手段としてのストーリーテリング

数字というものが、管理、正確性、そして客観性という幻想を伴う危険なものであり、また容易に模倣されるのであれば、数字にストーリーを付随させることでどのようにこれらの問題を軽減することができるだろうか。第一に、ストーリーは本質的にあいまいなものであり、数字が正確なものと思えても、ストーリーが変われば数字も変わる、ということである。第二に、そう認識することで、ストーリーは否応なしにも変えられるので、予想した数字はどうにか達成することができるという考えを払拭することになる。第三に、数字を裏づけるストーリーを発表しなければならない場合、バイアスの存在を世界だけでなく、自分自身にも明らかにすることになる。また、ストーリーと数字とを結びつける優れた能力というのは、他者が容易にまねできるものではない。容易にコピーできるモデルと異なり、ストーリーテリングというのは多分にニュアンスの世界であり、個人的なものであり、複製するのは容易ではないのだ。

ストーリーと数字を結びつけても、少なくとも短期的に解決しない問題のひとつが群れの問題である。数字によって人々が同じ銘柄や投資対象に殺到することになる集団思考というものは、また互いのストーリーを補強することにもなる。だが、群集の狂気を打ち破る最良の方法は、代替する（そしてより現実的な）ストーリーを組み合わせることであり、数字によって裏づけることで、信頼性が高まるとする意見もある。

第4章 数字の力

ケーススタディ4.5
クオンツ運用の凋落

　ケーススタディ4.1において、データ革命の前向きな成果であり、金融市場における『マネー・ボール』としてクオンツ運用を紹介したが、そこでは数字遊びがかつてのごまかしやストーリーテリングに取って代わっただけであった。その続きとして、正確ではなく、バイアスの媒体となり、また管理という幻想をもたらす数字の持つ危険性が、クオンツ投資の凋落の一面においてどのように作用しているかを見ていきたいと思う。

　まず、数字の不正確さから始めよう。数字は企業の財務報告から、市場全体（株価の変化や売買量など）に至るまで大量のデータを生み出す。これは金融市場のマネーボーラーたちには朗報であろう。悪い知らせとしては、数字にはこれまで見てきたとおり、市場レベルであってもノイズがことのほか大きいということがある。それはケーススタディ4.2において私が算出した株式のリスクプレミアムの標準誤差に見られるとおりである。ほとんどすべてのクオンツ戦略は過去のデータに基づいて構築されているが、そこでうたわれる成果（たいていの場合、アルファとかエクセスリターンの形をとっている）には、過去は将来を予見するものではなく、たとえそうであったとしても、結果には大きな不確実性が伴うものであるとの修飾語が付けられているのだ。

　バイアスに関していうと、どれほどバイアスを避けようとしても、数字の扱い方だけでなく、データの詳細を読み解く方法にもバイアスがかからないようにすることは不可能である。クオンツ戦略を構築し、自らの名前を付け、それを顧客に売り込むや、否応なくバイアスがかかるのであり、たとえその戦略がダメになり

81

そうでも、必ずや機能するという立証を求めようとしてしまうのである。

　最後に、2008年に起こった金融危機によって、ヘッジファンドでさえ投資結果をほとんど制御できないことが明らかとなった。発展した市場が近年、目にしたことのないほどのゆがみを経験するなかで、過去のデータに基づき注意深く構築されたモデルは誤ったシグナルを、同時に、多くの投資家に送ることになった。

　クオンツ投資を最前線へと押し上げた力はまだ残っているので、私は今でもそれを否定する気にはなれないが、その成功と失敗が数字の持つ確かさと危うさとを明らかにしていると考えている。クオンツ投資が成功し、繁栄するためには、ストーリーテリングが数字と結びつく余地を見いださなければならない。それができれば、より大きな成功を収められるばかりか、模倣されたり、アウトソースされたりすることもより難しくなるであろう。

結論

　私は生来、数字が好きであるが、数字を扱うことの皮肉のひとつが、それを扱えば扱うほど、純粋に数字に依存した主張に懐疑的になるということだ。会計や市場の金融データを研究するなかで、それらのデータにはどれほどのノイズがかかっているか、またそれらのデータに基づいて予測をすることがどれほど難しいかを学んできた。私は科学的手法の有効性を信じる者であるが、純粋無垢な科学者というのはそれほど多くないと考えている。あらゆる研究にはバイアスがかかっており、問題はその方向性と度合いにすぎないのだ。それゆえ、数字に依存した主張を見せられたときは、その主張をしている人物のバイアスを見いだし、それが分かったら、そのバイアスを反映して数字を調

整することが私の仕事となっている。最後に、プロセスや変数を数字に落とし込めるのであれば、それを管理したり、さらには理解しているとすることすら尊大にすぎることを私は学んできている。それゆえ、私は数多くのさまざまなリスク測定手段を提供できるし、そのほとんどが優れた学問的裏づけを持つものではあるが、本当のリスクとは何か、それが投資家であるわれわれにどのような影響を与えるのか、ということを理解するために日々奮闘しているのだ。

第 5 章

数字を操る道具
Number-Crunching Tools

　もしあなたが数字を重視するタイプの人物であれば、現在は黄金時代とも呼べるもので、数十年前であれば数カ月かかったような作業を、テクノロジーの助けを借りて数秒で実行することができる。数字と道具が容易に手に入るので、だれもが計算屋になるのであるが、その結果は玉石混交である。つまり、前の第4章で述べたとおり、数字は悪用されたり、操作されたりすることがあるし、また、誤解されやすいのだ。本章では、数字を操るプロセスを3つの段階に分解する。まずはデータの収集、次にデータの分析、最後に他者に対するデータの提示である。すべての段階において、数字を用いるときのバイアスや誤りを最小化し、また数字やモデルを提示されたときに、そこにあるバイアスや誤りを見抜くために用いることができる方法を見ていく。

データから情報へ —— 順序

　現在はデータの時代であろうか、それとも情報の時代であろうか。私には分からないが、その理由はデータと情報はまったく異なる概念を示すものであるのに、互いに互換可能な言葉として用いられていることにある。われわれが最初に取り組むデータは、生の数字であり、そう定義するならば、大量の数字を収集し、保存することができる現在

85

はデータの時代ということになる。

　データを情報とするためには、処理し、分析する必要があるのだが、われわれが直面する困難はそこにある。データが蔓延しているということは、処理しなければならないデータが激増しているということだけではなく、データが相反するシグナルを送るということでもあり、そのことがデータを情報へと昇華させることをより難しくしているのだ。それゆえ、われわれが直面しているのは、情報過多ではなく、データ過多なのである。

　データを情報へと転換するプロセスには３つのステップがあるが、それぞれの段階で有効な点と、気をつけなければならない点があるので、本章ではそれらのステップを中心に記していく。

1. **データ収集**　第一段階は、データの収集である。これは、コンピューター上のデータベースにアクセスすれば事足りるといった簡単なケースもあるが、実験や調査が必要になる場合もある。
2. **データ分析**　データを収集したら、それをまとめ、記述するだけでなく、意思決定に用いることができるようにデータの関係性を見いださなければならない。統計的分析が関係してくるのがこの段階である。
3. **プレゼンテーション**　データの分析が完了したら、それを提示しなければならない。そうすることで、データから導き出した情報を他者が見たり、利用したりすることができるだけでなく、自分自身もその情報がどのようなものであるかを理解できるようになる。

　以上のプロセスのすべての段階で、データの収集方法や統計的な議論、または棒グラフを使うべきか円グラフを使うべきかといった議論など、容易に細かい問題にはまり込んでしまう。しかし、最終的によ

86

り良い意思決定を行うための情報を用いることが目的であり、そのために有益なものがあり、またそれを阻害するものがあるということを肝に銘じなければならない。

データ収集

プロセスの第一段階はデータの収集であるが、これは時間がかかるものであり、人類の歴史のほとんどにおいて手作業で行われてきたものである。大まかに言えば、それらのデータは政府や証券取引所や規制当局や企業などそれを司る組織が管理している記録や、調査または実験から得られるものである。コンピューターを用いた取引が増えれば増えるほど、データの多くがオンラインで記録されるようになり、データベースを構築・管理する作業が容易なものとなっている。

データ収集における選択

データを利用するにあたり、根本的な問題となるのがどれだけのデータがあれば十分か、ということである。誤解を恐れず簡潔に言うならば、慎重に収集し整理されたデータの小規模なサンプルを用いるか、ノイズが多く、誤りを含んだ、より大きなデータのサンプルを用いるか判断しなければならないことが多いのだ。この判断を下すにあたっては、統計学の基礎のひとつである大数の法則に従うべきである。簡潔に言えば、大数の法則というのは、サンプルが多くなればなるほど、そこから得られる統計結果はより正確なものになる、ということだ。これが不合理だと思うのであれば、サンプルが多くなればなるほど、個別データにおける誤りが平準化される、といったら分かりやすいだろうか。

自ら理解しようとする対象のサンプルを集めるにあたっては、何を

もってサンプルを構成するかを決定しなければならない。たとえば、財務データであれば、次の選択肢に直面することになる。

1. **上場企業か未上場企業か**　世界のほとんどの上場企業が情報開示を求められているため、彼らは自社の財務諸表を公開しなければならない。結果として、上場企業のデータは未上場企業に比べて容易に入手することができる。

2. **財務データか市場データか**　上場企業であれば、財務諸表のデータを入手できるだけでなく、金融市場における株価の動向や取引データ（売り気配値と買い気配値の差や出来高など）を入手することも可能となる。

3. **国内市場のデータか世界のデータか**　多くの研究者、特にアメリカの研究者たちはアメリカのデータに焦点を当てがちであるが、彼らがそれをより信用し、理解していること、そして彼らにとっては入手がより容易だということがその理由である。企業と投資家の双方がグローバル化するに従い、この国内に焦点を当てる方法はもはや適切ではなく、これから下そうとしている判断が世界的な影響をもたらすものであるならなおさらのことである。

4. **定量的なデータか定性的なデータか**　データベースは定量的なデータに大きく偏りがちであるが、それは大量のデータが収集されるということ、そして定性的なデータよりも蓄積や検索が容易であることが理由として挙げられる。結果として、あらゆる上場企業における取締役の人数に関するデータは容易に入手できるが、企業の取締役会においてどれほどの意見の不一致があるかというデータを入手することはかなり難しくなる。ソーシャルメディアのサイトが発達した副産物のひとつとして、定性的なデータを入手、分析し、蓄積していくためのより洗練された技術が発達したことが挙げられる。

どのタイプのデータを選択するかは、それがサンプルに知らず知らずのうちにバイアスをもたらすことになるので、得られる結果にも影響を及ぼすことになる。

データ収集のバイアス

データは客観的であるといまだに信じている者がその信念を払拭するためには、データを収集するプロセスに注目すれば事足りる。特に、サンプルを取るときには少なくとも2つの明白なバイアスが存在するが、それは、バイアスを取り除きたいと思うのであれば危険の種になるし、推し進めたいと思う狙いがあるのであれば大きなチャンスともなる。

選択バイアス

統計学の入門クラスで教えられるとおり、大きな母集団からサンプルを採取し、その母集団についての結論を導き出すことはよく筋の通ったものであるが、それはサンプルがランダムである場合に限ったことである。簡単な作業のように思われるかもしれないが、ビジネスや投資の分野において行うのは極めて難しい。

●自ら望む結果を導き出すようなサンプルを選択すると、あからさまなサンプリングバイアスがかかる場合がある。それゆえ、優れた投資となる企業を見いだそうとする研究者は、サンプルとしてS&P500指数を構成する企業だけを取り上げようとするかもしれない。アメリカでもっとも大きな時価総額を持ち、過去にも優れた業績を残してきたことで構成銘柄になっているので、過去にそれらの企業が優

れた投資対象となってきたことは当然であるが、その結果を市場の
ほかの銘柄に一般化することはできない。

● どのデータを収集するかという選択を行うときに無害だと思った判
断にバイアスが潜む場合もある。たとえば、サンプルを上場企業に
限定すれば、利用するデータベースがそれらの企業だけを取り上げ
たものとなるから、その選択は信頼に足るものとなるかもしれない。
しかし、そのデータから得られる結果をすべてのビジネスに一般化
することはできないのだ。未上場企業というのは、上場企業に比べ
れば規模も小さく、またより限定的な存在であるからだ。

一般的に、バイアスの存在を確認するためには、サンプルデータを
取り上げるときに、そこから除外したデータにも注目することが有効
となる。

生存者バイアス

サンプリングにおけるもうひとつの問題が生存者バイアス、つまり
何らかの理由によってデータから除外されたユニバースの一部を無視
することで起こるバイアスである。生存者バイアスの簡単な例として、
ニューヨーク大学の同僚であるスティーブ・ブラウンが行ったヘッジ
ファンドのリターンに関する調査を検証してみよう。ヘッジファンド
の過去のリターンに着目した多くの研究において、彼らは「エクセス」
リターン（期待以上のリターン）を稼ぎ出していると結論づけられて
いるが、ブラウン教授は、アナリストたちは今日存在しているヘッジ
ファンドだけを取り上げて、それらのファンドが過去に稼ぎ出したリ
ターンを見るために遡及的に利用する過ちを犯していると主張してい
る。そうすることで、アナリストたちは、パフォーマンスの悪いヘッ
ジファンドは撤退を余儀なくされるという業界の厳しい現実を見逃し

第5章　数字を操る道具

ており、それらのファンドのリターンがサンプルのリターン計算に反映されていないと言うのである。彼の研究では、生存者バイアスによって平均的なヘッジファンドのリターンは2〜3％高いものになっていると結論づけている。概して、生存者バイアスは失敗率の高い分野においてより大きな問題となるので、実績のある消費財メーカーに着目している投資家よりも、ハイテク分野のスタートアップ企業に注目している投資家にとってより重大な問題を投げかけることになる。

ノイズとエラー

データのほとんどが手で入力されることがなくなったコンピューター時代において、われわれはデータをますます信用するようになり、それを信用しすぎることもあるほどだ。もっとも注意深く管理されているデータベースでさえ、データの入力ミスは存在するであろうし、なかには研究の結果を変えてしまうほどの大きな間違いも存在する。結果として、大きな誤りを見つけるために、研究者は少なくとも最初にデータの精査を行うのが妥当である。

もうひとつの問題はデータの喪失であるが、これはデータが入手不可能であったり、データベースに入力されていないことが原因となる。失われたデータの存在を無視することもひとつの対応策であるが、これはサンプルの規模を縮小させるだけでなく、そのデータが母集団のなかで一般的なものであった場合は、バイアスが入り込んでしまう可能性がある。私はアメリカ中心のデータからグローバルなデータに移行することにしたため、この問題に直面することが増えている。例を挙げれば、企業がどれほどの負債を抱えているかを見るとき、私はリース契約を債務ととらえ直すようにしている。アメリカの企業はこれらの契約を開示することが求められているが、多くの新興市場、特にアジアではそのような開示義務はない。そこで私には2つの選択肢が

91

存在する。1つはリースを含まない伝統的な債務の定義に立ち返ることであるが、リース契約を開示しているグローバルなサンプルを用いるよりも、財務レバレッジに関する基準がかなり脆弱なものになってしまう。もう1つは、財務レバレッジのサンプルからリース契約を開示していないすべての企業を削除することであるが、これはサンプルの半分を失うだけでなく、大きなバイアスを生み出してしまうことになる。そこで私は中間的な方法で妥協することにしている。つまり、アメリカ企業についてはリース契約を債務として用い、非アメリカ企業についてはその年のリース費用に基づき将来の支払い額を見積もるのである。

データ分析

大学での統計学の講義は楽しかったが、抽象的で現実世界の例と関連づけられるものがほとんどなかった。これは甚だ残念なことで、データを理解するためにどれほど統計学が重要かを知っていれば、もっと一生懸命取り組んだことであろう。

データ分析の道具

膨大なデータに向き合うと、より複雑な分析に取りかかる前にまずデータを整理し、まとまった統計数値にしたいと思うであろう。最初に取り組む2つの統計数値は平均と標準偏差であるが、平均値はすべてのデータの単純な平均を示すものであり、標準偏差とはその平均値からどれほどのばらつきがあるかを示すものである。数値が平均の値の周りに等しく散らばっていない場合、平均はサンプルを代表する数字とはなり得ない可能性があるので、その場合は中央値（サンプルのうち50パーセンタイルに位置する値）または最頻値（サンプルのうち

図5.1　2016年1月のアメリカ企業に対するS&Pによる債券レーティング

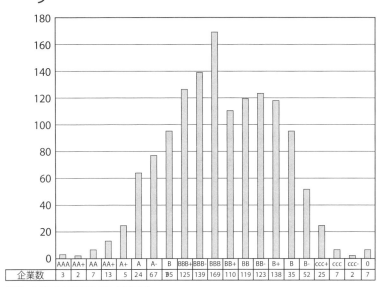

出所＝S&P CAPITAL IQ（未加工）

もっとも頻繁に出現する値）を算出することになる。その他にもサンプルの値の広がりを理解するための統計数値があるが、歪度はサンプルの値の対称性を示すものであり、尖度はサンプルの尖り具合を示すものである。

図解されたデータを好む者向けに、数値がグラフ化されているのをよく見かけるであろう。データが離散している、つまり数値の数が限られていれば、それぞれの値が出現する回数を数え、分布表を作成し、それを度数分布として図示することができる。たとえば、**図5.1**の度数分布では、2016年初め時点でのアメリカ企業のレーティング（S&Pのレーティングを格付けに準じて数えた）を示している。

データが連続している、つまり最小値から最大値までのあらゆる値が存在するならば、それらの数値をより小さなグループに分類し、各

図5.2　2016年1月時点におけるアメリカ企業のPER

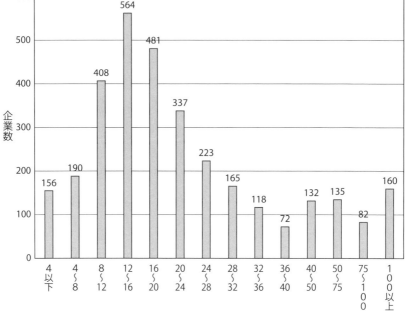

出所＝Damodaran Online (http://www.damodaran.com)

グループの数を数えて、ヒストグラムの形にすることができる。そうして出来上がったヒストグラムが標準的な確率分布（標準、対数、指数）に近ければ、これら標準的な分布の特性に従って、データを統計的に判断することができる。説明のため、2016年末時点におけるアメリカの全企業のPER（株価収益率）の分布を図示しておく（**図5.2**）。

　最後に、2つまたはそれ以上の値が互いにどのように動くかを測定するための統計的尺度・手法がある。もっともシンプルなものが相関係数で、＋1（2つの値がまったく同じように同方向へ動く）から－1（2つの値がまったく同じように反対方向へ動く）までの数値で表される。これと似たものに共分散がある。これも2つの値の連動性を示すものであるが、－1から＋1で表現されるのではない。2つの値

図5.3 アメリカ企業のPERと向こう5年間におけるEPSの期待成長率との関係（2016年1月時点）

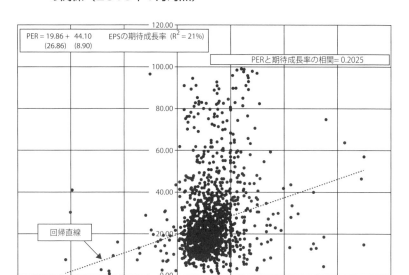

向こう5年間におけるEPSの期待成長率

の関係性を図示するもっとも簡単な手段として散布図を用いる方法があるが、2項目に対応させてデータをプロットするものである。例として、図5.3において、収益の期待成長率（アナリストによる予想に基づく）とアメリカ企業のPERとをプロットしているが、これによって成長率のより高い企業はPERが高くなるとする一般的な見解に何らかの真実があるかどうかを読み解くことができる。

一般的な見解にとって良い知らせは、全体としてPERと成長率との相関が正であるので、「見解は正しい」ということであり、悪い知らせとしては相関が20%にすぎないので、「それほど強いものではない」ということである。1つの値をもう1つの値を予測することに用いたいのであれば、回帰分析が有効な手段となるが、これは2つの値にとっ

てもっともふさわしい直線を見いだすものである。グラフ上では、単純回帰を散布図上に図示するのがもっとも簡単であり、期待成長率に対するPERの回帰分析の結果を**図5.3**に示しておく。回帰式の括弧内にある数字がT検定で、T値が2を超えると、統計上有為であることが示される。回帰分析に基づけば、期待成長率が1％増大するごとに、PERは0.441増大することになり、期待成長率が10％の企業のPERを予測するために回帰分析を利用するならば、次のようになる。

予想PER ＝ 19.86 ＋ 44.10 ×（0.10）＝ 24.27

　回帰分析の予測力が低い（決定計数が21％）ことから、この予想PERには大きな幅が出ることに注意しなければならない。回帰分析の最大の利点は、変数が多数ある場合に適用できることで、複数の独立変数に対して1つの従属変数（説明しようとしている変数のこと）を説明することができる。それゆえ、企業のPERがリスクや成長率や収益力とどのような関係にあるかを説明しようとするならば、成長率やリスクや収益力（独立変数）を示すデータに対して、PER（従属変数）を重回帰すればよい。

分析におけるバイアス

　ここまでに述べてきた統計の手法が利用できるのも痛し痒しで、それによって、大目に見ても「ゴミを入れればゴミしか出てこない」としか言いようのない分析に陥る可能性がある。ビジネスやファイナンスにおけるデータ分析の現状を見てきた私の見解は次のとおりである。

１．**平均値を信頼しすぎる**　あらゆるデータや分析方法を利用すれば、このようなことはないのであるが、それでもビジネスや投資判断

第5章　数字を操る道具

の大部分がいまだに平均値に基づいたものである。PERがセクターの平均値よりも低いので株価が安い、または市場の平均値よりも負債比率が高いのでその企業は借り入れが多すぎると主張する投資家やアナリストを目にする。平均値というのは、非対称な分布を代表する数値にすぎず、また私にしてみればほかのデータを利用しないのはバカげたことのように思われる。1960年代のアナリストであれば、すべてのデータを利用するのは時間がかかりすぎて賢い方法ではないと反論するであろうが、データを取り巻く今日の環境においてはそのような言い訳も通用しないであろう。

2．**正規分布は一般的ではない**　統計学の講義における恥ずべき伝統のひとつが、正規分布が唯一多くの人々の記憶に残っている分布である、ということだ。これは、平均と標準偏差という2つの統計数字で表現が可能なだけでなく、「これは平均から3シグマのところにあるので、起こる確率は1％にすぎない」といった確率論を導きだすことができるので、極めてエレガントで便利な分布ではある。だが残念ながら、現実世界における現象のほとんどが正規分布には従わず、ビジネスやファイナンスにおけるデータは特にそうである。それにもかかわらず、アナリストや研究者は予測やモデル構築の基礎として標準偏差を利用し続け、そこから漏れる結果に絶えず驚いているのである[1]。

3．**外れ値の問題**　外れ値の問題は、調査結果を弱体化させることにある。それゆえ、研究者たちが外れ値を除外するのも驚くには値しない。しかし、外れ値を除外するのは危険である。なぜなら、自身の見立てに合致しない外れ値は即座に除外し、見立てに合致する外れ値はそのままとされるので、バイアスが生まれることになるからだ。実際に、危機に対応することがビジネスや投資における役割だと考えているならば、もっとも注意を払うべきは外れ値であって、自身の仮説に合致するデータではないと言えるであろ

97

う。

データのプレゼンテーション

自分自身の意思決定のためにデータを収集・分析しているのであれば、データの分析が終われば最良の判断を下す準備ができたことになる。しかし、意思決定者やチームのために数字を扱っていたり、まただれかに自分の判断を説明しなければならないとしたら、自分よりもデータを知らず、また興味もない聞き手に対してデータを提供する方法を見いださなければならない。

プレゼンテーションの選択肢

データを示す第一の方法は表にすることであるが、表には２つのタイプがある。１つは参照表で、これは大量のデータを記載し、人々が個々のセグメントにおける特定のデータを調べられるようにするものである。それゆえ、私のウェブサイトに掲載しているセクターごとの税率のデータは参照表によるものである。次にデモンストレーション用の表であるが、これはまとめの表であり、データのサブグループ間の違い（または欠落）を示すことを目的としたものである。

データを示す第二の方法はグラフによるもので、さまざまなチャートが存在するが、もっとも一般的に利用されるのは次の３つである。

１．**折れ線グラフ** 折れ線グラフは、時系列データのトレンドラインを示したり、異なる級数を比較するのにもっとも効果的である。**図5.4**において、1960〜2015年までの各年のアメリカ株のリスクプレミアムとＴボンド金利とを示している。これによって、株式のリスクプレミアムが期間を通じてどのように上下しているかが分

図5.4　1961〜2015年までの株式のリスクプレミアムとTボンド金利

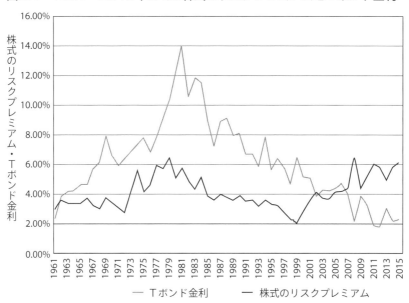

出所＝Damodaran Online(http://pages.stern.nyu.edu/~adamodar)

かるだけでなく、リスクフリー金利に対してどのように動いてきたかを説明することもできる。

2. **棒グラフ**　棒グラフは、いくつかのサブグループの統計数値を比較するのにもっとも適している。たとえば、5つの異なる市場や異なるセクターの企業のPERを比較することで、1つまたはそれ以上の外れ値があるかどうかを見ることができる。

3. **円グラフ**　円グラフは、全体を構成要素に分解することを示すためのものである。それゆえ、私は、複合企業が世界中のどこで収益を上げているか、または事業を行っているかなどを示すために円グラフを利用する。

私は、データプレゼンテーションの先駆者であるエドワード・タフ

トのファンであり、われわれはスプレッドシートという制約が多く、退屈な枠を超えて、データのなかにあるストーリーを伝える図面を創造しなければならないとする彼に同意するものである。実際に、より創造的にデータを示すことは、それ自体がひとつの領域を成すものであり、調査や新しい視覚化ツール（インフォグラフィックス）、そしてそのツールを活用する新しいビジネスを生み出してもいる。

プレゼンテーションのバイアスと罪悪

本章を通じて、バイアスが陰に陽にどのようにしてプロセスに入り込むかを述べてきた。データを収集する段階では、望む結果を導き出すようなサンプルを選ぼうとしてバイアスがかかり、またデータを分析する段階では、外れ値の処理でバイアスが入り込む。当然ながら、データをプレゼンテーションするときにも小さいながらも重大な形でそれが表れ、軸の目盛りを変えることから、実際よりも大きく見えるように操作することなど、情報を伝達するというよりもミスリードさせるためにインフォグラフィックスを利用することがある。

データをプレゼンテーションするときに注意するメッセージが1つあるとすれば、控えめなほど効果が大きいということであり、意思決定者を怪しげな内容の3次元グラフに引き込むことではなく、より良い判断を導き出させることが目的である、ということだ。それゆえ、文章で事足りる2つの数字を説明するのに表を用いることはなく、表で十分なのにグラフを挿入してはならず、2次元で事足りるのにグラフを3次元化しないことである。

私は、これまでの人生においてこれらのルールをすべて破ってきたが、本書でもおそらくそうするであろう。もしルールを破っていたら、そのことを厳しく指摘してほしい。

100

第5章 数字を操る道具

ケーススタディ5.1

製薬事業 —— 研究開発費と収益力（2015年11月）

　製薬事業を調査するために、私はアメリカにおける医療費が大幅に増大し始めた1991年に分析を始めた。当時の製薬会社はお金のなる木で、研究開発費（R&D）への膨大な先行投資を行っていた。R&Dで生み出された薬品は、FDA（米食品医薬品局）の認可を取得し、商業生産に入ると、R&Dの巨額の費用を賄い、大きな超過利益を生み出すことになる。このプロセスにおける要点は、製薬会社が享受する価格決定力であり、しっかりと守られたパテントであり、医療費の増大であり、健康保険会社の分裂であり、あらゆるレベルにおける費用の説明不足（患者から病院・政府に至るまで）である。このモデルでは、当然ながら投資家はR&Dに費やした金額（費用は消費者に転嫁されると確信していた）や製品のパイプラインの充実ぶりに基づいて製薬会社を評価していた。

　では、過去10年間でこのストーリーはどのように変化したのであろうか。医療費の増加率は落ち着き、製薬会社の価格決定力もさまざまな理由から衰えを見せ始めたが、医療関連法案の改正もそのひとつである。第一に、健康保険業界で多くの合併が見られたが、これによって薬価に関して製薬会社に対する交渉力が増大している可能性がある。次に、政府はメディケイド（低所得者向け医療保険制度）の影響力を行使して薬価の低減を求め、いまだ保険会社を通じて行われているメディケア（高齢者向け医療保険制度）も製薬会社へ費用の低減を求める圧力となっている可能性がある。第三に、多くの薬品の流通網を代表する薬局も合併を進め、価格付けのプロセスで発言力を有するようになってきている。これらすべての変化によって、R&Dの見返りの不透明さが増し、

101

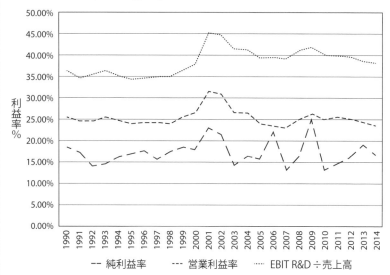

図5.5 製薬会社 ── 利益率

凡例: ― 純利益率　--- 営業利益率　…… EBIT R&D÷売上高

ほかの大きな資本投資同様に評価されざるを得なくなっている。もちろん、それが事業に価値をもたらす場合に限って当てはまる話ではあるが。

1991～2014年にかけて製薬会社が価格決定力を失い、R&Dがかつてのような収益源ではなくなっているという仮説を検証するために、**図5.5**にあるとおり、さまざまな収益の尺度（純利益、営業利益、EBITおよびR&D）を用いて、各年の製薬会社の平均的な利益率を見てみることにする。

利益率はわずかに低減しているとはいえ、期間を通じて大きく変化していないので、この期間において価格決定力が弱まったとする仮説はわずかに支持されたにすぎない。

次に、1991～2014年までの毎年の売上高に対するR&D支出の割合と収益の増加率を見ることで、この期間において収益成長とい

第5章　数字を操る道具

表5.1　R&Dが収益増大にもたらした効果

年度	R&D÷売り上げ	収益の成長率	収益の成長率に対する R&D÷売り上げの比率
1991	10.17%	49.30%	4.85
1992	10.64%	6.40%	0.60
1993	10.97%	3.58%	0.33
1994	10.30%	15.85%	1.54
1995	10.37%	17.32%	1.67
1996	10.44%	11.38%	1.09
1997	10.61%	13.20%	1.24
1998	11.15%	19.92%	1.79
1999	11.08%	15.66%	1.41
2000	11.41%	8.15%	0.71
2001	13.74%	−8.17%	−0.59
2002	13.95%	4.80%	0.34
2003	14.72%	16.26%	1.10
2004	14.79%	8.17%	0.55
2005	15.40%	1.49%	0.10
2006	16.08%	2.86%	0.18
2007	16.21%	8.57%	0.53
2008	15.94%	6.21%	0.39
2009	15.58%	−4.87%	−0.31
2010	15.17%	19.82%	1.31
2011	14.30%	3.77%	0.26
2012	14.48%	−2.99%	−0.21
2013	14.28%	2.34%	0.16
2014	14.36%	1.67%	0.12
1991–1995	10.49%	18.49%	1.80
1996–2000	10.94%	13.66%	1.25
2001–2005	14.52%	4.51%	0.30
2006–2010	15.80%	6.52%	0.42
2011–2014	14.36%	1.20%	0.08

103

う点においてR&Dの投資効果が低減しているかどうかを調べた。その結果は**表5.1**にある。

　R&D支出と収益の成長とには大きな時間のズレがあることは分かっているが、R&Dの成果を簡単に測るために、R&Dと収益の成長率との比率を計算してみた。

収益増大とR&Dの比率＝収益の成長率÷

　　　　　　　　　　売り上げに対するR&D支出％

　データとしては限界があるが、この比率は製薬会社におけるR&D支出の見返りが低減し、2011〜2014年の期間にはゼロ近くまで落ち込んでいることを示している。

　この分析から何が分かるだろうか。第一に、アメリカの医療業界に大きな変化があったにもかかわらず、製薬会社はいまだ利益を出していることだ。第二に、製薬会社は語られているほどに内部のR&D支出を削減してはいないということ。第三に、R&Dの表が教えるところによれば、R&Dの成果が低減を続けているので、製薬会社はR&Dへの資本投下を減らしていくべきであること。最後に、製薬会社が、研究のパイプラインにある製品を求めてより新しく、小さな企業に特化して買収を進めている理由の少なくとも一部が示されたことである。

ケーススタディ5.2

エクソンモービルの原油価格に対するイクスポージャー（2009年3月）

　第13章でエクソンモービルの2009年3月のバリュエーションを

紹介するが、そこで直面した第一の問題は、バリュエーションを行うまでの6カ月間に原油価格が大幅に下落（1バレル当たり45ドルまで）しており、エクソンモービルが公表していた財務データ（収益や利益など）の多くが、原油価格が1バレル当たり平均80ドルほどであった前年を基準にしたものであったことである。原油価格が下落しているので、向こう12カ月間の見通しが高すぎることは明白であったが、それでも同社の利益をより安い原油価格を前提に調整するのは難問であった。

エクソンモービルの利益が原油価格にどれほど敏感かを知るために、私は1985～2008年までの同社の営業利益と毎年の原油の平均価格とのヒストリカルデータを収集した（**図5.6**）。

また、毎年の平均原油価格を基準にエクソンモービルの営業利益の回帰分析を行った。同社の営業利益は原油価格の水準にほと

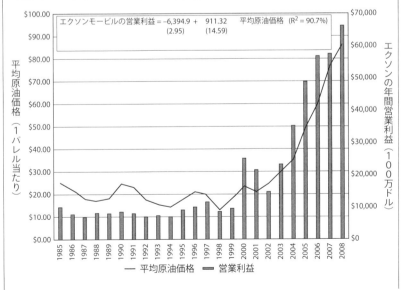

図5.6　エクソンモービルの営業利益と平均原油価格

んど依拠している（決定係数が0.9を超える）ばかりか、回帰分析
によって原油価格を1バレル当たり45ドルとして調整した営業利
益を知ることができた。

エクソンモービルの原油価格調整後の営業利益＝
　−63億9490万ドル＋9億1132万ドル×（45）＝346億1500万ドル

　この346億ドルという営業利益は、公表された過去12カ月の利益
額よりも大幅に少ないものであるが、私が行ったエクソンモービ
ルのバリュエーションではこの営業利益額を用いている。

ケーススタディ5.3

価値破壊の姿 —— ペトロブラス

　私は、データ分析を、ストーリーを語るプレゼンテーションに
転換することについては取り立てて創造力があるわけではない。そ
れでも、1000億ドル近く時価総額を減少させることになったブラ
ジルの石油会社ペトロブラスがどのように自ら価値破壊のサイク
ルへと落ち込んでいったかについて2015年5月に行った分析には
自信を持っている（**図5.7**）。

　データを可視化するときの多くのルールを破り、1つの図に多
くのことを詰め込みすぎていることは間違いないが、私が伝えよ
うとしたのは、価値を破壊することになるペトロブラスの一連の
行動だけでなく、それらの行動が互いに論理的に結びついている
ことである。つまり、利益を顧みずに新しい資源に多額の投資を
行ったことで、高い配当を支払い続けることを望んだ同社は新た
な借り入れを起こさなければならなくなった。その結果、繰り返

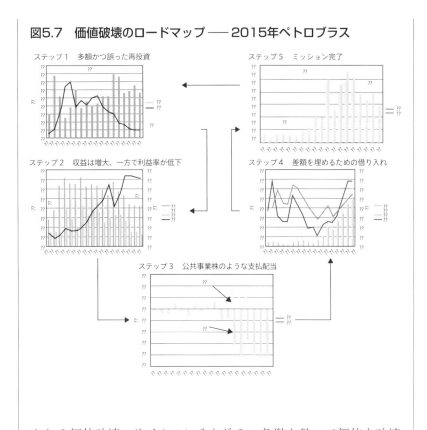

図5.7　価値破壊のロードマップ──2015年ペトロブラス

される価値破壊のサイクルに入り込み、急激な勢いで価値を破壊することになってしまったのだ。

結論

本章ではデータを利用する３つのステップを見てきた。つまり、データの収集、データの分析、そしてデータを提示する最良の方法である。それぞれのステップで、自らの予想にデータを当てはめようとする衝動と戦わなければならない。先入観を持たず、データから学ぼうとするならば、あなたのストーリーテリングの能力は向上し、また、よ

り良い投資ならびにビジネス判断を下すことができるようになるであ
ろう。

第 **6** 章

ストーリーを構築する

Building a Narrative

　ここまでストーリーテリングと数字の扱い方について概要を示してきたので、これからは詳細に移ろうと思う。本章では、まずビジネスのストーリー、つまりビジネスを語るストーリーとそれを構築するプロセスに目を向ける。本章を読めば、その多くがストーリーテラーに焦点を当てていることに気づくであろうし、聞き手にとっては同じ教訓が自分にも当てはまるのかどうかと疑問に思うであろう。結局のところ、ストーリーテラーの興味と投資家の興味は時に異なるものとなるのだ。それゆえ、起業家や経営者であるならば、自分たちの事業について、より高い価値が付けられるような遠大なストーリーを推し進めたいと思うであろう。売り込みを受ける側の投資家としてみれば、自らの資金をリスクにさらすのであるから、同じストーリーの信頼性を検証するだけでなく、その企業に関する独自のストーリーを構築しなければならないが、それが起業家のストーリーと異なるものとなる可能性はある。優れたビジネスストーリー、つまり時間の経過に耐え、事業の成功を後押しできるストーリーというのは、聞き手とストーリーテラーとの興味が合致するものだと私は考えている。上場企業への投資を考えている者であれば、その価値を支持するストーリーを構築するストーリーテラーと、自らのストーリーの弱点を探ろうとする聞き手の双方の役割を演じなければならないことが多い。結局のところ、投

109

資においてはただ聞き手に回るだけというわけにはいかず、起業家であれ、経営者であれ、さらには投資家であれ、究極的にはストーリーテラーの役割を演じなければならないのである。

優れたストーリーの要素

第4章において優れたストーリーに必要な要素を見てきたが、ビジネスや投資を裏づけるストーリーを構築するにあたって、そこでの教訓をいくつか利用することができる。特に、ビジネスに関するストーリーでは、次の要素が必要となる。

1. **簡潔でなければならない**　簡潔明瞭なストーリーは、脈絡が分かりにくい複雑なストーリーよりも長く印象に残る。
2. **信頼性がなければならない**　ビジネスストーリーは、投資家がそれに基づいて行動を起こすだけの信頼性がなければならない。有能なストーリーテラーであれば、未決事項を説明しないままにできるかもしれないが、それはやがて自らのストーリーと、おそらくは事業そのものを危うくする。
3. **インスピレーションを与えるものでなければならない**　結局のところ、ビジネスストーリーを語る目的は、創造力を競うためではなく、聞き手（従業員、顧客、潜在的投資家など）にそのストーリーを買わせる動機づけをすることにある。
4. **行動を呼び起こすものでなければならない**　聞き手がストーリーに乗ったら、彼らに行動を起こしてもらいたいと思うであろう。それが従業員であればその企業で働こうとし、顧客であればその企業の製品やサービスを購入し、投資家であればその事業に資金を投じてくれることを望むのである。

110

第6章　ストーリーを構築する

　ビジネスストーリーは、その細々としたことよりも、ビッグピクチャーやビジョンが肝要なのである。

事前作業

　ビジネスのストーリーを構築する前に、語り手も聞き手も取り組むべき宿題がある。ストーリーを語ろうとしている事業の歴史を振り返り、その企業が活動する市場を理解し、どのような競争が行われているかを把握しなければならない。

企業

　ストーリーの構築は、まずそのストーリーの対象となる企業から始めるのが論理的である。その企業がすでに事業を行っているのであれば、その歴史から始め、過去の成長や収益性やビジネスの方向性などの把握に努めるべきである。企業の将来を語るストーリーを構築するにあたって、その歴史に縛られる必要はないかもしれないが、それでも過去は知悉しておかなければならない。

　歴史の浅い企業であれば、過去を検証することで得られることは少ないであろう。新しいスタートアップ企業の財務諸表をじっくりと検証してみても、直近ではほとんど収益を生んでおらず（収益があれば、の話であるが）、その間は損失を計上しているという結論に至っても何の不思議もない。そのような企業の場合、投資家としては事業を営む創業者や所有者や彼らの歴史を学ぶことで多くのことが得られるであろうし、既存の同業他社を見ることでも多くを学ぶことができる。

111

市場

次のステップは、その企業が活動する、または活動しようとしている、より大きな市場を検証することである。**表6.1**に、回答を見いだすべき質問のチェックリストを掲載している。

成熟した事業を営む既存の企業であれば、市場の特性は目に見えやすく（市場の成長性、収益性、トレンドなど）、また将来を予見できることも多いので、この分析は比較的容易である。事業を進化させ、また変化を起こそうとしている企業を対象とするならば、その取り組みはより困難なものとなる。そこには、事業が成熟してしまったことから起こる変化、消費者行動の変化（エンターテインメント業界で視聴者がストリーミング配信に移行していることなど）、法律や規制の変更（たとえば、規制緩和後の電話通信事業）、地理的変化などがある。これらのケースでは、事業の現状だけでなく、それがやがてどのようになっていくかについても判断を下さなければならない。

おそらく、変革期にある事業に取り組む新しい企業のストーリーを構築するのがもっとも難しい取り組みであろう。それゆえ、2013年のツイッター社のバリュエーションを行ったときに、私はツイッターがオンライン広告（2013年の主たる収益源である）業者であり続けるのか、それとも利用者ベースをてこに小売業に拡張するのか、または使用料を徴収するモデルに転じるのか、という判断を下さなければならなかった。ツイッターの調査をしている投資家としては、同社の所有者や経営陣にその答えを求めたいところであるが、彼らもまた明確な解は持っておらず、さらにはより強いバイアスを持っていることを認識するだけであろう。

他社に比べて、情報を入手し、理解することが容易な企業も存在する。一般論として、過渡期にある企業よりも安定した企業、小さな未上場企業よりも上場企業のほうが評価したり、理解したりするのは容

表6.1　市場分析

カテゴリー	質問	コメント
成長性	市場全体がどのくらいの速さで成長しているか ほかよりも速く成長している分野があるか	長期にわたる平均的な成長率を知ることだけでなく、製品ラインや地域ごとの市場の方向性も把握したい
収益力	この事業は業界全体としてどれほどの収益力があるか 収益力にトレンドはあるか	利幅（総利益、営業利益ならびに純利益）と会計上の利益の趨勢を確認する
成長のための投資	当該事業を営む企業は成長のためにどのような資産に投資しなければならないか 成長を生み出すために、当該業界の企業は全体でどれほどの投資を行っているか。それを高めることはどれほど容易か	製造業であれば、工場や設備、組み立てラインに投資を行うのが一般的であるが、ハイテクや製薬企業ではR&Dという形で投資が行われる
リスク	収益と利益は時間の経過とともにどれほど変わるか これらの業績に変化をもたらす要因は何か 当該業界の企業はどれほどの負債を抱えているか 当該業界の企業が倒産するリスクは何か、その直接的な原因（債務の返済期限や現金不足など）となるのは何か	収益や利益はマクロ経済の変数によっても変動する。そこには、金利やインフレ率、コモディティ価格や政治的リスク、または企業独自の要因などが含まれる

易であろう。つまり、評価の難しい事業を評価・理解することは、分析が容易な事業に取り組むことよりも、大きな見返りが得られるということである。

競争

　この事前作業の最後は、現在、そして将来の競争力を評価することである。セクター全体や事業について見積もった成長性や収益力や投資やリスクの特質をもとに、市場に存在する企業間でこれらの特質に

表6.2　競争力分析

カテゴリー	質問	コメント
成長性	当該業界の企業には成長性に大きな差があるか 大きな差があるのであれば、その差を生む要因は何か	業界内の企業に成長性の差があるとしたら、それが規模か地域か市場セグメントに起因するものかどうかを見定めたい
収益力	当該業界の企業には収益力に大きな差があるか 大きな差があるのであれば、その差を生む要因は何か	企業間で利益率に大きな差があるとしたら、どのような企業の利益率がもっとも高く、また低いかを見いだしたい
成長のための投資	市場に存在するすべての企業に当てはまる標準的な投資モデルは存在するか もし存在しないとしたら、異なるモデルを持つ企業間で収益力や成長性に差異はあるか	当該業界の企業が成長しているとしたら、投資を減少（規模の経済やネットワーク効果）、または増大（さらなる競争に伴って）させる必要があるかどうか確認したい
リスク	当該業界の企業でリスク（収益の変動や存続）に大きな差があるか 大きな差があるのであれば、その差を生む要因は何か	企業間でリスク（業績ならびに存続）の差があるかどうか、もしあるのであればその要因は何かを知りたい

どのような違いがあるかを検証するのである。このプロセスを理解する一助となるような質問を**表6.2**に掲載している。

　当該業界の企業の評価を終えたら、当該企業が市場の勢力図にどのように合致しているか、また収益を得る手段を検証しなければならないであろう。それらの判断を下すにあたって、世界はまったく変化せず、当該企業だけが機会を求めて動き回り、新たな道を切り開き、収益を生み出していくと仮定するのは容易であるが、そのような仮定はたいていの場合、非現実的である。大きな市場機会を見つけたときは、世界のほかの者たちも同様にそれを見いだしたと仮定するほうが安全であるし、その機会をとらえようと決然と行動を取るときには、他社も同じ行動を取ろうとしていると前提すべきである。複数のプレーヤーからなるゲームに着目し、それがどのように展開するかを予測しよ

第6章 ストーリーを構築する

うとする経済学の一種であるゲーム理論を学べば、自分の動きだけで
なく、他社の動きも理解できるようになるであろう。ゲームにおいて
は、自らが常にもっとも資金が豊富で、賢く、また機敏なプレーヤー
であるとは限らず、そのような場合には自らの評価に正直であること
が厳しくとも有効なのである。

ケーススタディ6.1
自動車業界（2015年10月）

　あとの章において、２つの自動車会社のバリュエーションを行
う。次の４つの章ではフェラーリを取り上げ、ストーリーから価
値に至る一連の流れを描きだす。その間、スキャンダルがどのよ
うにストーリーをひっくり返す（またはひっくり返さない）のか
を検証するためにフォルクスワーゲンに言及する。どちらの企業
に対しても、今日の自動車業界を前提に、やがて変革が起こると
仮定している。

　自動車業界の歴史は長く、20世紀初頭までさかのぼる。業界が
成長することで、産業経済の基盤が築かれ、自動車会社が好調だ
と、国の経済も活況であるという時代もあったほどである。その
ような栄光の日々は今や過去のものであるが、今日の自動車業界
は、全体としては資本コストよりも高い利益を上げることができ
ず、ほとんどの企業が価値を破壊しているという悪い事業の特徴
を示している。このように一般化するのが乱暴にすぎると思うの
であれば、世界最大の自動車会社の１つであるフィアット・クラ
イスラーのCEO（最高経営責任者）であるセルジオ・マルキオン
ネも同意見であることを記しておこう。マルキオンネは投資家と
語ることを恐れておらず、自身の会社だけでなく、自動車業界全

115

体が直面する問題に対しても隠し立てすることはない。彼は一般人に対しても、自動車会社の重役との対話でもこの主張を行っており、アナリストとのカンファレンスコールで利用した「キャピタル・ジャンキーの告白（Confessions of a Capital Junkie）」というタイトルのプレゼンテーションにその主張を結実させている。そのプレゼンテーションにおいて、自動車業界は過去10年のほとんどにおいて資本コストを上回る利益を上げることができておらず、大幅な構造変化なくしては、アンダーパフォームを続けることになろうと、彼は主張している。

　では、自動車事業が全体としてこれほど悪化した要因は何であろうか。事業全体を見渡すと、3つの特徴が見いだされる。

1. **成長性の低い事業である**　自動車業界はサイクルのあるもので、景気循環を反映して浮き沈みするが、その特性を勘案したとしても、すでに成熟した産業である。そのことは**表6.3**にある自動車会社の収益の成長率に反映されている。この期間、アジアやラテンアメリカの新興市場が売り上げの増大に寄与したけれども、その底上げにもかかわらず、2005〜2014年までの自動車業界の総収益の成長率はたった5.63％にすぎなかったのである。

2. **利幅が狭い**　マルキオンネが指摘した自動車業界の要点は、その費用構造ゆえに企業の営業利益率が極めて低いということである。この点を示し、フェラーリのバリュエーションを行うために、時価総額が10億ドルを超える世界的な自動車会社のすべての税引き前営業利益率を算出した（**図6.1**）。すべての自動車会社のうち4分の1を上回る企業が損失を出しているばかりか、税引き前営業利益率の中央値は4.46％にすぎない。

第6章 ストーリーを構築する

表6.3　自動車業界の収益と成長率（2005〜2014年）

年度	総収益	成長率（%）
2005	$1,274,716.60	
2006	$1,421,804.20	11.54
2007	$1,854,576.40	30.44
2008	$1,818,533.00	−1.94
2009	$1,572,890.10	−13.51
2010	$1,816,269.40	15.47
2011	$1,962,630.40	8.06
2012	$2,110,572.20	7.54
2013	$2,158,603.00	2.28
2014	$2,086,124.80	−3.36
複利成長率（2005〜2014年）		5.63

出所＝S&P Capital IQ

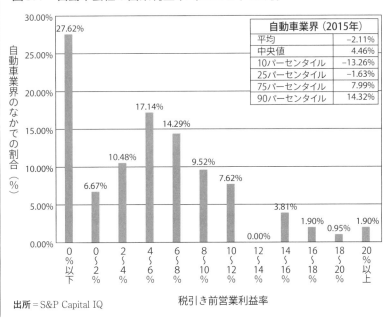

図6.1　自動車会社の営業利益率（2015年10月）

出所＝S&P Capital IQ

3．再投資の必要性が高い　自動車業界では、常に工場や設備に対する巨額の投資が必要であるが、近年自動車関連の技術が発展したことで、自動車会社のR&D支出が増大している。これがキャッシュフローの重荷になっていることが、業界全体の売上高に対する資本支出の純額（減価償却を超える資本支出額）とR&Dとを見ることで分かる（**図6.2**）。2014年、自動車会社は総体として収益の５％ほどを事業に再投資しており、そのうちの多くがR&Dに充てられている。収益成長率の低さ、わずかな利幅、そして増大する再投資が組み合わさって、**表6.4**で示されるとおり、資本コストを下回るリターンしか生み出すことができなくなっている。2004〜2014年の10年のうち９年は、自動車業界が総体として稼ぎ出したリターンが投下した資本のコストを下回ったのである。

　現状維持を望む者たちが、この悪い業績は全体のサンプルにすぎず、より良い業績を残している企業群もあると主張するのは間違いないことであろう。

　この主張に対応するために、私は自動車会社を時価総額、地域、特化市場（高級市場か大衆市場か）という視点から概観してみた。私が見いだしたことは次のとおりである。

1．小規模対大規模　自動車会社を時価総額に基づいて５つのクラスに分ける（**表6.5**）と、最大規模の自動車会社は平均して、小規模な自動車会社よりも高い利益率を生み出しているが、全体のROIC（投下資本利益率）は小さなものである。

2．先進国対途上国市場　過去10年における自動車販売の成長の多くが途上国市場に起因するものであるので、途上国市場における自動車会社は先進国におけるそれよりも良い業績を示

第6章 ストーリーを構築する

図6.2 自動車産業の売り上げに対する再投資額（2005〜2014年）

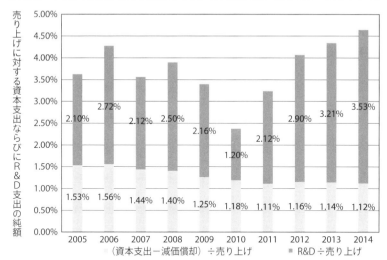

出所＝S&P Capital IQ

表6.4 ROICと資本コスト —— 自動車業界

	ROIC	資本コスト	ROIC－資本コスト
2004	6.82%	7.93%	－1.11%
2005	10.47%	7.02%	3.45%
2006	4.60%	7.97%	－3.37%
2007	7.62%	8.50%	－0.88%
2008	3.48%	8.03%	－4.55%
2009	－4.97%	8.58%	－13.55%
2010	5.16%	8.03%	－2.87%
2011	7.55%	8.15%	－0.60%
2012	7.80%	8.55%	－0.75%
2013	7.83%	8.47%	－0.64%
2014	6.47%	7.53%	－1.06%

表6.5　自動車会社の時価総額別の収益力（2015年10月）

規模	企業数	営業利益率	純利益率	税引き前ROIC
最大（100億ドル以上）	31	6.31%	5.23%	6.63%
2	16	5.24%	5.57%	10.72%
3	14	2.43%	3.19%	3.40%
4	20	1.51%	−0.40%	2.02%
最小（10億ドル以下）	26	2.46%	2.56	2.74%

表6.6　先進国対途上国の自動車会社（2015年10月）

分類	企業数	営業利益率	純利益率	税引き前ROIC
途上国	73	5.01%	6.13%	7.54%
先進国	34	6.45%	4.91%	6.52%

している可能性がある。そこで、私は**表6.6**において収益力という視点から2つのグループを比較してみた。ここでも結果は残念なものである。途上国市場の自動車会社は営業利益率の点で先進国よりも収益力が低く、純利益率とROICの点でわずかに上回る業績を残しているにすぎない。

３. **大衆市場対高級市場**　大金持ち向けに高い価格を提示しているフェラーリ、アストン・マーティン、ランボルギーニ、ブガッティといった超がつく高級自動車メーカーは自動車業界全体よりも売り上げの成長率が高く、利益率も高い。全体としては途上国市場に現れた新富裕層、特に中国の新富裕層が成長率に大きく寄与している。

フェラーリのバリュエーションを行うにあたり、私は自動車業界について発見したこれらの事象をもとに、同社のストーリーを

第6章　ストーリーを構築する

構築した。

ケーススタディ6.2

ライドシェアの姿（2014年６月）

　2014年６月、ベンチャーキャピタルがウーバーに170億ドルの評価を付けたというニュース記事を読んで、同社に興味を持った。私が最初に行ったウーバーのバリュエーションは2014年６月のものであるが、そこでは同社を地域（グローバルではない）におけるネットワーク効果を生かした都市部のカーサービス企業と見ていた。そのときの私の最初の仕事は当該市場の規模と特性を評価することであった。私が直面した大きな問題は、少なくとも2014年半ばの時点では、カーサービス市場というのは局地的なものであり、都市によって規則も構造も異なり、整理された情報もほとんどなかったので、事業を評価することが自動車業界よりも難しかったことである。

1. **市場規模**　まず世界でも最大のタクシー市場を有する都市（東京、ロンドン、ニューヨーク、およびいくつかの大都市）に着目し、業界団体と規制当局による市場規模の推定値を見ることで全体の市場規模を見積もることから始めた。ニューヨークに関しては、ニューヨーク市タクシー・リムジン委員会が公表しているイエローキャブと公認のカーサービス会社による2013年の総収入の数字を入手することができた。しかし、残念ながら、多くの途上国の情報は入手できなかったため、1000億ドルという都市におけるカーサービス市場の私の見積もりは推測値に基づいたものとならざるを得なかった。

121

2．市場の成長性　記録が示すところによれば、市場の成長率は低いと思われ、先進国でおよそ2％、途上国ではおそらく4〜5％といったところである。この情報も、当局が数字を把握し、タクシーの収益を公表している市場から得たものである。

3．収益力　この市場で活動している未上場のタクシー会社は概して帳簿を公表したがらないが、私は2つの数字から、少なくともライドシェア事業が登場するまではこの市場は比較的収益力があったものと結論づけている。その1つ目は、世界で上場している数少ないタクシー会社から入手したもので、税引き前営業利益率は概して15〜20％といったところである。2つ目の数字は、タクシーを運営するための権利の市場価格で、これはいくつかの都市で公表されている情報である。たとえば、ニューヨークでは、2013年12月時点でのイエローキャブの免許は120万ドルほどで取引されており、帰属収入は年におよそ10〜12万ドルということになる。

4．投資　この業界における一般的な運営方法は、まず投資家が資金を投じてタクシー会社を運営する権利を取得し（先行投資）、その後タクシーの車両を購入する。そして、投資家自身がタクシーを運転するつもりがないのであれば、運転手を雇うことになる（固定給を支払うか、歩合制にする）。つまり、まずタクシー免許に投資し、次に自動車に投資することになり、拡大させようとすれば、その双方に投資を行わなければならない。

5．リスク　カーサービス業界への参入が規制によって制限されているため、利益とキャッシュフローは概して安定しているが、地域経済の状態がタクシーの収益には影響を与え続けることになる。ニューヨーク市の経済が低迷した2002年、タク

シーの売り上げも減少した。また、概して、都市におけるカーサービス事業というのは同時期の金融業界の健全さに影響を受けるものである。借り入れが大きかったり、タクシーをリースしている会社は、減少した収益のなかでこれらの固定費を支払わなければならないため、ほかにも増してこのリスクにさらされることになる。

規制と長きにわたる競争のもとにあった2014年6月のカーサービス業界は、会社の特性よりも、規制による制約が要因となって競合間に大きな差異が生まれているようであった。

ストーリー

事業を行っている市場の構造を理解したら、バリュエーションの第一歩を踏み出し、企業に関するストーリーを構築する準備が整ったことになる。これは反復作業であるので、私のアドバイスとしては、ストーリーから取り掛かり、その後、障害に乗り上げたり、相反するデータに出合ったら、再びストーリーに戻るようにすればよいであろう。ストーリーは遠大なものにも、焦点を絞ったものにもなるし、現状にとどまることも、既存の運営方法に挑戦する（破壊）こともできる。また、長く継続したい（ゴーイングコンサーン）と望む事業について語ることもできるし、一定の期間に限定することも、一連の成長過程（高成長から低迷まで）を対象とすることもできるので、常に選択に迫られることになる。ストーリーが企業に合致していなければならないのは言うまでもないが、次の第7章においてミスマッチを調べる方法を見ていこうと思う。

123

大と小

　大きなストーリーでは、多くの事業やさまざまな地域で事業を行う計画があるといった拡張されたビジョンをもってビジネスが描きだされ、一方で、小さなストーリーでは特定の事業や特定の地域に焦点を当てたビジョンが語られる。異議はなかろう。大きなストーリーが従業員や投資家たちをより興奮させ、特に事業の早期の段階ではより高い価格が付けられることは事実である。しかし、大きなストーリーには２つのコストが伴う。１つ目は、集中しなければならないときに多くの事業に取り組まなければならず、そのことが企業に壊滅的な影響を及ぼしかねないということだ。２つ目は、期待値をつり上げてしまうことになるので、もしそれに応えることができなければ、罰せられるということだ。

　ここでフライングするが、これは2015年９月に、ウーバーとリフトという２つのライドシェア企業で目にしたコントラストである。2014年６月のウーバーに対する最初のバリュエーションでは、同社を都市におけるカーサービス企業とみなしていたが、同社のその後の言動を見て、私は自らのストーリーを再考し、同社をグローバルなロジスティクス企業であるととらえ直し、その潜在的な市場は大きなものであると考えるようになった。同じ時期、リフトは事業の焦点を絞り、最初は事業内容（ライドシェアに特化すると宣言する）を、次に活動地域（アメリカでの成長を目指した）を絞っていった。第14章で両社を再び取り上げ、この対照的なストーリーがそれぞれのバリュエーションにどのような影響を与えたのかを見ていく。

現状維持と革新

　運営方法について既存のビジネスモデルに従う、つまり現状維持の

企業を語るならば、そのストーリーはシンプルなものになる。それでも、費用構造が低いとか、価格プレミアムを課すことができるといった競合と差別化できる事業上の特性を見いださなければならない。対照的に、既存のビジネス慣行に挑戦しようとする企業は革新モデルに従うことになる。そのどちらを選択するかは、評価しようとしている企業や対象としている事業によって決まることを改めて記しておく。

すでに現状の体制内で大きな役割を占めている企業であれば、信頼に足る革新ストーリーを構築することは極めて難しい。たとえば、革新的な企業としてのテスラのストーリーは、フォルクスワーゲンが現状をひっくり返すというストーリーよりも構築しやすいのだ。実際に、破壊は概して失うもののほとんどない企業が起こすものであるとするクライトン・クリステンセンの名言に従うならば、ライフサイクルの早い段階にある企業のほうが容易に革新ストーリーを語ることができるであろう。

もうひとつ確実なことがある。効率的な運営がなされている事業で、革新を起こすのは極めて難しい。既存のそのような企業は、革新的な動きを押し返す立場にあるだけでなく、顧客もそこから離れようとはしないであろう。経営がうまくいっていない事業で、既存のプレーヤーがほとんど利益を上げることができず、提供している製品やサービスも顧客を満足させられずにいるならば、革新を起こすには格好の環境となる。それゆえ、過剰な規制が敷かれ、業績も上がらず、だれも（運転手も顧客も規制当局も）喜んでいない伝統的なタクシー業界では、ウーバーは格好の革新モデルとなるのだ。

ゴーイングコンサーンと有限の命

上場会社のストーリーを語る場合の有利な点のひとつが、それらの企業が永久に続くもの、無限の生命を持つ法人とすることができるこ

とである。これは上場会社を評価するときにしばしば行われる方法であるが、別の見方をしたほうが有効な場合がある。未上場企業や医業または公開されているロイヤリティトラスト（天然資源が枯渇するまで持ち分を保有する）を評価する場合、ストーリーには期限を持たせるべきであり、その期限が来たら、すべてを片づけ（資産を流動化させ）、ストーリーを終わらせることになる。

　天然資源の企業（石油や鉱業）は、それら天然資源はやがて枯渇するので、常に期限を切ったストーリーとすべきであるとする者もいる。それゆえ、エクソンモービルを石油会社とするストーリーを語るならば、そのストーリーにもっともふさわしい期限を定めることになる。対照的に、エクソンモービルをエネルギー企業とし、原油が枯渇すれば同社は次なるエネルギー源に移行するとするならば、そのような制限は取り除かれ、ゴーイングコンサーンとして取り扱えばよい。

成長のスペクトル

　最後に直面する選択は企業を成長のスペクトルのどこに位置づけるかということである。巨大市場におけるスタートアップ企業であれば、成長という点では限りがなかろうし、衰退する産業で落ち込んでいく企業であれば、やがて会社は小さくなっていくというストーリーにしなければならないだろう。あとの章で分析を行う企業を例とするならば、ウーバーやテスラには高成長のストーリーが有効であることは明白だが、フォルクスワーゲンには適用できない。アマゾンのような企業では、この問題がストーリーの最大の争点となるもので、アマゾンはすでに巨大企業であり、高成長は望めないので評価を下げるべきと考える者もいれば、アマゾンは新たな市場や産業を見いだしたので、2桁の増収を維持できると確信している者もいる。第14章で取り上げるJCペニーについて言えば、成長がどれほど大きなものになるかという

第6章　ストーリーを構築する

問題ではなく、本業が悪化を続けるなかでどれほどのペースで会社が
衰退するか、という問題となる。

ケーススタディ6.3

ウーバーのストーリー（2014年6月）

　2014年6月に私が初めてウーバーのバリュエーションを行った
とき、同社のサービスや運営方法がよく分からなかった。同社が
どのように運営されているのかを調査した結果、タクシーも所有
しておらず、運転手も雇っていないウーバーは、少なくとも従来
の意味でのタクシー会社ではないと結論づけた。むしろ、同社は
マッチメーカーとしての役割を演じているのであり、移動の足を
探している顧客と運転手や車とを結びつけ、サービスの対価をピ
ンハネしているのだ。利用者にとっては、運転手やタクシー（安
全性や快適さを保証する）、価格と支払い方法（利用者はサービス
のレベルや予想金額から選択できる）、そして利便性（自分を迎え
にくる車をスマホのスクリーンで追跡できる）をスクリーニング
してくれるところに同社の価値がある。

　図6.3に、2014年半ばに私が理解したウーバーのビジネスモデ
ルのステップを示し、各段階でウーバーが何を提供しているのか、
そしてそれが独特なものかどうかのコメントを記している。

　ウーバーは2009年の創業以来、急激な勢いで成長することがで
きたわけだが、同社のCEOであるトラビス・クラニックは6カ月
ごとに規模を倍増させてきたと述べている。

　ウーバーのストーリーを構築するために、私はストーリーの主
たる構成要素を検証し、各要素に対する2014年6月時点で私が下
した判断を以下に列挙していく。

127

図6.3　ウーバーのビジネスモデル（2014年6月）

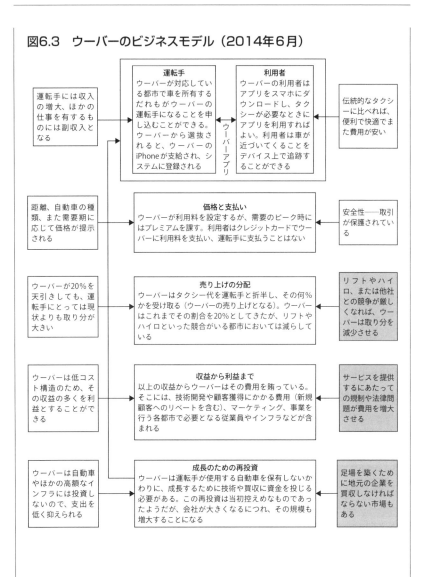

1. **事業**　ウーバーは、都市におけるカーサービス企業であり、これからもそうである。郊外に事業を広げたり、ほかの事業を展開することもできるだろうが、需要は少ないであろうし、拡大はウーバーにとって費用効率の低いものとなろう。

第6章　ストーリーを構築する

2．**市場の成長性**　ウーバー（ならびにほかのライドシェアサービス）は、都市におけるカーサービス市場に一部は公共交通機関から、一部は自家用車から、と新たな顧客を取り込むであろう。そのことが、都市におけるカーサービス市場の成長を底上げするであろう。

3．**ネットワーク効果**　ウーバーのネットワーク効果は地域的なもの、つまり、ウーバーが特定の都市で最大のプレーヤーとなれば、その都市においてさらに拡大することはより容易なこととなるであろう。しかし、その成功がほかの都市にも効果を発揮するわけではない。そこでは競合するライドシェア企業が最大のプレーヤーとして、独自の、地域的なネットワーク効果を享受しているかもしれない。

4．**競争優位**　タクシー料金を運転手に80％、ライドシェア企業に20％分配するという判断は任意のものにすぎないが、少なくともアメリカではスタンダードとして受け入れられている。ウーバーの競争上の優位性はこの分配の取り決めを維持するだけの強さがあり、それゆえ価格決定力を有していることになる。

5．**ビジネスモデル**　ウーバーは、サービスを展開するための独自の車両を持たず、また拡張しようとしてもインフラ投資も最小限で済むという、資本集約度の低いモデルとなっている。このモデルは持続性があり、ウーバーは今後もこのモデルで運営されるであろう。

6．**リスク**　ウーバーは新しい企業であり、損を出しているので、常に新たな資金を必要としている。同社が見事に成長を遂げ、健全なプライベートキャピタル市場を利用できるならば、その収益性を維持し、やがては赤字から脱却することができるであろうが、いまだ大きなオペレーションリスクを抱える事

129

業であることには変わりない。

このストーリーが誤りだと言えるだろうか。もちろん、ことは投資やビジネスに関するものである。そこで、次の第7章において、このストーリーと合致する数字の構築を始めようと思う。

ケーススタディ6.4

フェラーリのストーリー（2015年10月［IPO前］）

　フェラーリのストーリーはエンツォ・フェラーリに始まる。レーシングカーをこよなく愛する彼は、アルファ・ロメオを操るレーシングドライバーを支えるため、1929年に事業を起こした。エンツォがレーシングカーの第1号（TIPO815）を製造したのは1940年だが、自動車メーカーとしてのフェラーリ創業は1947年で、工場はイタリアのマラネロにあった。設立当初は、フェラーリ家が私的に所有する会社であったが、エンツォは、フェラーリは本来レーシングカーの会社であり、時折大衆に自動車を販売することもある、と考えていたと伝えられている。1960年代半ば、経営難に陥ったエンツォ・フェラーリは経営権の50％をフィアットに売却する。その後、1988年にはフィアットの保有比率は90％まで増大する（フェラーリ家が残りの10％を保有し続けている）。以来、同社は小規模ながらも、フィアット社（その後、フィアット・クライスラー）の一翼として高い収益力を誇っている。

　フェラーリ・クラブがどれほど限定的なものかを示すには、2014年全体で同社が販売した車両はたった7255台にすぎず、この数字は過去5年間とほとんど変わらないことを見ればよい。同社はイタリアをルーツとするものであるが、2014年のフェラーリの売り

第6章 ストーリーを構築する

図6.4 フェラーリの収益構成

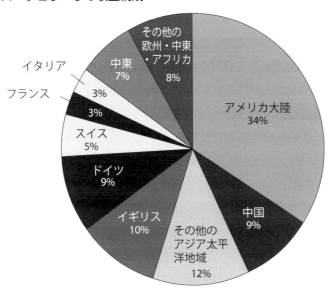

上げを地域別にグラフ化した**図6.4**が示すとおり、その売り上げは世界中の超がつく顧客層に依存している。

　収益に占める中東の割合が多いことに注目してほしいが、ほかのグローバル企業同様に、フェラーリもその成長を中国に依存する度合いを強めている。この排他性とそれに伴う価格決定力の副産物として、IPO（新規株式公開）に至るまでの12カ月間における営業利益率は18.20％と、世界の自動車会社の平均を3倍以上も上回るものであった。さらに、同社は過去10年間の市場の危機も見事に乗り越え、売上高も価格決定力も利益率もほとんど影響を受けることがなかった。

　このデータに基づき、2015年のIPOにあたって私が作成したフェラーリのストーリーは、同社は生産量を抑え、高価格を維持する、超がつくほどの独占的な自動車会社であり続ける、というも

のだ。この戦略の利点は、ひとつに価格を高くできること、ひとつに費用のかかる広告宣伝や販売活動に資金を投じる必要がないので、高い営業利益率を得ることができることである。また、生産能力を拡大する必要がないので、再投資を最小限に抑えることもできるが、同社はその競争力（スピードとデザイン）を維持するためにR&Dに資金を投じ続けている。さらに、世界中の超富裕層という小さな集団に特化することで、ほかの高級車メーカーよりも、マクロ経済の影響を小さくすることができている。次の2章で、このストーリーをバリュエーションのデータに落とし込み、同社の評価を行うつもりである。

ケーススタディ6.5

アマゾン ── フィールド・オブ・ドリームス・モデル（2014年10月）

アマゾンのサクセスストーリーは尋常ならざるものである。1990年代にオンライン書店として創業すると、同社は1990年代後半のドットコムブームの代表格となり、さらに印象的なのは、ドットコムバブルの崩壊を生き抜いたことである。バブルが頂点に近づいた2000年1月、私はアマゾンのバリュエーションを行ったが、そこでは同社の収益は向こう10年で40倍にも増大し、営業損失も黒字に転換すると仮定した[2]。その後、同社は私が2000年に設定した利益予測にこそ到達しなかったが、大幅な収益の増大を達成している。その様子を**表6.7**にまとめた。

ここで、利益がないのは計算間違いでも、経済環境が悪かった結果でもなく、利益を犠牲にしても収益を増大させようとしたアマゾンの戦略によるものであることに注意してほしい。それを達

第6章　ストーリーを構築する

表6.7　アマゾンの収益と利益 —— 予測と実現

| | 収益（100万ドル） | | 営業利益（100万ドル） | | 営業利益率 | |
	私の予測 （2000年）	実現	私の予測 （2000年）	実現	私の予測 （2000年）	実現
2000	$2,793	$2,762	− $373	− $664	−13.35%	−24.04%
2001	$5,585	$3,122	− $94	− $231	−1.68%	−7.40%
2002	$9,774	$3,392	+$407	− $106	4.16%	2.70%
2003	$14,661	$5,264	+$1,038	− $271	7.08%	5.15%
2004	$19,059	$6,921	+$1,628	− $440	8.54%	6.36%
2005	$23,862	$8,490	+$2,212	− $432	9.27%	5.09%
2006	$28,729	$10,711	+$2,768	− $389	9.63%	3.63%
2007	$33,211	$14,835	+$3,261	− $655	9.82%	4.42%
2008	$36,798	$19,166	+$3,646	− $842	9.91%	4.39%
2009	$39,006	$24,509	+$3,883	− $1,129	9.95%	4.61%
2010	$41,346	$34,204	+$4,135	− $1,406	10.00%	4.11%
2011	$43,827	$48,077	+$4,383	− $862	10.00%	1.79%
2012	$46,457	$61,093	+$4,646	− $676	10.00%	1.11%
2013	$49,244	$74,452	+$4,925	− $745	10.00%	1.00%
2014 直近12カ月	$51,460	$85,247	+$5,146	− $97	10.00%	0.11%

成するために、アマゾンは顧客を引きつけ続けようと、アマゾンプライムやキンドル（Kindle）、ファイヤー（Fire）などの新製品やサービスを原価割れで提供してきたのだ。

　2014年10月に私が構築したアマゾンのストーリーは、同社はフィールド・オブ・ドリームス・ストーリーを追及しており、それ（収益）を作れば、彼ら（利益）はやってくると投資家に約束している、とするものだ。私のストーリーでは、アマゾンは近い将来、原価を割ってでも製品を販売し、サービスを提供し続けることで収益を増大させる道を歩み続け、やがてその市場支配力が利益を

133

もたらし始めるだろうが、その市場支配力も新たなプレーヤーたちが小売業に参入することで抑えられることになるだろうと主張したのだ。

ケーススタディ6.6
アリババ —— チャイナストーリー（2014年9月）

　アリババを理解するには、同社の代表的サイトであるタオバオを見ればよい。雑多かつカラフルなサイトで、個人と事業者向けに、新品や中古品を固定価格や相談可能な価格で提供している。イーベイをモデルにしたものではあるが、タオバオは2つの点で異なっている。第一に、中古品を販売する個人よりも、新品を販売しようとする中小規模の小売業者に偏っている。第二に、アリババはイーベイとは異なり、取引手数料を取らず、そのかわりに主に広告料から収益を得ているのだ。

　2010年、アリババは新たな領域に進出し、Tモールという、より大規模の小売業者に限定したサイトを開設し、取引高からより多くの手数料を獲得するために、自社の役割を拡大させた。このサイトでは、小売業者はアリババに対し、偽物を受け取った購入者に返金するための保証金と、店舗を維持するための固定費となる出店料、ならびに取引額に応じて決まる販売手数料とを支払わなければならない。また、アリババはペイパルに似た独立のオンライン決済用のプラットフォームであるアリペイを開発したが、これが過去数年間で中国のオンライン決済市場を独占するまでに成長している。しかし、IPOに際してアリババを評価するにあたっては、アリペイはアリババからは分離され、独立した組織として運営されることになるので、投資家は同社の利益の分配にはあず

図6.5　アリババ —— ロケット発射

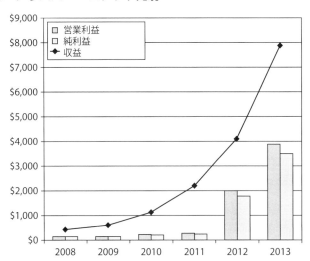

からないことに注意しなければならない。

　アリババは素晴らしい成功を収め、中国におけるオンライン販売の地歩を築くとともに、収益力を大いに高めてきている。2013年、同社はおよそ80億ドルの収益に対し、40億ドルもの営業利益を生み出したが、小さなスタートアップ企業から収益力を誇る巨大企業となるまでの急速な進化の様子を**図6.5**に示した。

　アリババが中国のオンライン販売における頂点に上り詰めるための要因となったと思われる4つの点を次に記していく。

1．成長市場に早期に参入し、自らの強みに変える　アリババが設立された1999年、中国のオンライン販売はいまだよちよち歩きであった。アマゾンやイーベイといったアメリカの最大規模のオンライン業者がその市場を無視したり、対応を誤るなか、アリババは中国の環境に適応するだけでなく、同国の

Eコマース市場の進化と成長の主役となり、やがて中国は世界第二の規模を誇るオンライン市場となっていった。中国のイーテイリング市場とアメリカのオンライン販売との大きな違いのひとつが、中国のほうが歴史的にオンライン市場（小売業者が主導するオンラインサイトではなく）への依存度が高いことがあるが、これは多分にアリババの影響によるところが大きい。

2. **差別化と独占**　アリババがどのようにしてイーベイやアマゾンを打ち負かせたのかというストーリーは戦略的なストーリーテラーたちにとって学ぶべきことであるが、アリババが勝利した（イーベイが敗北した）理由は本質的には3つある。1つ目は、経済性である。当初、取引手数料を徴収せず、もっぱら広告料に立脚することで、小売業者からすればアリババは競合他社よりも安価な存在となったのだ。2つ目は、アリババはその商売を中国の文化と利用者の行動に根づかせた。エコノミスト誌がタオバオをオンラインバザールと特徴づけたが、そのサイトでは売り手と買い手がオンラインで価格交渉を行っているのであるから、それも的を射たものである。3つ目は、タオバオは、知名度も信頼性もオンラインでの決済技術にも欠ける何千もの中小小売業者が散らばる中国の小売市場との親和性が高く、タオバオがそのすべてを提供していることにある。知名度はサイト上のトラフィックで見ることができるし、販売業者が資金を負担するアリババの独立した認証システムが信頼性を保証し、アリペイが決済手続きを行う、といった具合である。2013年、中国でのオンライン販売のおよそ75％がアリババが運営するサイトのいずれかを通じて行われたものである。

3. **欲をかかない**　中国におけるオンライン上の小売り取引のほ

とんどがアリババのサイトを通じて行われているが、アリバ
バが得る取り分はほんの少額にすぎない。特に、タオバオで
は収益のほとんどがサイトに登録する小売業者が支払う広告
料であり、総取引額からすればほんのわずかなにすぎないの
だ。Tモールでは、取引手数料を徴収しているので、そこか
ら得られる収益は比較的大きなものとなっているが、それで
も収益の0.5〜1.5%にすぎないのだ。取り分がこのように少額
であることはネガティブなようにも見えるが、競合他社がア
リババを出し抜き、より安価な取引を利用者に提示すること
を難しくしているので、アリババにとっては競争優位のひと
つとなっている。

4. **カッコつけない**　アリババはさしたる努力（マーケティング
費用をかける）もせず、これらの収益を生み出しているよう
に思える。さらに、同社は技術的革新を起こそうとする野心
もないので、R&Dや開発費もわずかなものにすぎない。これ
らの要素は、同社の驚くべき数値に結実している。2013年、同
社の税引き前営業利益率はおよそ50%、純利益率は40%近く
にも上り、あらゆる基準に照らしても高いものとなっている。

　2014年のIPOに際して私が構築したアリババのストーリーでは、
同社はこれまでの経営方針を変えることなく、中国市場における
支配的な市場シェアと高い利益率を保ち続けるとした。同時に、中
国市場における同社の強みは、ほかの市場に展開しようとするな
らば弱みとなる可能性があるので、結果として同社をグローバル
プレーヤーではなく、中国のオンライン小売業の巨人と評価する
ことになる。第7章では、もうひとつのストーリーとしてアリバ
バをグローバルプレーヤーとして検証してみたいと思う。

結論

　優れたビジネスストーリーは、簡潔で、信頼に足り、説得力に富んだものである。しかし、それを語るには、事業と取り組もうとする市場とを理解していなければならない。そのためには、それぞれのデータを収集するだけでなく、第5章で紹介した手段を使って、データを情報へと転換しなければならない。このプロセスの要点は、ストーリーを語るのはデータではないということを理解することである。ストーリーテラーは自分自身であり、自分が選んだデータや情報に基づいて、判断を下さなければならないということだ。間違いを犯すこともあるが、それは自身の弱点ゆえではなく、不確実性の結果なのである。

　もしあなたが興味を持った人や資金を求める人が語るストーリーに耳を傾けようとしているのならば、ストーリーテラーが宿題として行っている（事業、市場、そして競争状況を理解する）ことを自分で再現して、その知識を用いて弱点を探すのだ。結局のところ、ストーリーに基づいて事業へ投資することを決断するならば、そのストーリーを自分自身のものにする、つまりそうすることによって、ストーリーテラーと聞き手との垣根を取り払うことになるのである。

第7章

ストーリーの試運転
Test-Driving a Narrative

　フィクションのストーリーテリングは、想像力をどれだけ巡らせることができるかということだけに縛られる。それとは異なり、ビジネスのストーリーは現実に即していなければならない。本章では、ストーリーの可能性（Possibility）、もっともらしさ（Plausibility）、確からしさ（Probability）を、順を追って検証する。途中、ストーリーがどのようにして脱線するかにも目を向ける。あり得ない（Impossible）ストーリー（おとぎ話）から始め、なぜ、どのようにして創業者と投資家の双方が合意することになるのか。さらに、信じがたい（Implausible）ストーリーが時に勢いを持つ理由は何か、最後にありそうもない（Improbable）ストーリーが現実のものになることがあるのはどうしてか、を見ていこう。

３つのＰ ── 可能性がある（Possible）、もっともらしい（Plausible）、確からしい（Probable）

　企業について語るストーリーを構築したら、まず行うべきはそのストーリーに可能性がある（Possible）かどうかを確認することである。本章で後述するとおり、この極めて初歩的なテストを通過できないストーリーもあるが、もちろん、その手のストーリーはビジネス小説向

139

きである。どうして人々は妄想に駆られ、あり得ない（Impossible）ストーリーを語るのかと疑問に思うかもしれない。ストーリーテリングの熱気に圧され、同じような考えを持つ人々ばかりに囲まれると、それは起こるのだ。

　次の検証は、それよりも厳しいもので、語ろうとするストーリーがもっともらしい（Plausible）かどうかを判断することである。ストーリーをもっともらしい（Plausible）とするためには、それが起こることを示す証拠を提示しなければならない。まず成功している他社を引き合いに出し、自分たちもそれらの成功した企業と同じであることを論理的に説明するのである。

　3番目のもっとも厳しいテストは、語ろうとするストーリーが確からしいか（Probable）どうかを判断するもので、そのためにはストーリーを数値化し、ストーリーがどのように機能するかをできるかぎり正確に、数字をもって予測しなければならない。可能性がある（Possible）ことすべてがもっともらしい（Plausible）とは限らず、またもっともらしさ（Plausibility）が証明されたストーリーでも、確からしさ（Probability）を証明することが難しいものも多いのだ。

　では、なぜ注意しなければならないのか。一般的なバリュエーションの多くは確からしい（Probable）ことに基づいて行われており、そこでは、期待する価値をその確からしさ（Probability）に基づいた収益や利益やキャッシュフローという形で公式化する。将来の成長率などを予測するにあたっては、もっともらしい（Plausible）値を用いることもある。可能性がある（Possible）こと、つまり、起こり得ることではあるが、それがどのようなことになるか分からないことについては、一般的なバリュエーションではうまくいかないので、リアルオプションという方法に頼ることになる。この違いを**図7.1**に示しておいた。

　例として、2014年6月のウーバーについて私が語ったストーリーを

図7.1 可能性がある (Possible)、もっともらしい (Plausible)、確からしい (Probable) を評価する

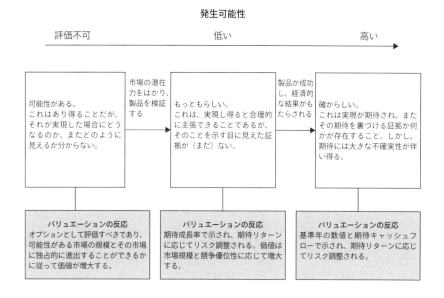

検証してみればよい。そこで私は同社を都市におけるカーサービス企業と位置づけた。当時ウーバーはすでにいくつもの都市で操業していたので、この特徴づけが可能性（Possibility）ともっともらしさ（Plausibility）のテストを通過しているのは明らかである。将来の収益とキャッシュフローを予測するにあたり、私は確からしい（Probable）結果を、できるかぎり正確を期して見積もった。しかし、バリュエーションを行うにあたり、既存のビジネスモデルのもっともらしい（Plausible）展開として、ウーバーが郊外の市場に進出したり、レンタカーと競合するようになるという話もあるので、私は全体の市場規模を拡張し、またその市場の成長性をより高いものとした。最後に、ウーバーは自家用車市場を侵食し、都市の人々が自動車を買わなくなり、また郊外の家族がセカンドカーを購入することを控えるようになると

図7.2 ウーバーの可能性がある（Possible）、もっともらしい（Plausible）、確からしい（Probable）——2014年6月

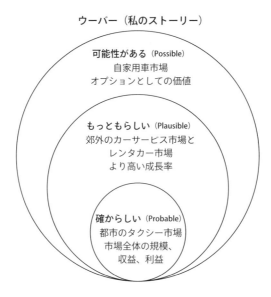

いう意見もあった。それは可能性（Possibility）があるように思えるが、2014年6月時点では、それが起こる証拠は見当たらなかったので、オプションとしての価値を付加することも検討したが、当初のバリュエーションには取り込まなかった。**図7.2**に、ウーバーにおける3つのカテゴリーをまとめてある。

　可能性がある、もっともらしい、確からしい（Possible、Plausible、Probable）の線引きは難しいが、有効と思えるシンプルな方法のひとつは、あり得ない、信じがたい、ありそうもない（Impossible、Implausible、Improbable）の区別について考えることである。あり得ない（Impossible）はイベントが発生する確からしさ（Probability）をゼロと評価し、ありそうもない（Improbable）は、イベントが発生する確からしさ（Probability）が低いながらも存在するということができるので、定量化が可能である。信じがたい（Implausible）は、それ

第7章　ストーリーの試運転

図7.3　懐疑の連続体

あり得ない (Impossible)	信じがたい (Implausible)	ありそうもない (Improbable)
実現する可能性がない	ストーリーは「適切」とは思えないが、それが実現しないと証明することも、また実現すする確率を証明することもできない	実現する確率は低いが、数値化できる

が起こり得ないことを証明することが現実問題として不可能であり、確からしさ（Probability）の判断を下すことは難しいので、玉虫色とならざるを得ない。あいまいに思われるかもしれないが、ストーリーには腑に落ちない部分もあるもので、**図7.3**に示したとおり、私はそのような部分を「懐疑の連続体」と呼ぶもののなかに位置づけている。

このスペクトラムを用いてストーリーを分類することで、投資哲学ごとにストーリー、さらには、投資価値のとらえ方がどれほど異なるかを把握することもできる。旧来のバリュー投資家、つまりベンジャミン・グレアムの証券分析に関する著書で示された配当ベースのバリュエーションモデルに依拠し、既知の予見可能なものにだけ投資すべきだとする格言に基づいて育った者たちは、「ほぼ確実な（highly Probable）」なストーリーを持つ企業に投資を行うわけであるし、さらにはそれら企業全体としての確実性を求めているのだとすら主張するであろう。より積極的なバリュー投資家は、少しばかり冒険して、確からしさ（Probability）を犠牲にし、それがもっと低い企業に、適正な価格で投資を行う。グロース投資家は、もっともらしい（Plausible）ストーリーに積極的に投資しなければならず、より大きなリスクを伴うことを受け入れながら、そのストーリーを成長予測へと落とし込まなければならない。後期のベンチャーキャピタリストはもっともらし

143

図7.4　ストーリーと投資家の類型

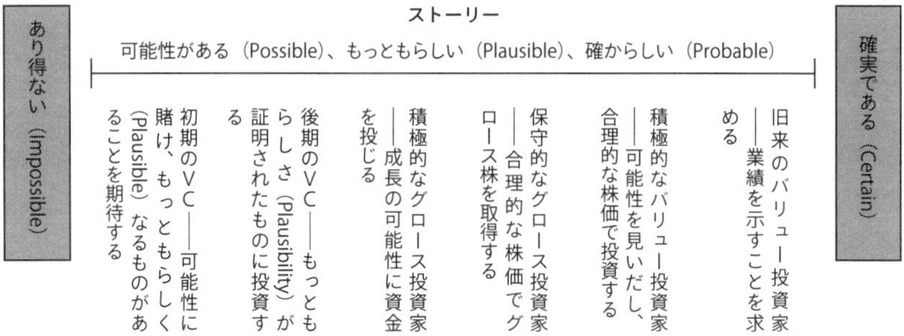

ストーリー
可能性がある（Possible）、もっともらしい（Plausible）、確からしい（Probable）

あり得ない（Impossible）　／　確実である（Certain）

初期のVC──可能性に賭け、もっともらしく（Plausible）なるものがあることを期待する

後期のVC──もっともらしさ（Plausibility）が証明されたものに投資する

積極的なグロース投資家──成長の可能性に資金を投じる

保守的なグロース投資家──合理的な株価でグロース株を取得する

積極的なバリュー投資家──可能性を見いだし、合理的な株価で投資する

旧来のバリュー投資家──業績を示すことを求める

さ（Plausibility）のスペクトルのなかでは低位に属する傾向にあるが、有望で将来性のある（もっともらしさの低い［low-Plausibility］ストーリーのもうひとつのとらえ方である）企業に投資する。初期のベンチャーキャピタリストは、可能性（Possibility）があるもののうち、もっともらしい（Plausible）ものはごく一部にすぎず、確からしさ（Probability）と言えるものはさらに少ないことを十分に理解しながら、可能性（Possibility）があるものに賭けるのである。**図7.4**では、投資哲学の分類と、それらが可能性がある（Possible）ことから確からしい（Probable）ことに至るスペクトルのどこと合致するかを示している。

では、なぜ注意しなければならないのか。ストーリーを機能させるためには、適切な聞き手を探さなければならない。いまだビジネスモデルが定まらない新しいスタートアップのハイテク企業が、オマハで開催されるバークシャー・ハサウェイの年次総会に集うバリュー投資家たちにどれほど素晴らしい売り込みをしたところで、完全に失敗するであろうし、現金を生み出していても、成長性の低い事業をシリコンバレーのベンチャーキャピタリストたちに売り込んだところで、歓迎されないのだ。

あり得ないストーリー

ストーリーがあり得ない（Impossible）ものとなるのはなぜか。ある時点においてストーリーとして語られる企業が、数字や市場や会計上の超えることのできない限界を超えることがある。多くの場合、その原因となる仮定が無意識のうちに行われているので、ストーリーテラーはその一線を超えていることに気づかないのだ。この項では、それらあり得ない（Impossible）ストーリーのいくつかを列挙する。

経済より規模が大きい

やがて企業が大きくなるとする成長ストーリーを語ることが妥当であることにはだれもが同意するが、活動する経済よりも大きくなる企業など存在しないことに異を唱える者もいないであろう。言うまでもないことなのだが、この当然の数学的限界を超えてバリュエーションが行われていることを非常によく目にすることに私は驚いている。

企業の本源的価値、またはもっとも一般的な形式であるDCF（割引現在価値）に目を向けた場合、ほとんどの事業のバリュエーションにおいて最大のキャッシュフローとなるのは、そのターミナルバリューである。通常、5年または10年後に発生すると仮定されるこの数値は、将来時点における企業の本源的価値を表そうとするものだ。正しい本源的価値を算出しようとする場合、この本源的価値を1つまたは2つの方法で見積もることができる。事業には寿命があるが、企業が寿命を迎える段階ですべての資産を流動化するつもりであるならば、清算価値を用いることができる。より広く用いられる方法で、少なくともゴーイングコンサーンを前提とするならば、キャッシュフローは未来永劫、一定の割合で増大すると仮定することで、無限の数列を創出し、現時点以降のすべてのキャッシュフローの現在価値を求める永久成長

145

方程式とすることによって、本源的価値を見積もることができる。

n年のターミナルバリュー＝
　　n＋1年の期待キャッシュフロー÷（割引率－期待成長率）

　世界中のファイナンスの講義で教えられ、アナリストたちが何の疑念もなく用いているこの公式こそが、不幸にもバリュエーションにおける問題の原因となっている。

　アナリストたちが、資本コストが8％、期待成長率が9％、そしてターミナルバリューがマイナスとなる事業を評価するにあたり、何も考えずにこの公式を利用していることは珍しくない。彼らはモデルに文句を言う前に、このモデルでは期待成長率は永遠のものとされており、9％の成長率（米ドル）が未来永劫続くとすることがあり得ない（Impossible）ストーリーを生み出していることを認識しなければならない。仮に企業が長期にわたり9％の成長を遂げるとしたら、やがては経済全体と同じ規模となり、さらにはグローバリゼーションのおかげもあって、これ以上成長することができないほどの規模にまで達することになる。簡潔に言えば、経済の名目成長率を超える無限の成長率などあり得ないのである。

市場よりも規模が大きい

　利益やキャッシュフローを見積もるには、たいていの場合、まず将来における収益を見積もることから始める。企業の潜在的な成長性が大きければ、収益がやがてとてつもなく増大するとしても不思議ではない。しかし、注意すべきことがひとつある。企業が市場シェアを獲得することにどれほど成功するとしても、最終的な市場シェアが100％を超えることはあり得ない、ということだ。

この明らかな限界もまた多くのバリュエーションにおいて無視されているが、その理由のひとつが、われわれが過去の成長を信用していることにある。企業のストーリーを構築するにあたり、過去にどれほど早く成長しているかを確認することは当然であり道理にかなうものであるが、ライフサイクルの初期の段階にある企業の過去の成長率が桁外れに大きなものになるのは、それらの企業のもともとの規模が小さいことが一因である。それゆえ、収益が100万ドルから500万ドルに増大した企業の成長率は400％にもなってしまうのだ。もしこの企業が長期にわたりこれだけの成長率を維持すると仮定してストーリーを構築したら、予想収益はあっという間に市場全体の規模に達し、やがてそれをも超えていくことになる。

これを防ぐためには、企業が大きくなるにつれ、規模を拡大することがより難しくなり、将来に適用する成長率は過去の成長率よりも低いものとならざるを得ないという前提でストーリーを構築すべきである。整合性を確認するために、取り組む市場全体の規模と、将来における企業の市場シェアとを測定するのも良い方法であろう。

利益率が100％を超える

利益率は、企業が生み出した利益をその収益で割ることで算出される。企業に強力な価格決定力があると評価するならば、高い利益率が価値を増大させるとするストーリーを構築しても妥当である。だが、企業にどれほどの価格決定力があろうが、その利益率が100％を超えることなどあり得ないのだ。

効率性を語るストーリーでは、このあり得ないルールを犯しがちとなる。つまり、企業の効率性が新しいプロセスや経営陣などによって改善することで、収益がさして増大しなくても、企業は長期にわたり高い利益成長を達成することができる、とするものである。短期的な

成長に関するものであれば、そのようなストーリーにも妥当性はあるが、その成長が長期にわたって達成されるとするならば、おとぎ話となってしまう。コストを削減（より効率的になって）し、利益率が向上するとしても、それが長きにわたり改善し続けるとするならば、やがて利益率が100％を超えてしまうということを肝に銘じておかなければならない。

コストのかからない資本

　事業を成長させるには資本が必要であるが、資本を提供する者はリターンを得るために投資を行うのである。借り入れであれば、必要となるリターンは金利という形で確定されるが、株式であれば、コストは不明確なため、希望的観測ということになる。言い換えれば、投資家が企業の株式を買う場合、彼らは株式を保有している間の配当と売却時の値上がり益という2つの方法からリターンを得ようとするのである。配当は企業の配当を見れば明らかだが、株式の値上がり益という部分は不明確である。

　株式のリターンに不明確な点があることから、株式で調達した資本にはコストがかからない、または限りなくコストが低いと考える企業もある。配当利回り（株価に対する配当金の割合）は自己資本のコストであり、それゆえ株式のコストは極めて低いばかりでなく、配当を支払っていない全米の企業の60％にとっては、コストはゼロであるとするCFO（最高財務責任者）の話を聞いたことがある。この主張は、株式の要求リターンの一部として株価の期待上昇率があることを無視しているので、取り上げるに値しないものである。

信じがたいストーリー

　多くのストーリーが足踏みするのが、もっともらしさ（Plausibility）の問題であり、特に市場のダイナミクス、さらに言えば、企業が起こした行動に対して、競合や顧客や従業員や監督官庁がどのような対応を取るのか、を予測することは極めて難しい。

市場のダイナミクス

　競争の厳しい分野で活動する企業に関するストーリーを語り、そのなかで企業はその市場でより大きな市場シェアを獲得するとしていると仮定してみよう。これはもっともらしい（Plausible）ストーリーであるが、もし企業が製品の価格を同時に引き上げ、より高い利益率を獲得することができるとしているならば、もっともらしい（Plausible）とはならない。結局のところ、競争の激しい市場では、価格を引き上げれば、市場シェアを失いこそすれ、市場シェアを伸ばすことなどないのだ。ストーリーのあらゆる点において、他者がどのように反応するか、そして自ら語る結果が継続するかどうかを考えておかなければならない。従業員の給与や福利厚生を削減し、それゆえ利益が増大するとしたストーリーだとしたら、それは給料が減っても従業員が働き続けてくれる場合にのみ有効なのである。

巨大市場の妄信

　個別企業単位ではもっともらしい（Plausible）ストーリーも、全体としては信じがたい（Implausible）ストーリーとなる場合もある。典型例のひとつが、私が巨大市場の妄信と呼ぶもので、企業が巨大市場（中国、クラウド、ライドシェア、オンライン広告など）に着目し、そ

149

図7.5　大きな市場を目指す起業家

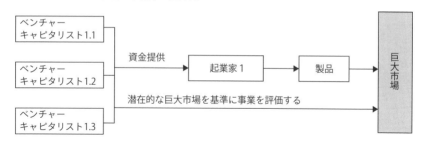

こでの機会に目を奪われている、といったものである。合理的で優秀な個人が、どのようにして巨大な市場の潜在力にだまされ、全体として非合理な行動を取るかを知るためは、自らが起業家となったと仮定し、大きな市場を獲得する可能性があると思われる製品を考えつき、その評価に基づいて、ベンチャーキャピタリスト（VC）を説得し、事業に必要な資金を調達することができる（図7.5）と考えてみればよい。

図7.5に登場する全員が合理的に行動していることに注目してほしい。起業家は、巨大な市場のニーズを満たすと考える製品を作り出し、VCはその製品から利益を獲得できると考えている起業家を支えている。

ここで、ほかの6人の起業家が、同時に同じ巨大市場に着目し、その市場のニーズを満たすべく自分たちの製品を作り出し、そして全員が自分たちの製品やビジョンを後押ししてくれるVCを見つけたと仮定してみよう。その様子を図7.6に示している。

では、ゲームをより面白くするために、これらの起業家は賢く、製品についての知識も豊富であり、またVCも優秀かつビジネスには厳しい者たちとしてみよう。合理的な市場であれば、起業家もそれを支えるVCも、自分たちの事業を、市場の潜在力と成功、そして現在および将来の競争に対する見立てに基づいて評価することになる。

図7.6 多くの起業家が巨大市場を目指す

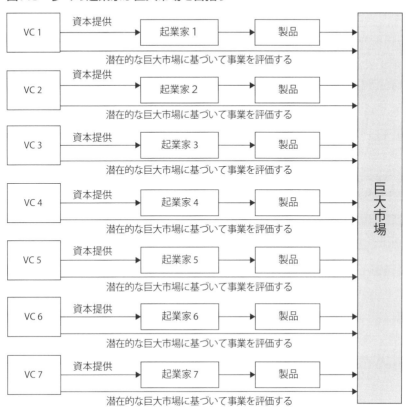

　さて、ここで合理性を失うような攪乱要因を加え、起業家とVCの双方を自信過剰な者たちとしてみよう。つまり、起業家は自分たちの製品に競争優位があると考え、VCは自分たちには勝者を選びだす能力があると考えているとする。双方（起業家とVC）とも自信過剰な個人を取り込んでいるという明白な証拠があるので、この時点で当初の仮定とは異なっているし、とりわけ極端な仮定でもない。今やゲームは変化し、それぞれの登場人物（起業家とそれを支えるVC）は成功するための自分たちの能力と、成功の確からしさ（Probability）と

を過大評価しているので、結果は次のようになる。第一に、巨大市場を目指す事業は全体として過大評価される。次に、過大評価に魅了された新規参入者が登場すると、市場にはプレーヤーが増え、競争が激化する。それゆえ、全体としての収益成長は、巨大市場という期待に沿うものとなるかもしれないが、個別企業の収益成長は期待を下回り、営業利益も期待外れなものとなるだろう。第三に、セクター全体のバリュエーションはやがて低下し、事業をたたむ企業も出てくる。そして、勝者も、成功する起業家も、また投資から大きな報いを得るVCもほとんど存在しない状態となるであろう。

　巨大市場における企業を総体として過大評価するのは、まるでバブルである。そして、いつものようにバブルと市場の行きすぎに対する懸念は調整を引き起こすことになるが、事の発端は過信にある。それは起業家そしてベンチャーキャピタル投資で成功するための前提条件とも言えるものでもある。つまり、過大評価は、次に挙げる要因に応じてその度合いが変わるのだ。

１．**過信の度合い**　自らの製品や投資能力に対する起業家や投資家の過信が大きくなるほど、過大評価も大きくなる。どちらのグループも自信過剰となる傾向があるので、市場で成功するにつれ、その過信が大きくなりがちである。それゆえ、市場のブームが長く続けば続くほど、過大評価が大きくなるのも当然のことである。実際に、経験が過信を生み出すことが多いので、経験豊富なVCと起業家とが存在する市場において過大評価が増えると言うこともできるであろう。

２．**市場規模**　対象とする市場が大きくなるにつれ、より多くの参入者を招くことになる。そして、ゲームに参加する彼らの過信が積み重なれば、全体としての過大評価も大きなものとなる。

３．**不確実性**　ビジネスモデルと、それを最終的な収益へと転換する

能力に対する不確実性が大きいほど、過信によって数字がゆがめられるようになり、やがて市場においてより大きな過大評価へとつながる。

4. **勝者の総取り**　グローバルなネットワーク効果（成長が自己増殖する）があり、勝者が市場シェアを独占できる市場こそ、過大評価がより大きなものとなる。このような市場では成功の果実がより大きなものとなるので、成功の確からしさ（Probability）を誤認することで、より大きな影響をバリュエーションモデルに与えることになってしまう。

　この全体としての過大評価は、10年おきに新しい市場で見られるものである。たとえば、1980年代のパソコンメーカー、1990年代のドットコム企業、そして直近数年におけるソーシャルメディア企業といった具合である。バブルの崩壊と表現される過大評価の調整が起こるたび、投資家や規制当局、そして傍観者たちは「二度と繰り返さない」と口にし、教訓を得たので、同じことを繰り返すことはないと言う。しかし、市場が存在するかぎり、この全体としての過大評価はその特徴なのであり、必ずしも望ましからざるものとは限らないのだ。

ケーススタディ7.1
2015年11月のオンライン広告事業──巨大市場の妄信

　2015年に行ったこの検証にもっともふさわしいのは、ここ数年でソーシャルメディア企業が流入したオンライン広告市場である。検証を行うために、オンライン広告業界の各企業の時価総額を取り上げ、向こう10年間の期待収益を割り出した。これを行うためには、バリュエーションに用いるほかの変数（資本コスト、目標

図7.7 フェイスブックの収益を分解する

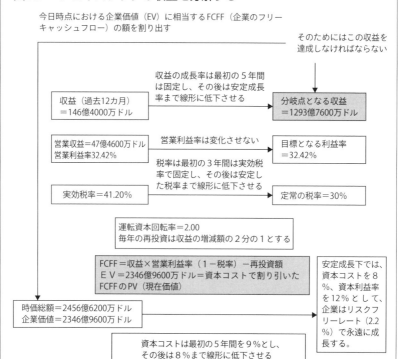

営業利益率、運転資本回転率）を予測し、確定させなければならないのだが、現在の時価総額に合致する数値が得られるまで収益の成長率を変化させることで算出した。

図7.7にはフェイスブックを例に行ったこのプロセスが示されているが、2015年8月25日の企業価値（エンタープライズバリュー）を2456億6200万ドル、基準となる収益を146億4000万ドル（直近12カ月分）、資本コストを9％とした。32.42％という利益率を所与とし、10年間の収益を算出した様子を**図7.7**に記しておく。

現在、フェイスブックが広告から得ている収入の割合（91％）は向こう10年間は変化しないと仮定し、2015年にフェイスブックが広告から得た収益を1177億3100万ドルとした。広告による収益の割合が変化しないという仮定には問題があるかもしれないが、少なくともほかの上場企業に関しても、投資家たちはこの新しい市場の成長を価値に織り込んでいると思われる。

　このプロセスをオンライン広告から大きな収益を得ているほかの上場企業でも繰り返し行ったが、資本コストは固定し、目標となる税引き前営業利益率は現時点におけるものと20％との高いほうを適用した。どちらの仮定も積極的（資本コストは低すぎたかもしれないし、営業利益率は競争を勘案すれば高すぎるものであろう）なものであり、向こう10年間の予想収益を押し上げるものであることを意識してほしい（**表7.1**）。

　この**表7.1**に掲載されている2015年8月時点で上場している企業の株価から割り出したオンライン広告の総計は5230億ドルであった。オンライン広告から収益を得ている小規模な企業や、アップルのようにオンライン広告から副次的な収益を得ている他業種の企業は除外したので、この**表7.1**がすべてを網羅しているわけではないことに注意されたい。また、2015年11月時点では上場が待たれていたスナップチャットのような未上場企業のバリュエーションに含められるオンライン広告の収益も含まれていない。結果として、その時点での市場に織り込まれているオンライン広告の収益を低く見積もっていることになる。

　これらの算出した収益が実現可能かどうかを検証するために、私は世界のすべての広告市場とそこに占めるオンライン広告の割合とに目を向けた。2014年、世界の広告市場は全体で5450億ドルであり、うち1380億ドルがデジタル（オンライン）広告である。広告全体の成長率は、企業の収益の成長を反映するように思われるが、全体に占めるオンライン広告の割合は増大を続けるであろう。**表7.2**において、2015

表7.1 オンライン広告会社の収益を分解する

企業	時価総額	企業価値	現在の収益	分岐点となる収益（2025年）	オンライン広告の割合	算出したオンライン広告による収益（2025年）
グーグル	$441,572.00	$386,954.00	$69,611.00	$224,923.20	89.50%	$201,306.26
フェイスブック	$245,662.00	$234,696.00	$14,640.00	$129,375.54	92.20%	$119,284.25
ヤフー	$30,614.0	$23,836.10	$4,871.00	$25,413.13	100.00%	$25,413.13
リンクトイン	$23,265.000	$20,904.00	$2,561.00	$22,371.44	80.30%	$17,964.26
ツイッター	$16,927.90	$14,912.90	$1,779.00	$23,128.68	89.50%	$20,700.17
パンドラ	$3,643.00	$3,271.00	$1,024.00	$2,915.67	79.50%	$2,317.96
イェルプ	$1,765.00	$0.00	$465.00	$1,144.26	93.60%	$1,071.02
ジロー	$4,496.00	$4,101.00	$480.00	$4,156.21	18.00%	$748.12
ジンガ	$2,241.00	$1,142.00	$752.00	$757.86	22.10%	$167.49
米国企業	$770,185.90	$689,817.00	$96,183.00	$434,185.98		$388,972.66
アリババ	$184,362.00	$173,871.00	$12,598.00	$111,414.06	60.00%	$66,848.43
テンセント	$154,366.00	$151,554.00	$13,969.00	$63,730.36	10.50%	$6,691.69
バイドゥ（百度）	$49,991.00	$44,864.00	$9,172.00	$30,999.49	98.90%	$30,658.50
捜狐ドットコム	$18,240.00	$17,411.00	$1,857.00	$16,973.01	53.70%	$9,114.51
ネイバー	$13,699.00	$12,686.00	$2,755.00	$12,139.34	76.60%	$9,298.74
ヤンデックス	$3,454.00	$3,449.00	$972.00	$2,082.52	98.80%	$2,057.52
ヤフージャパン	$23,188.00	$18,988.00	$3,591.00	$5,707.61	69.40%	$3,961.08
新浪（シーナ）	$2,113.00	$746.00	$808.00	$505.09	48.90%	$246.99
網易（ネットイース）	$14,566.00	$11,257.00	$2,388.00	$840.00	11.90%	$3,013.71
メイルルー	$3,492.00	$3,768.00	$636.00	$1,676.47	35.00%	$586.76
ミクシー	$3,095.00	$2,661.00	$1,229.00	$777.02	96.00%	$745.76
カカク	$3,565.00	$3,358.00	$404.00	$1,650.49	11.60%	$191.46
米国以外の企業の総計	$474,131.00	$444,613.00	$50,379.00	$248,495.46		$133,415.32
全体	$1,244,316.90	$1,134,430.00	$146,562.00	$682,681.44		$522,387.98

表7.2　2025年におけるオンライン広告収益

市場全体に占めるオンラインの割合	広告料全体のCAGR（年複利成長率）				
	1.00%	2.00%	3.00%	4.00%	5.00%
30%	$182.49	$203.38	$226.42	$251.81	$279.76
35%	$212.90	$237.27	$264.15	$293.77	$326.38
40%	$243.32	$271.17	$301.89	$335.74	$373.01
45%	$273.73	$305.07	$339.63	$377.71	$419.64
50%	$304.15	$338.96	$377.36	$419.68	$466.26

年から2025年にわたって広告市場全体に異なる成長率を適用し、オンライン広告の割合を変化させることで、2025年における世界全体のデジタル、またはオンライン広告の収益を見積もってみた。

　広告全体が成長し、オンライン広告が占める割合が全体の50％まで増大するとする楽観的な仮定に基づけば、2025年のオンライン広告市場は全体で4463億ドルと予想される。私が取り上げた上場企業から割り出した収益はすでにこの数字を超えているので、これらの企業はオンライン広告市場に比して割高であると結論づけてもよさそうである。

　この分野に参入する企業が増えれば、株価に織り込まれた市場規模と実際の市場規模とのギャップは増大を続けるであろうが、投資家たちはギャップがあることを知りながらもこれらの企業に投資を続けるであろう。結局、過信の本質は、創業者や投資家が、過大評価がなされているのは自分たちの企業ではなく、市場のほかの者たちであると信じ込んでいるところにある。やがては審判の日が訪れる。市場はギャップを認識し、株価は調整されることになるだろうが、それでも、この一団のなかに勝者はいるであろう。

ありそうもないストーリー

　どれほど情報に通じているかにかかわらず、だれもがそれぞれのストーリーを持っているのであるから、合理的で情報に長けた人々が企業価値についてそれぞれの意見を持っていることは当然のことである。後述するケーススタディで見るとおり、私はウーバー、フェラーリ、アマゾン、アリババに関する私自身のストーリーを持っているが、それぞれの企業についてもっともらしい（Plausible）反論が存在する。一方で、これらの企業、または別の企業について、ありそうもない（Improbable）ストーリーも存在するのだ。

　では、ありそうもない（Improbable）ストーリーが生まれるのはなぜだろうか。それは、収益の成長や利益率や再投資やリスクに対するストーリーテラーの見立てに合意できないということではなく、ストーリーテラーの意見に一貫性がない、つまり互いに相矛盾するものがあるということである。私はこれらの矛盾を見いだす簡潔な手段を持っているが、それを価値の鉄の三角地帯と呼んでいる（**図7.8**）。

　三角形の3つの角、つまり成長とリスクと再投資は、次の第8章で見るとおり事業価値を増大させるものである。それぞれの変数は、それが価値に与える影響を予測することができるものである。成長が高まれば、価値は増大するが、リスクや再投資が増えれば、価値は減少する。当然ながら、企業により高い価値を与えたいと考えているストーリーテラーは、成長性が高く、リスクと再投資が低いストーリーを語ろうとするだろう。しかし、そのようなストーリーには矛盾があるので、信じがたい（Implausible）ものとなりがちである。成長性の高い企業は概してその成長を支えるために多額の再投資を行わなければならず、それが往々にしてリスクを増大させるのだ。

158

図7.8　価値の鉄の三角地帯

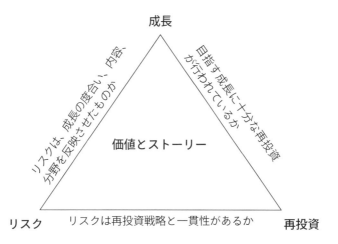

ケーススタディ7.2

フェラーリ —— 排他的自動車クラブ

　フェラーリに関する私のストーリーでは、同社は生産量や販売台数を増大させようとするのではなく、極めて裕福な顧客層だけをターゲットとする排他的なクラブであり続けようとするだろうと仮定した。このストーリーの利点はフェラーリがその高い利益率を維持し、マクロ経済のリスクに対するイクスポージャーを引き下げることができるという点にあるが、収益成長が低いという難点がある。

　では、私が「Rev it Up（回転数を上げろ）」戦略と名づけたもうひとつの戦略について考えてみよう。この戦略では、フェラーリは安価版を投入することで、顧客層を拡大させる。つまり、マセラッティがギブリモデルで行ったことである。これによって収

益の成長を増大させることができるが、この戦略では価格を引き下げるとともに、販売コストが増大することになるので、マセラッティと同様に、フェラーリも営業利益率をある程度犠牲にせざるを得なくなるであろう。より広い市場を目指すことで、顧客のなかには一時的に裕福なだけの者（超富裕層ではない）も含まれるようになるので、市場リスクにさらされる度合いも高くなる。これが、もっともらしさ（Plausibility）のテストを通過するもうひとつの実行可能なストーリーであることは明らかである。

フェラーリはマセラッティと同様に新しいモデルを導入することで売り上げを増やすことができ、長い間誇ってきた利益率を維持し、リスクを増やすことはないと主張することもできるが、それこそが信じがたい（Implausible）ストーリーの好例である。この戦略は、価値を増大させる数値の組み合わせ（高い収益成長＋高い営業利益率＋低いリスク）を生み出すのだが、信じがたい（Implausible）組み合わせである。さらに、ありそうもない（Improbable）ストーリーとして、フェラーリが衣服や時計やおもちゃといった商品を販売することで、何十億ドルもの収益を獲得するといった論を弄することもできる。そのようなストーリーもあるだろうが、それが実際に展開される確からしさ（Probability）は低いであろうし、少なくとも2015年後半時点での私の見立てではあり得ないストーリーであった。

ケーススタディ7.3

アマゾン —— もうひとつのストーリー（2014年10月）

ケーススタディ6.5で、アマゾンの基本ストーリーをフィールド・オブ・ドリームス・ストーリーであると記したが、そこでは、

同社は利益がどれほど少なかろうが高い収益成長を追い求め続け、やがては収益性の向上に目を向けるようになるとした。同社は賛否を含め大きな反響を引き起こしているので、当然ながら私のストーリーに反対する者も多いであろうし、私のストーリーを楽観的にすぎるとする者も、悲観的にすぎるとする者もいるであろう。

より楽観的で、もっともらしい（Plausible）反論のひとつに、アマゾンはリテール企業ではなく、クラウドコンピューティングやエンターテインメントの分野に進出するとするストーリーがある。これらの市場で市場シェアを獲得することで高い収益成長を達成するとともに、競合他社が享受しているようなより高い利益率を得ることができるというわけだ。

より悲観的なストーリーとしては、アマゾンは収益成長を追い続け、従来型の小売業者との競争には打ち勝つことができるであろうが、値下げ攻勢を続ける新たなオンライン業者の波に直面することになるだろうとするものがある。このストーリーでは、アマゾンは最終的に大きな収益を獲得することにはなるが、長期的にはわずかばかりの利益に終始することになる。

また、アマゾンは究極的な競合他社潰しであり、資本市場と我慢強い投資家層を利用して、既存の競合を叩き潰しているとするほとんど被害妄想のようなストーリーも存在する。このストーリーでは、アマゾンはあまりに強力になっており、顧客はなす術がないので、どんなことでもできるとしている。このストーリーの結末は、アマゾンは大きな収益を獲得するとともに、今日事業を行うどの企業よりも大きな利益率を達成するとされる。

> ケーススタディ7.4

アリババ ── グローバルプレーヤー

　ケーススタディ6.6で、私はアリババのチャイナストーリーを
紹介した。同社は2014年の中国におけるオンライン流通網の75％
を握り、将来も同国の電子商取引を独占し続けるだろうが、他国
の市場にまで拡大することはできないと私は考えた。このストー
リーに反論する者は多く、カリスマCEO（最高経営責任者）のジ
ャック・マーを含めた同社の強さと、資金調達力があれば、東南
アジアをはじめとして、ほかの先進諸国市場にも拡大することが
できると主張する。このストーリーはもっともらしい（Plausible）
ものであるが、次に挙げるように、より野心的な成長目標の影響
を受けることになろう。

1. **より低い利益率**　アリババの中国における利益率は、市場の
   独占と強力なネットワーク効果の賜物である。より確立され
   たプレーヤーたちとの競争を強いられるほかの市場では利益
   率はより低いものとなるであろう。
2. **さらなる再投資**　これらの新しい市場に参入するためには、ア
   リババは自ら市場に参入するために資本を投下するか、もし
   くはより可能性の高い話として、その市場の既存のプレーヤ
   ーを買収しなければならないだろう。これらの再投資がもた
   らすリターンは、アリババが中国で行う投資のそれよりも低
   いものとなる。

　このアリババのグローバルストーリーでは、同社はより大きな
市場と収益を獲得する一方で、収益性は低下し、再投資が増大す

第7章　ストーリーの試運転

る。つまり、アリババの価値を増大させる要素と低下させる要素とのトレードオフが成立してしまうのだ。

　アリババがその世界展開を行うために巨額の投資を行うことなく、中国での営業で獲得しているようなとてつもなく高い営業利益率を維持しながら、グローバルプレーヤーとなることができると仮定すれば、信じがたい（Implausible）ストーリーがどのようなものかを理解することができるであろう。

結論

　ビジネスストーリーは、投資家を納得させるだけの説得力がなければならない。本章において、私は３段階のテストを提案した。まず、ストーリーが可能性がある（Possible）ものかどうか、次にそれがもっともらしい（Plausible）ものかどうかを評価し、最後にその確からしさ（Probability）を分析する。また、あり得ない（Impossible）ストーリーも取り上げたが、そこでは企業が自分たちが活動する市場よりも大きくなる（市場シェアが100％を超える）ことを目指していたり、100％を超える利益率を獲得しようとしている例を挙げた。その後、信じがたい（Implausible）ストーリーに触れたが、それは実現するかもしれないが、その可能性は極めて低いストーリーである。最後に、ありそうもない（Improbable）ストーリーだが、ここではストーリーを構成する個別の要素は合理的だが、それらは互いに相矛盾するので、全体としては非合理なストーリーとなることを紹介した。

163

第8章

ストーリーから数字へ

From Narratives to Numbers

　現実に立脚し、もっともらしさ（Plausibility）の検証も済ませたビジネスストーリーがあるとしよう。本章では、ストーリーを、事業の価値を決める数字へ結びつける方法を見ていく。まず、バリュエーションを簡単に紹介するが、理論を掘り下げるのではなく、さまざまな産業の、さまざまなライフサイクルの段階にある事業に広く適用できる主要なドライバーと価値とを結び付けていく。そして、ビックマーケットのストーリーからローリスクのストーリーまでさまざまなストーリーに適用できるバリュードライバーについて述べていく。本章の後半では、ライフサイクル、成長性、分野などさまざまな領域から選んだ企業（ウーバー、フェラーリ、アリババ、アマゾン）を例に、そのプロセスを解説していく。

価値を分解する

　ストーリーと価値を結びつけるためには、まず本源的な価値の基礎から取り組まなければならない。この問題については、もっと徹底された議論がほかでもなされているが、本源的価値の基礎を要約するのはけっして難しくはない。本源的価値とは、ファンダメンタルズ、つまりキャッシュフローや期待成長率やリスクに基づいて算出した資産

の価値である。市場がそのほかの資産にどのような価格を付けている
かという情報がなくても（もちろん、その情報を得る一助になること
はたしかだが）、特定の資産に対して見積もることができるのが本源的
価値の本質である。その本質に忠実であるかぎり、期待キャッシュフ
ローと調整済みリスクに基づいて資産の価値を割り出すDCF（割引現
在価値）モデルは、本源的なバリュエーションモデルということがで
きる。会計士による固定資産や流動資産の評価が事業の本当の価値で
あるとする簿価アプローチも、本源的なバリュエーションの方法であ
るということができる。

　DCFによるバリュエーションにおいては、期待キャッシュフローと
価値を結びつける公式によって本源的価値が見積もられるが、その期
待キャッシュフローは、成長率の予測や、リスクを反映させた割引率
を勘案したものである（**図8.1**）。

　この**図8.1**はあらゆる事業にあてはまるバリュードライバーを記し
たものでもある。第一に、キャッシュフローを生み出す能力があり、収
益力の大きな資産は、それが小さい資産よりも大きな価値を生み出す
ものである。第二に、成長の価値があるが、これは収益や利益の増大
と、その成長を生み出すために企業が負担しなければならない再投資
という費用とトレードオフの関係にある。第三がリスクで、リスクが
高ければ高いほど割引率も高くなり、価値は低減する。

　DCFによるバリュエーションの限界のひとつが、ゴーイングコンサ
ーン、つまり事業が長い間永続するとして価値を評価することにあり、
もし企業が永続しない可能性が高いならば、その価値は高すぎるもの
となる。永続していくためには多くの試練を潜り抜けなければならな
い新しい企業や、借り入れの負担が大きい歴史ある事業などでこの過
ちを犯す危険性が高い。このような企業の場合、期待価値を見積もる
ためには、確からしさ（Probability）と投資家が被る失敗の結果とを
検証しなければならないが、それによって**図8.2**に示すような調整後

166

図8.1 本源的価値の「理論」

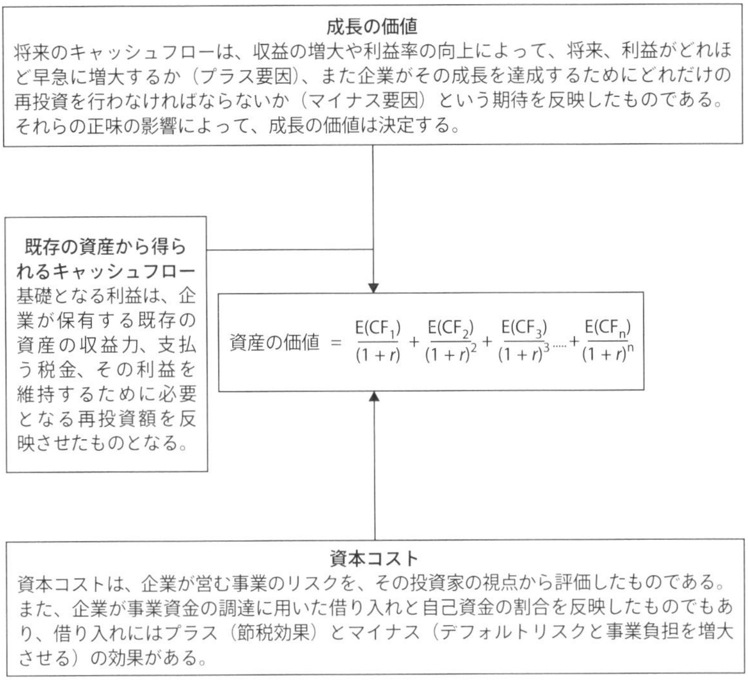

成長の価値
将来のキャッシュフローは、収益の増大や利益率の向上によって、将来、利益がどれほど早急に増大するか（プラス要因）、また企業がその成長を達成するためにどれだけの再投資を行わなければならないか（マイナス要因）という期待を反映したものである。それらの正味の影響によって、成長の価値は決定する。

既存の資産から得られるキャッシュフロー
基礎となる利益は、企業が保有する既存の資産の収益力、支払う税金、その利益を維持するために必要となる再投資額を反映させたものとなる。

$$資産の価値 = \frac{E(CF_1)}{(1+r)} + \frac{E(CF_2)}{(1+r)^2} + \frac{E(CF_3)}{(1+r)^3} \cdots + \frac{E(CF_n)}{(1+r)^n}$$

資本コスト
資本コストは、企業が営む事業のリスクを、その投資家の視点から評価したものである。また、企業が事業資金の調達に用いた借り入れと自己資金の割合を反映したものでもあり、借り入れにはプラス（節税効果）とマイナス（デフォルトリスクと事業負担を増大させる）の効果がある。

図8.2 価値と廃業リスク

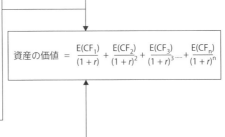

事業の期待価値 = ゴーイングコンサーンとしての価値＝本源的またはDCFによる価値 × ゴーイングコンサーンの確率 ＋ 永続しない企業の価値＝清算価値 × 破綻の確率

の価値が導き出されることになる。

　随分と大ざっぱに本源的価値を説明してきたが、個別企業のバリュエーションを行うときに私が立ち返るビッグピクチャーを示すことはできたであろう。

ストーリーとインプットを結びつける

　本章に至るまでに、企業に関するストーリー、企業を取り巻く環境や事業を営む領域にふさわしいストーリーを語ること、さらにはそのストーリーを価値に反映させるにあたって直面する問題点に焦点を当ててきた。それを可能にする方法はたくさんあるが、どのようなストーリーにも適用できるという意味でもっとも万能なフレームワークは、バリュエーションモデルの構造を利用することである。それゆえ、キャッシュフローが肝要だと考えるならば、まずは企業が目標とする市場全体と、その市場で当該企業が獲得できると予測する市場シェアとの積である収益を見積もることから始めればよい。その収益に税引き前営業利益率を掛ければ企業の営業利益が算出され、そこから税金を引くことで、税引き後営業利益を割り出すことができる。さらに、企業が成長するために再投資しなければならない額を引けば、フリーキャッシュフローを算出することができる。最後に、このキャッシュフローをリスク調整後の割引率で今日まで割り引けば、価値を算出することができるのだ。

　すべてのストーリーにおいて、その価値に最大の影響を与えるインプットがある。ビッグマーケットのストーリーであれば、市場全体の規模がそれにあたり、たとえ小さな市場シェアでも、大きな収益に結びつくことになる。強力なネットワーク効果のストーリーを押し出すのであれば、企業は拡大するにつれて、成長がより容易なものとなることを示すインプットとなるだろうし、当該企業が競合に打ち勝つこ

図8.3 ストーリーをバリュエーションのインプットに結びつける

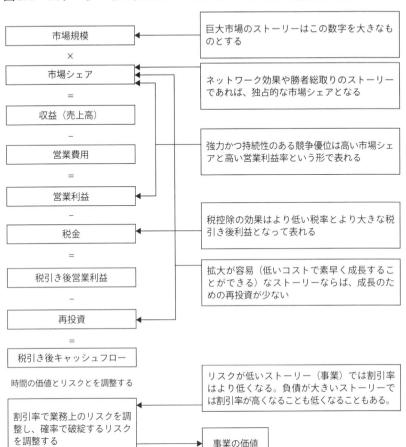

とになる市場占有率のストーリーであれば、市場シェアこそが価値に大きな影響を与えるインプットとなろう。評価を行う事業に強力で持続性のある競争優位があるとしたら、高い営業利益率と利益にそれが表れることであろう。税控除の効果を得る事業であれば、税率は低くなり、税引き後利益とキャッシュフローとが増大することになる。資

本集約度の低い事業、つまり容易に規模を拡大することができる事業であれば、その優位性は再投資額に表れ、収益が大幅に増大しても、その額は低いままとなる。リスクの小さい事業であれば、キャッシュフローを現在まで割り引くために用いる割引率はより低くなる（価値はより高くなる）。これらの効果を**図8.3**にまとめておく。

　このフレームワークは極端に単純化したものではあるが、ライフサイクルのさまざまな段階にある企業や、異なる事業を営むさまざまな企業のストーリーに織り込むことができるという点で、極めて融通の利くものである。

ケーススタディ8.1

ウーバー —— ストーリーから数字へ

前提となるケーススタディ

ケーススタディ6.2　ライドシェアの姿
ケーススタディ6.3　ウーバーのストーリー

　ケーススタディ6.2と**ケーススタディ6.3**において、2014年6月のウーバーに関する私のストーリーを紹介したが、そこでは同社を都市におけるカーサービス企業と位置づけた。同社はカーサービス事業に新たな利用者を取り込むとともに、競争優位（資本調達力、先行者）を用いて地域におけるネットワーク効果と利益分配モデルを維持していくが、資本集約度の低い既存のモデルがそれらを可能にしているとした。このストーリーをバリュエーションのインプットに転換すると次のようになる。

1．都市におけるカーサービス企業である同社が追い求める市場

は、都市のタクシー市場やカーサービス市場である。都市で
のタクシーとカーサービスによる収益を総合することで、私
は都市のカーサービス市場に1000億ドルの価値があるとした。

2．地域でのネットワーク効果によって、ウーバーが独占的なプ
レーヤーとなる都市もあるが、競合他社（国内外問わず）に
直面するところもあろう。安定した状態で同社が獲得する市
場シェアを私は10％とした。この数値は、この細分化が進ん
だ業界に存在するどのプレーヤーよりも高いものであるが、私
のストーリーではグローバルなネットワーク効果を前提とし
ていないので、30〜40％ではなく、10％を上限としたのであ
る。

3．先行者としてのウーバーの立場とその強力な資本基盤、そし
て技術的優位性によって、運転手との収益分配契約（運転手
が80％、ウーバーが20％）を維持するとともに、高い営業利
益率（定常状態で40％）を引き続き獲得することができる。

4．自動車を所有せず、インフラ投資を控える現在の方針を続け
ることで、同社は1ドルの投下資本に対し、5ドルも収益を
生み出すことが可能になる。参考のために記すと、アメリカ
の企業全体の同様の数値の中央値はおよそ1.5（投下資本1ド
ルに対して売り上げが1.50ドル）であり、5.0という資本回転
率はすべての企業のうち90パーセンタイルに位置するものと
なる。以上のインプットを**図8.4**にまとめておく。

　もちろん、以上のストーリーにはあらゆる点で問題があろうが、
それらの問題については第10章で取り組むこととする。

図8.4　ウーバーのバリュエーションインプット

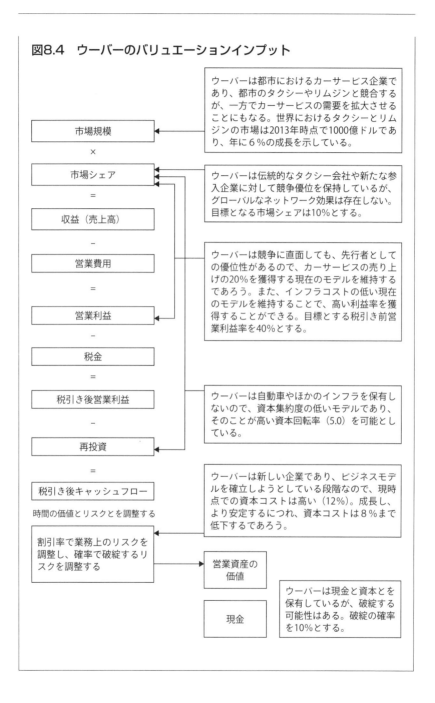

ケーススタディ8.2
フェラーリ ── ストーリーから数字へ

前提となるケーススタディ

ケーススタディ6.1　自動車業界
ケーススタディ6.4　フェラーリのストーリー
ケーススタディ7.2　フェラーリ ── 排他的自動車クラブ

　第6章でフェラーリに関する私の基本的なストーリーを紹介し、同社を超排他的な自動車会社であるとしたが、その排他性は同社の収益成長を阻害している一方で、高い利益率を維持し、リスクを抑えることを可能としている。**図8.5**で、このストーリーとバ

図8.5　フェラーリ ── 排他的クラブ　バリュエーションインプット

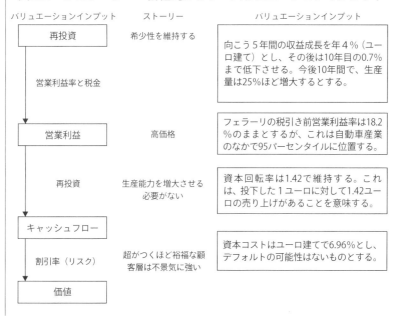

図8.6 フェラーリ ── Rev it Up（回転数を上げろ）ストーリー バリュエーションインプット

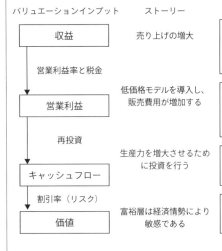

リュエーションのインプットとの連関を示した。

　第7章で、もっともらしい（Plausible）代替ストーリーを紹介したが、そこではフェラーリはより大きな成長を志向し、その成長を達成するために低価格モデルを導入し、広告費を増大させるとした。**図8.6**に、このストーリーをバリュエーションのインプットに落とし込んだ様子を記しておく。

　以上のストーリーはどちらももっともらしい（Plausible）のだが、価値に与える効果という点ではどちらも支配的ではない。排他的クラブというストーリーでは売上高が低くなるが、利益率は向上し、リスクはより低いものとなる。第9章において、双方のストーリーをバリュエーションに落とし込んだ結果を見ていくこととする。

第8章　ストーリーから数字へ

ケーススタディ8.3

アマゾン ── ストーリーから数字へ

前提となるケーススタディ

ケーススタディ6.5　アマゾン ── フィールド・オブ・ドリームス・モデル

ケーススタディ7.3　アマゾン ── もうひとつのストーリー

　当初のアマゾンのストーリーで、私は同社をフィールド・オブ・ドリームスであると説明した。つまり、同社は複数の事業（小売り、エンターテインメント、クラウドコンピューティング）における高い収益成長と引き換えに、利益が少ない、または利益がないことすらも受け入れ、それがやがては高い利益率をもたらすことになると期待しているのだ。このストーリーをバリュエーションインプットに転換した様子を**図8.7**に示している。

　第7章で述べたとおり、アマゾンという企業には多くのもっともらしい（Plausible）なストーリーが存在するが、それぞれの結果として算出される価値も大きく異なるものである。ここでは2つの極端な例を示すが、1つは利益なき収益増大が定常的なモデルであるとするもので、もう1つは、アマゾンの飽くなき拡大が競合他社を打ち負かし、結果としてアマゾンに強大な価格決定力をもたらすとするものである。それぞれのストーリーを**図8.8**で見ていこう。

　ストーリーによって収益の成長率に違いがあるが、もっとも大きな差が生まれるのは目標とする営業利益率であり、私のストーリーではアマゾンの利益率は小売り業界やエンターテインメント業界の中央値である7.38%に収束するとしたが、楽観的なストー

175

リーでは12.84%（75パーセンタイル）、悲観的なそれでは2.85%（25パーセンタイル）の利益率となった。

図8.7　アマゾン──フィールド・オブ・ドリームス・ストーリーバリュエーションインプット

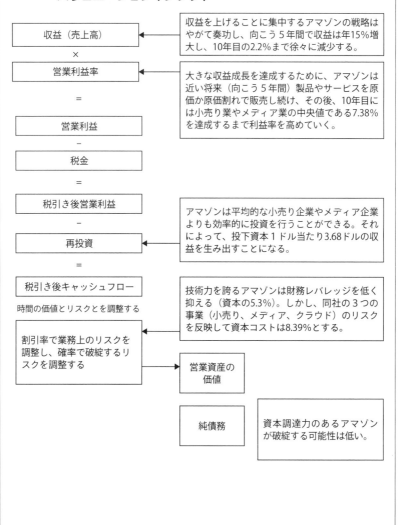

第8章 ストーリーから数字へ

図8.8 アマゾン――もうひとつのストーリー

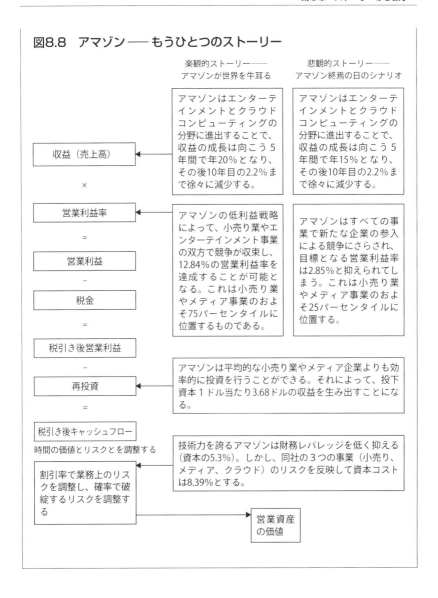

> ケーススタディ8.4

アリババ　ストーリーから数字へ

前提となるケーススタディ

ケーススタディ6.6	アリババ──チャイナストーリー
ケーススタディ7.4	アリババ──グローバルプレーヤー

　第6章で、アリババに関する私のチャイナストーリーを紹介したが、そこではアリババは長期にわたり中国のオンライン小売市場を独占し、成長し、利益を上げ続けるとした。中国のオンライン販売事業の規模と成長性とがアリババの価値の根幹であり、同社の支配的な市場シェアと低コスト構造とがそれを増補している。**図8.9**を見れば、アリババの収益成長に関する私のストーリーがどれほど中国のオンライン小売市場と歩を一にしているかが分か

図8.9　アリババの収益成長と中国のオンライン小売業

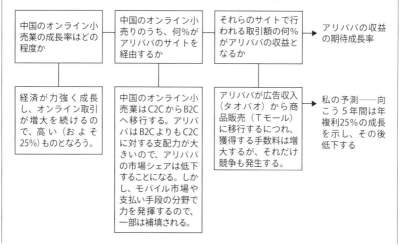

図8.10 アリババ――チャイナストーリー

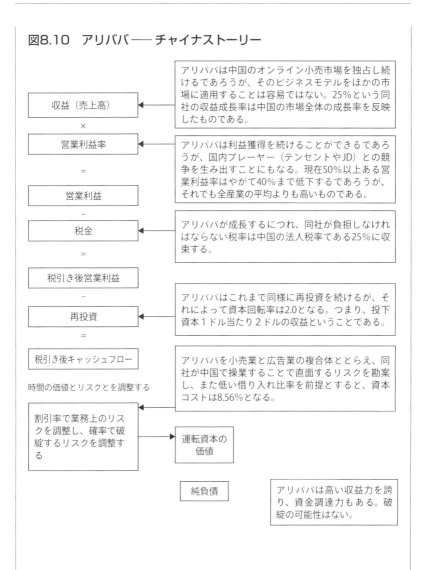

るであろう。

図8.10に、このストーリーと私のバリュエーションインプット（すべては米ドル建てでの予測であるが、ひとつにはアリババがアメリカでのIPOを計画していること、ひとつにはそのほうが便利であることが理由である）との連関をまとめておいた。

図8.11　アリババ──グローバルプレーヤー

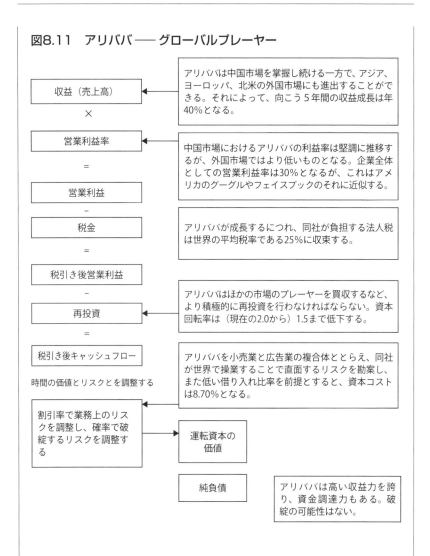

このストーリーでは、アリババの世界的な野心を見落としているかもしれないが、第7章で構築したもっともらしい（Plausible）反論もあり、そこではアリババは中国での成功をもってアメリカを含むほかの市場や、さらにはほかの事業に拡大するとしていた。この代替的なストーリーでは、アリババは営業利益率が低下し、よ

り多くの再投資が必要となるにもかかわらず、私のストーリーよりも高い収益成長を達成することになる。**図8.11**にはグローバルプレーヤーのストーリーの効果をまとめている。

　前述のとおり、この世界展開は、アリババの価値にプラスにもマイナスにも働くことが分かる。

定性的要因と定量的要因の出合い

　ストーリーテラーと計算屋との隔たりがもっとも明らかとなるのは、議論が定性的要因に転じたときである。ストーリーテラーにしてみれば、企業文化や経営陣や従業員の質など事業の価値に影響を及ぼす多様なソフトの要因を考慮できないことに、バリュエーションモデルの明白な弱みがあるとなる。一方、計算屋にしてみれば、定性的要因を取り上げることは危険信号で、浅はかさを示すものであり、プレミアムを正当化するための流行の言葉を使っているにすぎないとなるのだ。私自身は、双方とも一理あると信じる者なので、その中間に位置することになる。

　では、定性的要因は価値に影響を与えるのだろうか。もちろんである。経営陣が戦略的思考を持っているかどうか、従業員が忠誠心にあふれ、よく訓練されているかどうか、長い時間をかけて築き上げたブランド力があるかどうかに左右されない事業の価値などあるはずもない。だが、私をストーリーテラーに追いやる前に、次のことを付け加えさせてもらいたい。投資家として、企業文化や戦略的思考やブランド力で配当の美酒に酔えるわけではないのだ。つまり、鍵はそのギャップを埋めることにあるわけで、双方からのお叱りを承知の上で記せば、あらゆる定性的要因は、それがどれほどあいまいなものであったとしても、数字に転換することができると私は考えている。

本章で私が行っているバリュエーションを見てもらえば、私が取り上げている名企業がその成功の核に定性的な強みを有していることが分かると思う。ウーバーは、リスクを恐れず、積極的に機会を追及するチームが経営し、先端技術に支えられているわけだが、それゆえに、私は彼らが向こう10年間にわたってライドシェア市場を席巻していくと安心して仮定することができるのだ。フェラーリは世界でもっとも知名度のあるブランド名のひとつであるが、そのブランド力ゆえに、1台に100万ドルもの価格を付けられるだけの価格決定力を有し、自動車業界で95パーセンタイルに位置するような利益率を上げることができるのだ。アマゾンには、先見の明があり、また現実主義者でもあるCEO（最高経営責任者）のジェフ・ベゾスがいるが、彼の存在こそが、今日、収益こそあれ利益は後回しとなるフィールド・オブ・ドリームス・モデルを投資家たちに喜んで受け入れさせているのである。アリババは、巨大な潜在力を持つ中国市場で最大のプレーヤーであるメリットを享受しているが、その潜在力ゆえに、向こう数年間、極めて高い利益率を維持しながら年に25％もの収益成長を達成すると仮定できるのだ。

　私は、この対話が双方の利益になると考えている。定性的要因に自然と引きつけられるストーリーテラーは自らのストーリーにより具体性を持たせることを求められるし、そのもっともらしさ（Plausibility）を検証することができるようになる。つまり、企業には優秀な経営陣が存在するという主張は、彼らをして「優秀だ」とする理由を説明して初めて意味をもつのである。計算屋にとっては、定性的な要因に目を向けることで、自分たちの数字に深みをもたらし、さらにはその数字を支持するかどうかを再評価することにもつながることであろう。

　最後に、定性的な事柄を定量的な事柄に結びつけることで、投資家は創業者や経営陣が事業に関して行う主張を検証する術を得ることになるのだ。利益率が業界の中央値よりも低い企業が語るブランド名の

ストーリーは疑いをもって見るべきであるし、それは過去10年間に1桁の収益成長しか達成できていない企業が高成長ストーリーを語っている場合も同様である。

ストーリーに価格を付ける

本章では、ストーリーを本源的なバリュエーションの枠組みのなかで数値に転換することに焦点を当ててきた。しかし、本源的価値のプロセスは複雑すぎて、価値を算定するよりも企業に価格を付けることのほうがより簡潔で効果的だと考える投資家もたくさんいる。この価格付けは通常、マルチプル（収益源、収益、利益、簿価など）を計算し、このマルチプルを「同等の」企業と比較することで行われる。本項では、多くの株式アナリストに利用されてきた価格付けとストーリーテリングを結びつける構造を紹介し、そのアプローチに潜む危険性を説明する。

価格付けのエッセンス

比較を行うために、まずバリュエーションと価格付けの違いを評価することから始めたい。事業の価値は、それが生み出すキャッシュフローの大きさ、そのキャッシュフローのリスクや不確実性、そしてその事業がもたらす成長の度合いや効率性に基づいて決定される。取引される資産（株式）の価格は需給関係で決まるが、事業の価値はそのプロセスのインプットの1つでこそあれ、多くの要因の1つにすぎず、支配的要因ですらない。市場の押し引き（モメンタムや流行やその他の価格要因）や流動性（またはその欠如）が価格付けに独自のダイナミズムをもたらし、それゆえに市場価格が価値から乖離することになるのだ。

183

価値と価格を見積もるための手段はこのプロセスに潜む差異を反映したものである。本章で前述したとおり、価値を見積もるために、われわれはDCFモデルを利用し、価値の要因となるファンダメンタルズに関する仮説を立て、価値を見積もっている。価格を見いだすためには、よく似た道筋をたどる。「同等の」資産が現在の市場でいくらの価格を付けているかを見ることで、市場が当該企業にその特徴を考慮したうえで付与する価格を見積もろうとするのである。価格付けには3つのステップがある。

1. **市場で比較可能または類似の資産を探す**　少なくとも株式に関して、相対的評価を行う一般的な方法は、価格付けを行う企業と同じセクターのほかの企業に目を向けることであるが、これは主観的判断によるものであり、市場にいる投資家たちが企業をどのように分類しているかに大きく依存することになる。つまり、投資家がテスラを自動車会社でなくハイテク企業ととらえているならば、価格付けも同じようにしなければならないであろう。

2. **投資家がこれらの企業の価格付けに用いている基準を見いだす**　企業の価格付けをするにあたっては、投資家がどのような基準を利用すべきかではなく、彼らが実際にどのような基準を用いているかが重要である。つまり、ソーシャルメディア企業の価格を付けるにあたり投資家が注目している基準がユーザー数なのであれば、当該企業の価格を付けるにあたってもその基準に注目すべきなのである。

3. **当該企業に価格を付ける**　投資家が企業の価格付けに利用する基準が分かれば、その基準や比較対象企業の株価の比率に基づいて、当該企業に価格を付けることができる。再びソーシャルメディア企業を例として、ソーシャルメディア企業がユーザー数を基準に価格付けされ、2013年に市場が付けている平均的な価格が1ユー

ザー当たり100ドルとするならば、2013年10月時点で2億4000万人のユーザーがいるツイッターの価格は、およそ240億ドルとなる。

企業に対する価格付けのプロセスが生み出す数字は、バリュエーションのそれよりもさまざまな数字を生み出す。どの数字を利用するかは、投資家であるかトレーダーであるかによって決まるが、否定的な意味合いがあって後者を引き合いに出したのではない。投資家は価値に注目し、価格は価値に収束していくとの信念のもと投資をする。一方、トレーダーは価格に注目し、価格の方向性を正しく把握しているかどうかで判断するのである。

ストーリーと価格を結びつける

株式市場で取引を行うほとんどの個人は、自らをバリュー投資家と呼ぶ者を含めて、実際にはトレーダーであると私は考えている。彼らはただトレーダーという呼び名が浅はかな分析をイメージさせるのでそう呼ばれること、また投機家と呼ばれることを恐れているだけである。ベンチャーキャピタル市場ではその妄想はさらに深いが、ほとんどのベンチャーキャピタリストは価値にはほとんど興味がなく、あくまで価格付けに焦点を当てているだけである。実際、ベンチャーキャピタル（VC）のバリュエーションモデルは価格付けのモデルであり、その価格付けは**図8.12**で分かるとおり、手仕舞い時のマルチプルに依存している。

手仕舞い時のマルチプルは比較対象となる企業の価格付けから得られ、目標となる利益率は自ら作り上げた数字（割引率よりも恣意的なものである）にすぎないので、このプロセスにおいて価格付けはほとんど行われない。

価格付けに取り組んでいるとしたら、ストーリーを価格付けに落と

図8.12　ベンチャーキャピタルによるバリュエーション（価格付け）

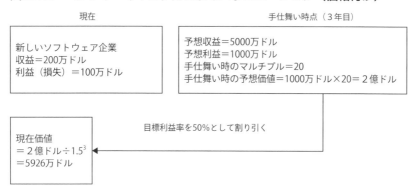

し込むことが問題となる。そのためには、それが何であれ価格付けの基準にストーリーをはめ込まなければならないが、それは本源的価値のプロセスで行った本格的な関連づけよりも、単純明快な作業であろう。つまり、ソーシャルメディアのスタートアップ企業で、市場がユーザー数に焦点を当てているとしたら、ストーリーはユーザー数を中心に展開すればよい。一方で、市場が利益に焦点を当てて価格付けをしているのであれば、ストーリーと将来の利益を結びつけなければならないのだ。

ストーリーに価格を付ける危険性

われわれは、その簡潔さと率直さゆえに価格付けのストーリーに引きつけられる。しかし、おそらくはその過程にある便法の結果として、それらのストーリーには脆さが内包しているのだ。

1. **中間的な変数**　価格付けにどのような基準が用いられようとも、それはせいぜい価値に至る段階の中間にあるものにすぎず、最悪の

場合、まったく重要性のない事柄の代数であったりする。ユーザー数を根拠にソーシャルメディア企業の価格付けを行うということは、将来の収益、利益、さらには絶対的な価値が今日のユーザー数と相関関係にあるということを暗に仮定しているのである。利益などのより価値に直結する基準を用いているとしても、今日の利益が将来の利益の指標になるという前提に立っているのであり、それは不安定な分野では危険な妄信となる。

2. **市場は移り気である**　市場が求めているもの（ユーザー数や収益や利益など）を達成することが自分の仕事であると弁護するならば、市場は移り気だということを覚えておいたほうがよいだろう。特に、新しい企業は私が「バーミツバ」の瞬間と呼ぶものに直面することになる。それは、市場が突然ある変数からまったく異なるそれに関心を移してしまうのだ。この問題は、企業のライフサイクルについて語る第14章で改めて触れることにする。

3. **企業による操作**　投資家がある基準に注目するようになると、企業は自らのストーリーをその基準にそろえようとするだけでなく、自らのビジネスモデルを変えてまでその基準を達成することに集中するようになる。当該基準の値をより高いものにしようと会計や測定方法をゆがめてしまうと、大惨事となる可能性がある。

結論

バリュエーションがストーリーと数字を結びつける橋とすれば、本章はそれらを組み合わせる桁である。ストーリーで語られる言葉をバリュエーションモデルのインプットに転換し、次の第9章で見る価値を割り出すための最終段階に入ることを可能とするものである。そのプロセスは必ずしも順序だったものではないが、バリュエーションインプットをストーリーに結びつけるにあたり、ストーリーの各部分に

立ち返り、それを調整することが必要であると思うようになるであろう。そのプロセスがストーリーをより強固なものとし、バリュエーションをより信頼に足るものにすると私は確信している。

第 **9** 章

数字から価値へ

Numbers to Value

第6章のストーリーを語ることから、第7章でのストーリーのもっともらしさ（Plausibility）の検証、そして第8章でストーリーとバリュードライバーとの結びつけ方へと論を進めてきた。本章では、バリュードライバーを用いて、最終的に価値を見積もるまでのプロセスを論じる。本章を始めるにあたり、まず第8章で紹介したバリュエーションモデルを振り返り、企業のバリュエーションのメカニズムを検証するとともに、その結果を示していこうと思う。第8章で紹介した企業を実例として、それぞれの企業について語ったストーリーと合致する価値を測定していく。本章の後半では、そのプロセスを逆転させ、どのようにして既存のバリュエーション（たいていは数字だけで示される）からストーリーを引き出すことができるかを論じる。そして、それらのストーリーを用いて、バリュエーションが合理的かどうかを見ていこうと思う。

インプットから価値へ

ストーリーをバリュエーションのインプットに転換したら、バリュエーションの面倒な部分はほとんど終わったも同然である。なぜなら、インプットと価値とを結びつけることは、機械的な作業にすぎないか

189

らだ。

バリュエーションの基礎

　事業の価値を測定するにあたり、既存の投資の価値を評価することから始め、次に成長によって創造または破壊される価値を加減し、そしてキャッシュフローをリスクで調整する。このステップを**図9.1**に記しておく。

　この構造を見れば分かるとおり、インプットは互いに連関している、つまり1つのインプットの変化がほかの変化を引き起こす、ということを強調しておく必要があろう。つまり、バリュエーションにおいて成長率を増大させることにしたら、その成長を達成するために再投資額をどれだけ増やす必要があるか、また業務配分とそれに付随するリスクや、財務レバレッジを変更する必要があるかを検証しなければならない。

　DCF（割引現在価値）によるバリュエーションで厄介なことのひとつがターミナルバリューである。事業を評価する場合、必然的にターミナルバリューが算定した価値の大部分を占めることになり、現時点の価値の60％、70％、時には100％を上回ることすらある。これをモデルの弱点としがちであるが、そうするよりも、これは株式投資家としてのお金の稼ぎ方を反映していると考えたほうがよい。株式投資家は、投資を行っている間は配当など現金の還元という形でキャッシュフローを生み出すが、リターンの大半は株式の価格上昇から獲得するのである。ターミナルバリューはこの価格上昇に該当するのであり、事業が成長する可能性が増大すれば、当然ながら、ターミナルバリューが現時点の価値にもたらす影響も大きくなるのだ。ターミナルバリューをこのように解釈するとして、次に問題となるのが、仮定したターミナルバリューがバリュエーション全体をどのようにハイジャックする

図9.1 バリュエーションのステップ

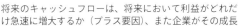

かである。ここで、ゴーイングコンサーンを前提としたターミナルバリューの計算式を振り返ってみよう。

　　ゴーイングコンサーンのターミナルバリュー$_n$ ＝ E（キャッシュフロー$_{n+1}$）÷（安定成長下での資本コスト－成長率）

　この計算式の1つ目の制約として、第7章で指摘したターミナルバリューの公式における成長率は、当該企業が活動する経済全体（国内またはグローバル）の名目成長率以下でなければならないということがある。ここで、リスクフリー金利を経済の名目成長率の代数として利用することを提言するが、そのことがこの制約を難しいものにする。つまり、選択する通貨によって成長率の予測が変わるのだ。インフレ率のより高い通貨を用いれば、リスクフリー金利と期待永久成長率と

の双方がより高いものとなるのである。考慮しなければならない２つ目の制約がある。それは、成長性の予測に共通することであるが、企業がターミナルバリューにおける「安定」成長率を維持するに十分な再投資を行うことが肝要となるということである。この再投資率を見積もる簡単な方法の１つは、まず安定的な成長を見せる企業が達成するROIC（投下資本利益率）を見積もり、それを再投資率の算出に用いることである。

ターミナル再投資率＝安定的な成長率÷ROIC

つまり、新規プロジェクトに投下した資本から12％のリターンを生み出すとしたら、年利３％の成長を達成するためには、税引き後営業利益の25％を永久に再投資しなければならないということだ。

実際に、達成するROICが資本コストと同等であれば、成長率は中立の値となるので、成長してもターミナルバリューは変わらない。これは、ターミナルバリューの値を制限するということだけでなく、大きな示唆を与えるものでもある。つまり、企業が長期にわたりその競争優位を維持すると考えられるならば、予測した安定成長によって付加される価値は増大するということである。それができないならば、ROICは資本コストまで低下し、仮定した成長率は価値に何の影響も与えないことになる。それゆえ、その企業について構築したストーリーにはクロージングパートが必要となり、その企業が超過リターンを維持できるか、成長し続けることができるかを判断することになる。

バリュエーションの未決事項

キャッシュフローを見積もり、割引率でリスクを調整し、現在価値や営業資産の価値を算出したら、バリュエーションの大部分は終わっ

たと思うかもしれないが、それは誤りである。営業資産の価値から自己資本の価値、自己資本から上場企業の１株当たりの価値を導き出すためには、次に挙げる事柄を判断しなければならない。

1. **債務と現金（純債務）** ほとんどのバリュエーションにおいて、純債務は、自己資本の価値を導くために、営業資産の価値から差し引かれるだけのささいな問題にすぎない。しかし、それらの数字には、価値算定に影響を与える問題が隠されている。債務に関する主たる問題は、そこに何を含めるかであるが、その答えは、企業の貸借対照表に計上されている有利子負債だけでなく、その他契約上の責任を有するものまでを含めるべきであるとなる。たとえば、リース契約は債務としてとらえ、債務の数字に含めるべきであるが、そうすることで、オペレーティングリースを多く利用する小売店やレストランなどでは債務の価値に大きな差が生まれることになる。現金については、対応すべき細かい問題が２つある。１つ目はアメリカ特有の現象であり、アメリカの法人税法が大いに影響している。アメリカの税法では、アメリカを拠点とする企業は、外国での収入に関してはそれをアメリカに回金した場合にのみ、アメリカの法人税率を適用した税額を支払うことを求められる。当然ながら、アメリカの企業は現金をアメリカに戻さない、つまり外国の拠点に蓄えておくという選択ができるのだ。2015年後半、アップルの貸借対照表に計上された2000億ドルの現金のうち、およそ1200億ドルが外国の拠点に蓄えられていたが、その現金をアメリカに回金すれば、200億ドル近い徴税が発生する。アップルを評価するとき、同社の株式投資家としてはこの税負担に直面するかどうか、またそうなるとしたら、いつのことになるのかを判断しなければならない。２つ目は、現金残高が市場でリスクの高い有価証券に投じられている可能性があり、そうすると

財務諸表に計上されている簿価が時価と大きく隔たっている可能性があるのだ。

2. **持ち合い**　企業が互いに株式を持ち合っていることは珍しくないが、投資家はそれらの持ち合いに参加することになる。結果として、そのような保有株式の価値を自ら算定した価値に含めなければならず、そうするためには、まず企業がどれほど保有しているかを理解しなければならない。アメリカや世界的な会計基準では、通常は（異なる場合もある）他社の50％を超える持ち分である支配株を有するときは重要な子会社と認定され、それより少ない持ち分の場合は少数株主持ち分とされる。重要な子会社の場合は財務諸表を連結し、完全子会社と同様に経営数値（収益、営業利益、資産、負債など）を公表しなければならない。その場合、会計士たちは、子会社の価値のうち親会社に帰属しない額を見積もり、それを少数株主持ち分として負債の部に計上しなければならない。少数株主持ち分では、持ち分に相当する経営数字を公表する必要はないが、持ち分法を適用し、子会社の利益に対する持ち分を反映させなければならない。だが、貸借対照表では、持ち分の簿価だけを示せばよいことがほとんどである。この紛らわしい組み合わせのため、株式の持ち合いがバリュエーションでもっとも厄介な項目の1つとなっても驚くに値しない。しかし、この煩わしさを切り抜ける簡単な方法がある。可能であれば、親会社は親会社単体の財務状況に応じて評価し、子会社もそれぞれ別個に独自の成長性やリスクやキャッシュフローの特性を評価して、それぞれに対する保有割合に応じた価額を合算するのである。連結財務諸表しか手に入らない場合は、自身に帰属しない連結子会社の価額を評価するしか方法はなく、子会社に関するわずかな情報を用いてでも、全体の評価額からその分を差し引くことになる。

3. **株式報酬**　過去20年で、自社の株式を制限株（取引が制限される）

やオプションという形で従業員の報酬に充てる企業が増えてきた。これらは従業員に対する報酬であり、オプション価格の決定モデルを用いて評価されたオプションであるとしても、それが付与されたときには営業費用として扱われるべきという議論がなされてきた。会計規則の選定者たちがこれを議論の俎上に乗せるまでにはしばらく時間がかかったが、もはや世界の多くでは標準的な会計方法となっている。しかし、アナリストも企業もこの手続きを日常的に割愛し、あとになって費用に加算するだけであるが、その理由はバカげたものばかりである。これを非現金費用だとするひとつの論拠は、企業が現物または株式で支払うことでキャッシュフローを増大させるとするものである。これら企業がオプションまたは取引制限のある株式を市場で発行し、そこから得た資金を従業員への支払いに充てて初めて、キャッシュフローとなるわけで、途中の段取りがすべて無視されているのだ。またこれらは経常的な費用ではないとする論もあるが、これらの費用が毎年発生する企業では不合理な言い訳にすぎない。また、過去に従業員に付与されたオプションが2次的な問題をもたらしもする。これらのオプションがいまだ有効であるならば、それは企業の株式に対する請求権を意味するわけで、価値を評価し、自己資本の価値から差し引かなければ、1株当たりの価値を算出できないのだ。これら発行済みのオプションを反映させるために発行済み株式を調整しようとするアナリストもいるが、この調整ではアウトオブザマネーとなっているオプションは無価値として扱われるばかりでなく、オプション行使によるキャッシュの流入と、その際のオプションの時間価値とが無視されることになるので、優れた方法とは言えないのだ。

これら未決事項（現金、株式持ち合い、従業員のオプション）を機

械的に処理したいと思うかもしれないが、それらは意識的に下された経営判断を表しているのだから、この問題の存在と影響とをストーリーに反映させようとするべきなのだ。結局のところ、資金を借り入れ、現金を保有し、他社に投資し、また従業員にオプションを付与することを強制される事業などないのである。簡単な例として、ネットフリックスを考えてみればよい。既存のビジネスモデルを見るかぎり、同社のストーリーはコンテンツ企業から独占的な映画化権を、たいていの場合複数年の支払い契約をもって取得し、それらの映画を観るための月額使用料を支払う利用者を探すことを前提として構築されている。このストーリーにおけるネットフリックスのリスクは、放映権の価格をコンテンツ企業によってつり上げられ、そのコストを利用者に転嫁できないといった場合である。これが、同社が独自のコンテンツ（『ハウス・オブ・カーズ ── 野望の階段』など）を制作する誘因となるわけだが、おそらくはやがてストーリーを転換することになるだろう。企業価値の半分近い額の現金を保有する任天堂の場合、巨額の現金残高を保有し、負債をほぼゼロとする判断を下した経営陣にみられる保守主義を、同社のストーリーとその結果としての価値とに織り込まなければならない。最後に、持ち株会社を評価する場合、企業を構成する子会社群はストーリーの末端にある存在ではなく、ストーリーそのものであり、これら子会社の経営がどのようになっているかが、企業のストーリーとなるのである。

バリュエーションを改良する

DCFの硬直性に対しては誤った評価がなされていることが多く、ほとんどのアナリストがそのもっとも有効な特性を利用していない。私はDCFを利用して、新しい企業、歴史ある企業、さまざまな事業を営む企業や、さまざまな国の企業、さらには個別資産の評価を行ってき

たが、いまだにこのモデルの柔軟性には驚かされ続けている。ここで、多くの実務家が知らない、または見落としているこの方法の2つの特性を紹介する。

1. **通貨による影響を受けない**　DCFのテンプレートは、キャッシュフローと割引率におけるインフレの仮定に一貫性があるかぎりは、如何なる通貨でも金利環境下でも利用できる。つまり、インフレ率の低い通貨圏で活動する新しい企業を評価する場合、割引率は低くなるだろうが、期待成長率も同様に低いものとなる（どちらもインフレ率の低さを具現化したものである）。インフレ率の高い通貨を利用するならば、割引率も成長率もインフレ率を反映して高いものとなるであろう。

2. **ダイナミック割引率**　DCFに関するほとんどの説明では、企業に適用する割引率をあらかじめ定め、バリュエーション全体でそれを変化させないとされているが、この方法は合理的でもなければ、一貫性があるわけでもない。企業の成長性や業務配分が時間の経過とともに変化することを予測しているのであれば、割引率もその変化に応じて変わるべきである。実際に、会社の業務配分が不変であっても、負債と自己資本との割合は時間の経過とともに変化するし、その割合が変わるのであれば、割引率も変わってしかるべきである。

　DCFを用いて企業を評価することに断固反対するベンチャーキャピタリストは多いが、彼らがこの方法を拒絶するのは、彼らがモデルの厳格さに頭を悩ませていることに一因があるのかもしれない。しかし、本書において、新しいスタートアップ企業から衰退する事業まで、幅広い企業を取り上げ、ストーリーと数字との連関を説明している理由の1つが、DCFには万能性があり、バリュエーションのあらゆるニー

ズに応えることができると確信していることにある。

バリュエーションの診断

バリュエーションが終わったら、当然ながら結論、つまり見積もった事業の価値や、それが上場企業であれば株式の価値に焦点が移る。しかし、バリュエーションの結果には重要な情報が含まれており、それはバリュエーションの整合性だけでなく、その企業の株式を買っているならば経過を追い続けるべき事柄を伝えるものである。

1. **成長性、再投資、そして投資の質**　本書の前半で、私はバリュエーションの三角形を紹介し、バリュエーションに一貫性をもたらす成長と再投資とリスクとの関係を示した。一貫性を検証する簡単な方法の1つは、予測した高成長期の営業利益の変化額を合計し、その変化を予測した同時期における再投資額で割ることである。

   資本限界利益率＝営業利益の変化額÷再投資

   この投下資本限界利益率は、将来における企業の投資がどれほどどうまくいくかを大まかに測るものである。同社の資本コストやROCのヒストリカルデータ、または業界平均などと比較することで判断できることだが、それが高すぎたり低すぎたりしたら、それは成長性や再投資の予測を見直す警告となる。

2. **リスクと資金の時間価値**　キャッシュフローを割り引くプロセスは、資金の時間価値（言い換えるなら、だれでもキャッシュフローは早く手にしたい）とゴーイングコンサーンとしての企業に付随する経営リスクとを反映して価値を調整する作業である。企業

にどれだけの時間価値とリスクとを課しているかを把握するためには、名目（割引を行わない）キャッシュフローを加算し、その数字とそれらキャッシュフローの現在価値とを比較すればよい。資金の時間価値については、ファイナンスの講義でも早めに教えられる基本的な考え方のひとつであるから重々承知しているかもしれないが、キャッシュフローを待つことが、リスクが高く、またインフレ率の高い環境下ではどれほど資金の価値を目減りさせるかを見たら驚くことであろう。

3. **キャッシュフローの価値**　分かりきったことを記すようだが、初期のキャッシュフローはマイナスとなるし、新しく成長性の高い企業であれば、マイナスとなってしかるべきである。それは、初期の利益額は小さいかマイナスであり、また高い成長を達成するためには再投資が必要になることが原因である。しかし、このマイナスのキャッシュフローは、希薄化の効果を測るためには重要な役割を演じる。希薄化の効果とは、つまり株式投資家が将来の株式発行によって自らの保有分が希薄化してしまう懸念のことである。マイナスのキャッシュフローを補うために、株式発行が行われることになるので、希薄化効果を測るためには、これらキャッシュフローの現在価値を全体の価値に取り込まなければならない。分かりやすく言えば、そうすることでDCFのバリュエーションで株式数を調整する必要はなくなるのである。

4. **自己資本の価値がマイナス**　キャッシュフローの現在価値の合計が営業資産の価値となり、その数値と純負債との差額が自己資本の価値となる。では、算定した営業資産の価値が純負債のそれよりも低かったらどうだろうか。株式がマイナスの価値を持つことなどあるのだろうか。答えはノーでもあり、イエスでもある。市場での価格がゼロ以下になることなどあり得ないので、ノーであり、企業はそのような病的な状況下でも、やがては営業資産の価

値を増大させるような再生を果たせるとの期待があれば、存続することができるので、イエスである。このような場合、株式はオプションの特性を持つことになり、投資家は株式をオプションとして取り扱うべきである。

ケーススタディ9.1

ウーバー ── 都市のカーサービス企業を評価する

前提となるケーススタディ

ケーススタディ6.2 ライドシェアの姿（2014年6月）

ケーススタディ6.3 ウーバーのストーリー（2014年6月）

ケーススタディ8.1 ウーバー ── ストーリーから数字へ

第6章において、2014年6月のウーバーに関して、同社を都市におけるカーサービス企業とする私のストーリーを紹介し、第8章でそのストーリーを、収益成長から資本コストにいたるバリュエーションインプットと結びつけたが、それらをまとめたものが**表9.1**である。

これらのバリュエーションインプットをバリュエーションモデルに当てはめた結果が**表9.2**にまとめてある。ウーバーについての私の予想価値はおよそ60億ドルとなるが、私のストーリーがバリュエーションに用いたそれぞれの数字をどのように裏づけているかにも注目してもらいたい。このバリュエーションを左右するのはスプレッドシート上にある一連のインプットではなく、ストーリーである。

第9章　数字から価値へ

表9.1　ウーバーのバリュエーションインプット

インプット	仮説
市場規模	該当年次における都市のカーサービス企業の市場規模は1000億ドルであり、ウーバーが登場する以前で年に3％成長している。ウーバーやほかのライドシェア企業が新たな利用者を引きつけるので、期待成長率は年6％まで増大する。
市場シェア	ウーバーの市場シェアはやがて全体の10％に達することになるが、それまで毎年市場シェアを拡大させていく。
税引き前営業利益率と税金	ウーバーの営業利益率は7％（基礎年次）から10年目には40％まで増大し、ウーバーに適用される税率は現在の31％から、アメリカにおける最高税率である40％まで増大する。
再投資	ウーバーは現在の資本集約度の低いモデルを維持できるので、資本回転率は5となる。
資本コスト	ウーバーの1年目の資本コストは12％（アメリカ企業の90パーセンタイル）であり、10年目（成熟企業となる）の10％まで逓減する。
破綻の可能性	現在の赤字と資金需要とを考えれば、ウーバーが破綻する可能性は10％であるが、それが実現してしまうことはないであろう。

表9.2　ウーバー ── 都市におけるカーサービス企業

ストーリー
ウーバーは都市におけるカーサービス企業であり、新たな利用者をこの分野に引きつけている。同社は地域におけるネットワーク効果を享受しており、現在の収益分配（80対20）と資本集約度（自社の自動車を持たず、運転手を雇用しない）を維持することができる。

仮定				
	基礎年次	1～5年目　6～10年目	10年目以降	ストーリーとの連関
市場規模	1000億ドル	年6.00％成長	2.50％成長	都市のカーサービス＋新規利用者
市場シェア	1.50％	1.50％→10.00％	10.00％	地域におけるネットワーク効果
収益分配	20.00％	20.00％を維持	20.00％	収益分配を維持できる
営業利益率	3.33％	3.33％→40.00％	40.00％	強力な競争優位
再投資	不明	資本回転率は5.00	再投資率＝10％	資本集約度の低いモデル
資本コスト	不明	12.00％　　12.00％→8.00％	8.00％	アメリカ企業の90パーセンタイル
破綻の可能性	破綻する（株式の価値がゼロとなる）可能性は10％			新しい企業

201

キャッシュフロー（単位＝100万ドル）					
	市場全体	市場シェア	収益	EBIT(1-T)*	再投資	FCFF**
1	$106,000	3.63%	$769	$37	$94	$(57)
2	$112,360	5.22%	$1,173	$85	$81	$4
3	$119,102	6.41%	$1,528	$147	$71	$76
4	$126,248	7.31%	$1,846	$219	$64	$156
5	$133,823	7.98%	$2,137	$301	$58	$243
6	$141,852	8.49%	$2,408	$390	$54	$336
7	$150,363	8.87%	$2,666	$487	$52	$435
8	$159,385	9.15%	$2,916	$591	$50	$541
9	$168,948	9.36%	$3,163	$701	$49	$652
10	$179,085	10.00%	$3,582	$860	$84	$776
現在	$183,562	10.00%	$3,671	$881	$88	$793

価値		
ターミナルバリュー	$14,418	
現在価値（ターミナルバリュー）	$5,175	
現在価値（向こう10年間のキャッシュフロー）	$1,375	
営業資産の価値	$6,550	
破綻の可能性	10.00%	
破綻時の価値	$—	
調整後の営業資産の価値	$5,895	ベンチャーキャピタリストはこの時点でウーバーを170億ドルと評価していた

* EBIT(1-T) ＝（収益×営業利益率）×（1 − 税率）
** FCFF ＝企業のフリーキャッシュフロー

第9章　数字から価値へ

ケーススタディ9.2
フェラーリ ―― 排他的自動車クラブを評価する

前提となるケーススタディ

ケーススタディ6.1　自動車業界（2015年10月）

ケーススタディ6.4　フェラーリのストーリー（2015年10月）

ケーススタディ7.2　フェラーリ ―― 排他的自動車クラブ

ケーススタディ8.2　フェラーリ ―― ストーリーから数字へ

　第6章で紹介したフェラーリに関する私のストーリーでは、同社は排他的自動車クラブであり続けるとしたので、成長率は低く、利益率は高く、リスクは低いものとなる。また、第7章では同社がより高い成長を達成するという代替ストーリーを紹介したが、そこでは利益率は下がり、リスクは高まることになった。第8章では、それらのストーリーをバリュエーションインプットに結びつけたが、それらの数字は**表9.3**にまとめてある。

　これらのインプットを用いて、まず排他的クラブとしてのフェラーリを評価したものが**表9.4**に、高成長ストーリーに基づいて行ったバリュエーションが**表9.5**に記されている。前者でのフェラーリの株式の価値は63億ユーロ、後者では60億ユーロと見積もった。高成長ストーリーのほうが価値が低くなったことに驚かれるかもしれないが、これは営業利益率がより低く、資本コストがより高いことが要因である。

203

表9.3 フェラーリのバリュエーションインプット

	排他的クラブストーリー	Rev it up（回転数を上げろ）ストーリー
使用通貨	ユーロ	ユーロ
収益成長	向こう5年間で4.00％、その後0.70％まで低下し安定する	向こう5年間で12.00％、その後0.70％まで低下し安定する
税引き前営業利益率（と税金）	営業利益率は現在の18.20％を維持し、税率は33.54％	営業利益率は、低価格車の投入とマーケティング費用の増大によって、向こう10年間で14.32％まで低下する
再投資	資本回転率は1.42だが、収益成長が低いので再投資額も少ない	資本回転率は1.42だが、売り上げが増大するので、さらなる再投資が必要となる
資本コスト	超富裕な顧客層を反映して、資本コストは6.96％とする	富裕層（超、ではない）が経済全体から受ける影響はより大きいので、資本コストは8.00％とする

表9.4 フェラーリ —— 排他的クラブ

ストーリー				
フェラーリは排他的クラブであり続け、極めて高価な自動車を少量販売する。経済の浮き沈みとは関係のない超がつくほどの富裕層に対する広告は不要。				

仮定				
	基礎年次	1～5年目	6～10年目	10年目以降	ストーリーとの連関
収益（a）	27.63億ユーロ	CAGR*＝4.00％	4.00％→7.00％	CAGR＝0.70％	排他的であり続けるので低成長
営業利益率（b）	18.20％	18.20％		18.20％	高価格＋広告費なし＝現在から変化なし
税率	33.54％	33.54％		33.54％	変化なし
再投資（c）		資本回転率は1.42		再投資率は4.81％	成長率が低ければ、再投資も少ない
資本コスト（d）		8.00％	8.00％→7.50％	7.50％	マクロ経済の変化による影響は少ない

第9章　数字から価値へ

キャッシュフロー（単位＝100万ユーロ）					
	収益	営業利益率	EBIT(1-t)**	再投資	FCFF***
1	€2,876	18.20%	€348	€78	€270
2	€2,988	18.20%	€361	€81	€281
3	€3,108	18.20%	€376	€84	€292
4	€3,232	18.20%	€391	€87	€303
5	€3,362	18.20%	€407	€91	€316
6	€3,474	18.20%	€420	€79	€341
7	€3,567	18.20%	€431	€66	€366
8	€3,639	18.20%	€440	€51	€389
9	€3,689	18.20%	€446	€35	€411
10	€3,715	18.20%	€449	€18	€431
現在	€3,740	18.20%	€452	€22	€431

価値	
ターミナルバリュー	€6,835
現在価値（ターミナルバリュー）	€3,485
現在価値（向こう10年間のキャッシュフロー）	€2,321
営業資産の価値	€5,806
－債務	€623
－少数株主持ち分	€13
＋現金	€1,141
株式の価値	€6,311

* 　CAGR＝年複利成長率
** 　EBIT(1-T)＝（収益×営業利益率）×（1－税率）
*** 　FCFF＝企業のフリーキャッシュフロー

205

表9.5　フェラーリ —— Rev it Up（回転数を上げろ）

ストーリー
フェラーリは低価格モデルを導入することで高成長を達成するが、この戦略にはより多くのマーケティング費用が必要となり、またマクロ経済から受ける影響も大きくなる。

仮定				
	基礎年次	1～5年目	6～10年目	10年目以降
収益（a）	27.63億ユーロ	CAGR*＝12.00%	12.00%→0.70%	CAGR＝0.70%
営業利益率（b）	18.20%	18.20%→14.32%		14.32%
税率	33.54%	33.54%		33.54%
再投資（c）	1.42	資本回転率は1.42		再投資率＝4.81%
資本コスト（d）		8.00%	8.00%→7.50%	7.50%

キャッシュフロー（単位＝100万ユーロ）					
	収益	営業利益率	EBIT(1-t)**	再投資	FCFF***
1	€3,095	17.81%	€366	€233	€133
2	€3,466	17.42%	€401	€261	€140
3	€3,881	17.04%	€439	€293	€147
4	€4,348	16.65%	€481	€323	€153
5	€4,869	16.26%	€526	€367	€159
6	€5,344	15.87%	€564	€334	€230
7	€5,743	15.48%	€591	€281	€310
8	€6,043	15.10%	€606	€211	€395
9	€6,222	14.71%	€608	€126	€482
10	€6,266	14.32%	€596	€31	€566
現在	€6,309	14.32%	€600	€35	€565

価値	
ターミナルバリュー	€8,315
現在価値（ターミナルバリュー）	€3,906
現在価値（向こう10年間のキャッシュフロー）	€1,631
営業資産の価値	€5,537
－債務	€623
－少数株主持ち分	€13
＋現金	€1,141
株式の価値	€6,041

* CAGR＝年複利成長率
** EBIT(1-T)＝（収益×営業利益率）×（1－税率）
*** FCFF＝企業のフリーキャッシュフロー

ケーススタディ9.3

アマゾン —— フィールド・オブ・ドリームスを評価する

前提となるケーススタディ

ケーススタディ6.5 アマゾン —— フィールド・オブ・ドリームス・モデル（2014年10月）

ケーススタディ7.3 アマゾン —— もうひとつのストーリー（2014年10月）

ケーススタディ8.3 アマゾン —— ストーリーから数字へ

　アマゾンについては、同社は新規参入した競合他社が適度な利益率を保持しているにもかかわらず、製品やサービスを原価割れで販売する現在の戦略を維持することで収益を増大させることに集中し、それがやがて収益性を押し上げることになるという仮定に基づき、フィールド・オブ・ドリームス・モデルを構築した。第7章では2つの代替ストーリーを紹介したが、1つは悲観的なも

ので、収益の増大にばかり集中するアマゾンは利益を手にすることはないとするものである。もう1つは、楽観的（少なくとも投資家には）なストーリーで、アマゾンによる価格付けによって、競合の多くが駆逐されるので、やがて大きな価格決定力を手にすることになるというものだ。**表9.6**には、これら3つのストーリーに基づくバリュエーションインプットの違いを掲げてある。

表9.7で、フィールド・オブ・ドリームス・モデルに基づいた2014年10月のアマゾンの価値を1株当たり175.25ドルと見積もった。**表9.8**では、悲観的シナリオに基づき1株当たり32.72ドル、**表9.9**では楽観的シナリオに基づき同じく468.51ドルとなっている。

ストーリーによって価値に大きな差が生まれることが、投資家の間でアマゾンの議論が白熱している理由のひとつである。同社の株式を買う者は初心な詐欺被害者であると主張する者もいれば、同社に投資しない者はニューエコノミーを理解しない時代遅れだとする者もいる。

表9.6 アマゾンのバリュエーションインプット ―― 3つのストーリー

	フィールド・オブ・ドリームス・モデル	滅亡の日の悲観的なストーリー	世界を支配する楽観的なストーリー
収益成長	向こう5年間は15.00％成長し、その後2.20％まで下落して安定する	向こう5年間は15.00％成長し、その後2.20％まで下落して安定する	向こう5年間は20.00％成長し、その後2.20％まで下落して安定する
税引き前営業利益率	営業利益率は小売り業とメディア業界の中央値である7.38％まで増大する	営業利益率は小売り業とメディア業界の25パーセンタイルに位置する2.85％まで増大する	営業利益率は小売り業とメディア業界の75パーセンタイルに位置する12.84％まで増大する
再投資	資本回転率は現在の3.68にとどまる	資本回転率は現在の3.68にとどまる	資本回転率は現在の3.68にとどまる
資本コスト	資本コストは8.39％とする	資本コストは8.39％とする	資本コストは8.39％とする

第9章　数字から価値へ

表9.7　アマゾン —— フィールド・オブ・ドリームス

ストーリー
アマゾンは短期的には収益の増大を追求し、メディア、小売り、クラウドコンピューティングの分野において、製品やサービスを原価に近い価格で販売する。将来はその市場支配力を活用してより高い利益率を獲得するが、新規参入する競合による妨害がある。

仮定					
	基礎年次	1〜5年目	6〜10年目	10年目以降	ストーリーとの連関
収益（a）	852.46億ドル	CAGR*＝15.00%	15.00%→2.20%	2.20%	収益の増大に集中する
営業利益率（b）	0.47%	0.47%→7.38%		7.38%	小売り＋メディア業界の平均的利益率
税率	31.80%	31.80%		31.80%	変化なし
再投資（c）		資本回転率は3.68%		再投資率＝22.00%	競合よりも効率的な再投資を行う
資本コスト（d）		8.39%	8.39%→8.00%	8.00%	メディア＋小売り＋クラウド

キャッシュフロー（単位＝100万ドル）					
	収益	営業利益率	EBIT(1-t)**	再投資	FCFF***
1	$98,033	1.16%	$776	$3,474	$(2,698)
2	$112,738	1.85%	$1,424	$3,995	$(2,572)
3	$129,649	2.54%	$2,248	$4,594	$(2,346)
4	$149,096	3.23%	$3,288	$5,284	$(1,996)
5	$171,460	3.92%	$4,589	$6,076	$(1,487)
6	$192,790	4.62%	$6,069	$5,795	$274
7	$211,837	5.31%	$7,667	$5,175	$2,492
8	$227,344	6.00%	$9,300	$4,213	$5,087
9	$238,166	6.69%	$10,865	$2,940	$7,925
10	$243,405	7.38%	$12,251	$1,424	$10,827
現在	$248,790	7.38%	$12,520	$2,755	$9,766

209

価値		
ターミナルバリュー	$168,379	
現在価値（ターミナルバリュー）	$76,029	
現在価値（向こう10年間のキャッシュフロー）	$4,064	
営業資産の価値	$80,093	
－債務	$9,202	
＋現金	$10,252	
株式の価値	$81,143	
株式数	463.01	
1株当たりの価値	$175.25	アマゾンはこの時点で287.06ドルで取引されている

* CAGR＝年複利成長率
** EBIT(1-T)＝（収益×営業利益率）×（1－税率）
*** FCFF＝企業のフリーキャッシュフロー

表9.8　アマゾン —— 株主の終焉の日

ストーリー
アマゾンは短期的には収益の増大を追求し、メディア、小売り、クラウドコンピューティングの分野において、製品やサービスを原価に近い価格で販売する。しかし、その市場支配力を生かしても、取り組む事業のいかなる分野でもそれほど営業利益率を改善することができない。

仮定					
	基礎年次	1～5年目	6～10年目	10年目以降	ストーリーとの連関
収益（a）	852.46億ドル	CAGR*＝15.00%	15.00%→2.20%	2.20%	収益の増大に集中する
営業利益率（b）	0.47%	8.39%→2.85%		2.85%	小売り＋メディア事業、25パーセンタイル
税率	31.80%	31.80%		31.80%	変化なし
再投資（c）		資本回転率は3.68%		再投資率＝22.00%	競合他社より効率的に再投資できる
資本コスト（d）		8.39%	8.39%→8.00%	8.00%	メディア＋小売り＋クラウド

第9章 数字から価値へ

キャッシュフロー（単位＝100万ドル）					
	収益	営業利益率	EBIT(1-t)**	再投資	FCFF***
1	$98,033	0.71%	$473	$3,474	$(3,001)
2	$112,738	0.95%	$727	$3,995	$(3,268)
3	$129,649	1.18%	$1,046	$4,594	$(3,548)
4	$149,096	1.42%	$1,446	$5,284	$(3,838)
5	$171,460	1.66%	$1,941	$6,076	$(4,135)
6	$192,790	1.90%	$2,495	$5,795	$(3,300)
7	$211,837	2.14%	$3,086	$5,175	$(2,089)
8	$227,344	2.37%	$3,681	$4,213	$(532)
9	$238,166	2.61%	$4,243	$2,940	$1,302
10	$243,405	2.85%	$4,731	$1,424	$3,308
現在	$248,790	2.85%	$4,835	$2,755	$3,771
価値					
ターミナルバリュー		$65,024			
現在価値（ターミナルバリュー）		$29,361			
現在価値（向こう10年間のキャッシュフロー）		$(15,260)			
営業資産の価値		$14,101			
−債務		$9,202			
＋現金		$10,252			
株式の価値		$15,151			
株式数		463.01			
1株当たりの価値		$32.72	アマゾンはこの時点で287.06ドルで取引されている		

*　CAGR＝年複利成長率
**　EBIT(1-T)＝（収益×営業利益率）×（1−税率）
***　FCFF＝企業のフリーキャッシュフロー

211

表9.9 アマゾン —— 世界支配

ストーリー
アマゾンは短期的には収益の増大を追求し、メディア、小売り、クラウドコンピューティングの分野において、製品やサービスを原価に近い価格で販売する。その市場支配力を生かして競合を駆逐し、やがて極めて高い利益率を達成する。

仮定				
	基礎年次	1～5年目	6～10年目	10年目以降	ストーリーとの連関
収益（a）	852.46億ドル	CAGR*＝25.00%	25.00%→2.20%	2.20%	収益の増大に全力を尽くす
営業利益率（b）	0.47%	0.47%→12.84%		12.84%	小売り＋メディア事業、75パーセンタイル
税率	31.80%	31.80%		31.80%	変化なし
再投資（c）		資本回転率は3.68%		再投資率＝22.00%	競合他社より効率的に再投資できる
資本コスト（d）		8.39%	8.39%→8.00%	8.00%	メディア＋小売り＋クラウド

キャッシュフロー（単位＝100万ドル）				
	収益	営業利益率	EBIT(1-t)**	再投資	FCFF***
1	$102,295	1.71%	$1,190	$4,632	$(3,441)
2	$122,754	2.94%	$2,464	$5,559	$(3,094)
3	$147,305	4.18%	$4,200	$6,670	$(2,470)
4	$176,766	5.42%	$6,531	$8,004	$(1,473)
5	$212,119	6.65%	$9,627	$9,605	$22
6	$246,992	7.89%	$13,293	$9,475	$3,819
7	$278,804	9.13%	$17,358	$8,643	$8,715
8	$304,789	10.37%	$21,547	$7,060	$14,487
9	$322,345	11.60%	$25,508	$4,770	$20,738
10	$329,436	12.84%	$28,848	$1,927	$26,922
現在	$248,790	2.85%	$4,835	$2,755	$3,771

第9章　数字から価値へ

	価値	
ターミナルバリュー	$396,496	
現在価値（ターミナルバリュー）	$179,032	
現在価値（向こう10年間のキャッシュフロー）	$28,427	
営業資産の価値	$207,459	
－債務	$9,202	
＋現金	$10,252	
株式の価値	$208,510	
株式数	463.01	
1株当たりの価値	$450.34	アマゾンはこの時点で287.06ドルで取引されている

*　CAGR＝年複利成長率
**　EBIT(1-T)＝（収益×営業利益率）×（1－税率）
***　FCFF＝企業のフリーキャッシュフロー

ケーススタディ9.4

アリババ —— チャイナストーリー

前提となるケーススタディ

ケーススタディ6.6　アリババ —— チャイナストーリー（2014年9月）

ケーススタディ7.4　アリババ —— グローバルプレーヤー

ケーススタディ8.4　アリババ —— ストーリーから数字へ

　アリババに関する私のストーリーにおいて、同社を有望なばかりでなく、チャイナストーリーを実行していると紹介した。中国の小売業者や顧客のニーズや懸念に見事に対応することで、同社は中国におけるオンライン小売り網を独占し、堅実な利益を生み出している。私のストーリーでは、アリババは中国市場で25％の成長を続け、営業利益率も40％をわずかに切る程度になるとした

213

が、同社は中国を中心とした企業であり、ほかの地域への進出は
うまくいかないと見た。**表9.10**にまとめたバリュエーションは、
アリババのIPO（新規株式公開）後の価値を算定したものである。

200億ドルとも言われるIPOによる調達資金を加えると、私が導
き出した同社の価値は1610億ドルとなり、１株当たりの価値にす
ると65.98ドルとなる。

第７章では、アリババがグローバルプレーヤーとして他国に進
出することで、向こう５年間で中国のオンライン市場での25％を
上回る年40％の成長を達成するとする代替ストーリーを紹介した。
このストーリーをもっともらしい（Plausible）ものとするために、
営業利益率は30％まで低下し、投資は増大するので、資本回転率

表9.10　アリババ――チャイナストーリー

ストーリー				
アリババは中国を中心とし続け、高い市場シェアを維持し、中国のオンライン販売市場の拡大とともに成長する。競争ゆえに利益率は多少下がるであろうが、それでも高い数値を維持する。				
仮定				
	基礎年次	1〜5年目	6〜10年目	10年目以降	ストーリーとの連関
収益（a）	92.68億ドル	CAGR*＝25.00%	25%→2.41%	CAGR＝2.41%	中国市場とともに成長する
税引き前営業利益率（b）	50.73%	50.73%→40.00%		40.00%	競争が増大する
税率	11.92%	11.92%	11.92%→25.00%	25.00%	法定の税率となる
再投資（c）	不明	資本回転率は2.00		再投資率＝30.13%	業界平均の資本回転率
資本コスト（d）		8.56%	8.56%→8.00%	8.00%	広告費＋小売りリスク

第9章　数字から価値へ

キャッシュフロー（単位＝100万ドル）					
	収益	営業利益率	EBIT(1-t)**	再投資	FCFF***
1	$11,585	49.66%	$5,067	$1,158	$3,908
2	$14,481	48.58%	$6,197	$1,448	$4,749
3	$18,101	47.51%	$7,575	$1,810	$5,765
4	$22,626	46.44%	$9,255	$2,263	$6,992
5	$28,283	45.36%	$11,301	$2,828	$8,473
6	$34,075	44.29%	$12,899	$2,896	$10,002
7	$39,515	43.22%	$14,149	$2,720	$11,429
8	$44,038	42.15%	$14,891	$2,261	$12,630
9	$47,089	41.07%	$15,012	$1,525	$13,486
10	$48,224	40.00%	$14,467	$567	$13,900
現在	$49,388	40.00%	$14,816	$4,463	$10,353

価値		
ターミナルバリュー	$185,205	
現在価値（ターミナルバリュー）	$82,731	
現在価値（向こう10年間のキャッシュフロー）	$54,660	
運転資本の価値	$137,390	
－債務	$10,068	
＋現金	$9,330	
＋IPOによる調達資金	$20,000	
＋営業外資産	$5,087	
株式の価値	$161,739	
－オプションの価値	$696	
普通株の価値	$161,043	
株式数	2,440.91	
1株当たりの予想価値	$65.98	アリババは当初68ドルとされたが、その後1株当たり80ドルに変更された

*　CAGR＝年複利成長率

**　EBIT(1-T)＝（収益×営業利益率）×（1－税率）

***　FCFF＝企業のフリーキャッシュフロー

表9.11　アリババ──グローバルストーリー

ストーリー
アリババは外国市場への拡大を果たし、向こう5年間で年40%の収益成長を達成する。外国市場での競争により利益率は圧迫され、また成長のためにより多くの再投資が必要となる。

仮定

	基礎年次	1～5年目	6～10年目	10年目以降	ストーリーとの連関
収益（a）	92.68億ドル	CAGR*＝40.00%	40.00%→2.41%	CAGR＝2.41%	グローバル展開＋中国の成長
税引き前営業利益率（b）	50.73%	50.73%→30.00%		30.00%	より厳しい世界的な競争
税率	11.92%	11.92%	11.92%→25.00%	25.00%	法定の税率となる
再投資（c）	不明	資本回転率は1.50		再投資率＝30.13%	世界的により多くの再投資が必要となる
資本コスト（d）		8.56%	8.56%→8.00%	8.00%	広告費＋小売りリスク

キャッシュフロー（単位＝100万ドル）

	収益	営業利益率	EBIT(1-t)**	再投資	FCFF***
1	$12,975	48.66%	$5,561	$1,158	$3,089
2	$18,165	46.58%	$7,453	$1,448	$3,993
3	$25,431	44.51%	$9,970	$1,810	$5,126
4	$35,604	42.44%	$13,308	$2,263	$6,527
5	$49,846	40.36%	$17,721	$2,828	$8,227
6	$66,036	38.29%	$21,611	$2,896	$10,817
7	$82,522	36.22%	$24,762	$2,720	$13,772
8	$96,918	34.15%	$26,552	$2,261	$16,954
9	$106,540	32.07%	$26,522	$1,525	$20,107
10	$109,108	30.00%	$24,549	$567	$22,838
現在	$111,738	30.00%	$25,141	$7,574	$17,567

	価値	
ターミナルバリュー	$314,262	
現在価値（ターミナルバリュー）	$139,116	
現在価値（向こう10年間のキャッシュフロー）	$63,071	
運転資本の価値	$202,186	
−債務	$10,068	
＋現金	$9,330	
＋IPOによる調達資金	$20,000	
＋営業外資産	$5,087	
株式の価値	$226,535	
−オプションの価値	$696	
普通株の価値	$225,839	
株式数	2,440.91	
1株当たりの予想価値	$92.52	アリババの初値は1株当たり92ドル

* CAGR＝年複利成長率
** EBIT(1-T)＝（収益×営業利益率）×（1−税率）
*** FCFF＝企業のフリーキャッシュフロー

は1.50になるとした。その結果、1株当たりの価値は92.52ドルとなるが、その詳細は**表9.11**に記しておく。

　このバリュエーションを行った数日後、銀行はアリババの公募価格を68ドルに設定したが、初値は1株当たり95ドルとなった。本書を執筆している2016年1月時点で、株価は65ドルまで値を下げている。

価値を分解する

　ここまでいくつかの章を使って、ビジネスに関するストーリーをどのように価値に転換するかを述べてきた。それは、一連のプロセスに従ってバリュエーションを行っていると前提したものである。では、このプロセスを反転させることはできるだろうか。言い換えれば、すべて数字で表現されるDCFによるバリュエーションからストーリーを引き出すことができるだろうか。答えはイエスであるし、それができるようにしたい理由がいくつかある。第一に、数字からストーリーを引き出すことができれば、そのストーリーに満足するかどうかを評価することができる。つまるところ、注目した企業に投資するかどうかの決断は数字ではなく、その裏にあるストーリーによって下されるのである。第二に、引き出したストーリーを用いて、バリュエーションを行った人物に対して、前提とした仮定について質問することができる。アナリストが数字を機械的にモデルに投入しただけなのか、それとも真剣にストーリーを構築したのかは、彼らがその質問にどう答えるかで判断することができる。

　バリュエーションを分解するプロセスは、ストーリーを数字へと転換するために構築したストラクチャーを用いれば簡単である。つまり、バリュエーションが行われた企業の予想収益を知ろうとする場合は、そのバリュエーションを行ったアナリストが当該事業の市場規模と当該企業の市場シェアをどのように考えているかに焦点を当てればよい。そうすれば、企業が営む事業や、その事業に付随するネットワーク効果や競争優位について議論できるようになる。**図9.2**に質問をいくつか記している。これがすべてではないが、バリュエーションの背後にあるストーリーを理解するために利用できるであろう。

図9.2 バリュエーションを分解する

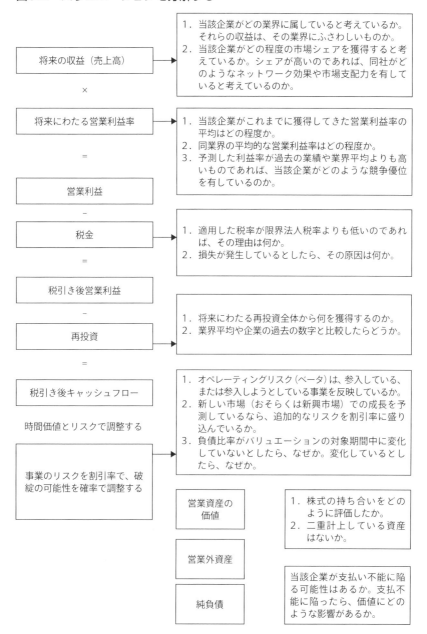

結論

　企業に関するストーリーを構築し、そのストーリーをバリュエーションインプットに転換したら、それらのインプットを価値へと転換するのは機械的なプロセスとなるわけだが、それでもいくつか細かい注意が必要である。しかし、細かな点に足を取られるくらいなら、ストーリーを使って詳細を判断したほうが有効であろうし、そのことに時間と労力を費やしたいところであろう。たとえば、アマゾンのバリュエーションにおいて、将来の営業利益率がもっとも議論の的となるが、私はこの数値に関するアマゾンの履歴と、小売り業界やメディア業界の企業間の差異を検証することに、資本コストを見積もること以上の時間を費やした。ウーバーでは、同社が追及する市場規模が主たる問題点となるが、同社のストーリーで私がもっとも詳細に検討した部分は、ウーバーが単なるカーサービス企業であるのか、それともそれ以上の存在なのかという問題であったが、この点については次の2章において振り返りたいと思う。

第10章

ストーリーを推敲する
—— フィードバックループ

Improving and Modifying Your Narrative – The Feedback Loop

これまでの４章で紹介したテンプレートに従えば、構築したストーリーをバリュエーションに転換できることであろう。しかし、作業が終わったと結論づける前に、ストーリーはもっともらしい（Plausible）ものにすぎないということだけでなく、同じ事業に対しても違ったストーリーがあるかもしれないということを肝に銘じておく必要がある。それらの代替ストーリーを誤りだとして、自分のストーリーを弁護するよりも、フィードバックループを開いて、それらの代替ストーリーから拝借できるような部分はないか、自らのストーリーを改善するために採用できる点はないかを検討したほうが有効であろう。評価の対象となった企業やその事業について自分よりも詳しい人物が、その知識を代替ストーリーに反映させているという場合もある。また、自分のオリジナルのストーリーには欠点があることを認めて変更するという場合もあろう。理由はともあれ、自らのストーリーは独自のものであるからといって、変更を拒むのは慢心である。

慢心と戦え

投資による苦痛の根には慢心があることが多いので、本章ではまずこれを取り上げるのがよかろう。創業者や投資家として、自ら構築し

た企業のストーリーに誇りを抱いていたり、所有意識を持つことは自然なことである。さらに、批判に対して弁護したくなるばかりか、意固地になることもまた自然なことである。しかし残念ながら、投資業界の地獄は自らの「考え抜かれた」ストーリーを弁護する者たちであふれており、その先には破滅が待っているのだ。私自身も、自分のお気に入りのストーリーの誤りを認めるのは容易でないが、妙薬があるわけでもないので、2つの行動を取って、その変更を受け入れるようにしている。1つ目は、私のストーリーに少なくとも嫌悪感を持ちそうな人々にストーリーを語り、彼らに自由に反対意見を表明してもらうことである。2つ目は、自らのストーリーに感じている不確実性と、それが最終的な見積もりや価値にどのような影響を与えるかということに対して、正直になることである。

エコーチェンバーから脱出する

自分と同じような考えを持ち、また世界観を共有する相手にストーリーを語り、それを弁護するのは容易なことである。つまり、ハイテク分野の野心的なスタートアップ企業に関するストーリーなら、起業家やベンチャーキャピタリストたちにそのストーリーを語れば、同意を得られ、また優れたストーリーテリングの能力に対する称賛を得られるであろう。そのストーリーを古いタイプのバリュー投資家の前で披露したら、即座に非難の的となり、ストーリーのあらゆる点を弁護しなければならなくなるであろう。

自分と異なる考えを持つ人々にストーリーを語ることは不快な経験のように思われるが、次のことを行うのであれば、それも生産的な経験とすることができる。第一に、自ら正しいと考えている、または少なくともそう信じている投資理念やバリュエーションに対して率直であるべきということだ。つまり、成長はベンチャーキャピタリストの

集まりでは常に「是」とされるかもしれないが、バリュー投資家の会議の場では懐疑的な目で見られることであろう。成長が是であることを説明するためには、それが価値にどのような影響を与えるか、成長が時に価値を破壊することがあるのはなぜかを考えなければならない。そうすることで、成長に対して懸念を持つ者たちが、少なくとも自分がかかわっているケースにおいては、正しくない理由を彼らに説明することができるようになるだろう。2つ目は、成長が是であることをバリュー投資家に説明しようとする過程で、自分自身が宿題を済ませていなかったこと、または自らの仮定に誤りがあることや十分に考え抜いていなかったことなどを発見できるかもしれない。誤りを隠し通したいと思うであろうが、取り組むべきは、立ち返り、ストーリーを見直して、おそらくは変更することである。

不確実性を直視する

私が第9章で紹介したいくつかのバリュエーションを見れば、それらがまるで魔法でも使ったかのように細かいことに気づくであろう。たとえば、アマゾンの価値は175.25ドルと、小数点以下第2位まで算定している。しかし、実際には、この最終的な価値算定は、私がストーリーから引きだしたり、データの裏づけをとることで行ってきた見積もりの最終結果ではあるが、あくまで予測であり、誤っている可能性がある。数字遊びの深みにはまればはまるほど、やがてそれらの予測が真実であり、算定した価値は正確であると考えるようになる。

この偽りの正しさに対処するには、自分が行ったバリュエーションは「推定値」、つまり、期待成長率や利益率や資本コストなどの一例に基づいたものであり、それらの数字は確率分布のなかのひとつにすぎないのだということを認識することである。つまり、アマゾンの向こう5年間の収益成長を年15%とした場合、それは10～20%の間での成

長に関する分布の期待値であるかもしれないのだ。この目の前の不確実性に対してより率直になるのは良いことで、そのために活用できる4つのテクニックが存在する。

1. **What-if分析**　What-if分析では、バリュエーションに用いた個別の変数をほかのインプットを固定したままで変化させる。アマゾンのバリュエーションを例とすれば、成長率を10〜20％まで変化させて価値を算定することもできるのだ。では、なぜこのようなことを行うのか。1つ目は、変数の変化がどれだけ価値に影響を与えるかを把握し、その知識を活用することで、最終的な投資判断を下す前に、その変数に関するさらなる情報を集めるべきかどうかを決することができるからだ。2つ目の皮肉とも言える理由は、誤っていた場合に受ける批判から自らを守るためである。たった1つの最良推定値ではなく、幅を持たせて価値を提示することで、発生するあらゆる事態を予測していたと主張することができる。

2. **シナリオ分析**　シナリオ分析では、分析に用いる変数のすべてまたは多くをシナリオに応じて変更することができ、それぞれのシナリオに応じた事業の価値を測ることになる。もっとも芸のない形としては、シナリオを最良、基本、そして最悪のケースに分類することで、当然の結果ではあるが、最良のケースで価値はもっとも高くなり、最悪のケースでは無価値または最小の価値となり、基本のケースがその中間に来る。もっと生産的な形としては、成功の主因に応じてシナリオを構築し、企業がどのような価値になるかだけでなく、それぞれのシナリオに応じて企業がどのような行動を取るべきかをも分析することである。これはアリババを評価するときには有効で、私のストーリーに基づくかぎり、同社は中国の成長からその価値を引き出しているのだから、中国経済の

第10章 ストーリーを推敲する─フィードバックループ

成長に関するさまざまなシナリオに準じて分析を行えばよい。

3. **決定木分析** 決定木は、事業における個別リスクや逐次的なリスクを評価するための予測モデルである。それゆえ、決定木は事業を行うために規制当局の認可が必要な企業や、薬品の認可のように何段階にもわたる段階を踏まなければならない製薬やバイオテクノロジー企業を評価するのに適している。成功にたどりつくために乗り越えるべき一連のイベントを検証しなければならないので、自らのストーリーの弱点をより深く検討することができる。第2章でテラノスに触れたが、利用者の負担を軽減し、より安価な血液検査を開発し、血液検査業界に革新をもたらすと主張する同社は、暴走ストーリーの一例である。投資家が決定木の手法を用いて許認可に関する予測をしていれば、許認可のプロセスで問題があることがもっと早く表面化していたであろう。

4. **シミュレーション** シミュレーションは、不確実性の影響を評価するもっとも充実した方法である。一度に1つの変数を変更するだけのWhat-if分析とは異なり、インプットの値を好きなだけ変更することができる。また将来をそれぞれのシナリオに分解しなければならないシナリオ分析とは異なり、シミュレーションでは一連の可能性を検証することができる。実際に、決定木を合わせて利用することで、シミュレーションに一定の制限を設けることもできるのだ。たとえば、資本要件を満たさなくなった銀行や、多額の負債に苦しみ、契約責任を果たせなくなった企業は倒産するといった具合である。

225

> **ケーススタディ10.1**

アリババのバリュエーション ── チャイナシナリオ

前提となるケーススタディ

ケーススタディ6.6　アリババ──チャイナストーリー（2014年9月）

ケーススタディ7.4　アリババ──グローバルプレーヤー

ケーススタディ8.4　アリババ──ストーリーから数字へ

ケーススタディ9.4　アリババ──チャイナストーリー

　ケーススタディ9.4において、2014年9月に、IPO（新規株式公開）時におけるアリババの自己資本の価値を1610億ドル、1株当たりの価値を65.98ドルと評価したが、これは同社の収益が向こう5年間、年25％伸び、40％の利益率を達成できるという仮定のもとに行ったものである。この仮定は、中国のオンライン小売市場が年に25％成長し、アリババはその市場シェアを維持できるという期待に基づき構築されたものである。結果として、その価値は中国経済が成長を続け、オンライン小売業も成長を遂げるという私の予測に基づいたものである。

　しかし、私のこの仮定が間違っている可能性もある。特に、中国の成長が向こう数年間で落ち込むこともあるし、また中国の成長余力を過小評価している可能性も存在する。**表10.1**には、中国の成長に応じた3つのシナリオと、それぞれにおけるアリババの価値をまとめてある。

　結果は、その方向性としては驚くべきことはないが、中国の低成長シナリオでは価値の3分の1以上が失われ、高成長シナリオでは50％近く価値が増大するとなった。その変化の度合いは、ストーリーが中国のマクロ経済のリスクにどれほどさらされている

表10.1　アリババ——中国の成長シナリオに基づく価値

シナリオ	収益成長率	目標営業利益率	資本コスト	1株当たり価値
成長が期待を下回る	15.00%	35.00%	9.00%	$40.06
期待どおり成長する	25.00%	40.00%	8.56%	$65.98
成長が期待を上回る	30.00%	50.00%	8.25%	$98.89

かを如実に示すものである。

ケーススタディ10.2

アリババ——モンテカルロシミュレーション

　アリババのバリュエーションの基礎となった一連のインプットには誤りがある可能性がある。それらインプットの期待値は、私が2014年9月時点で見たかぎりでは、同社にふさわしいものであると確信しているが、それぞれのインプットを見積もるにあたり、不確実性が伴っていたことも事実である。この不確実性を把握するために、1つの期待値ではなく、インプットの確率分布に基づいたシミュレーションを実行した。分布から予測される各インプットの値は、私の基本ケースでの仮定に合致するものであったが、確率分布によってその不確実性を判断することができるのである。たとえば、私は目標とする営業利益率を40%（基本ケースでの仮定）と予測したが、私自身、結果は30～50%の間に等確率に発生する（一様分布）と仮定していた。収益成長（基本ケースでは25%）、資本コスト（同じく8.56%）、そして資本回転率（同じく2.00）についても、基本ケースの値を中心にそれぞれ分布していると仮

図10.1 2014年9月時点でのアリババの価値のシミュレーション（平均＝66.45ドル 中央値65.15ドル 最低値38.11ドル 最高値153.10ドル）

アリババの主要インプット

収益成長率
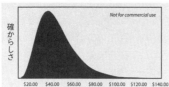

税引き前営業利益率
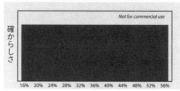

資本回転率
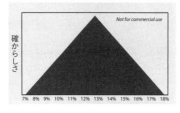

資本コスト
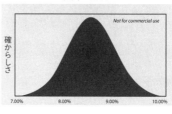

アリババ──価値の分布

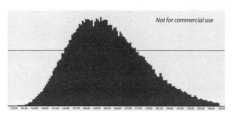

パーセンタイル	予想価値
0%	$38.11
10%	$52.96
20%	$56.64
30%	$59.58
40%	$62.39
50%	$65.15
60%	$68.10
70%	$71.43
80%	$75.54
90%	$81.60
100%	$153.10

定している。シミュレーションにあたっては、これらの分布を用いてアリババの価値を算定したが、その分布は**図10.1**に示してある。

1万回を超えるシミュレーションでは、基本ケースの値である1株当たり65.98ドルに平均も中央値も近似しているが、どちらの分析でも利用したインプットの期待値が同じなのであるから、これは驚くに値しないことである。ここで追加的に得られた情報は価値のパーセンタイルで、最小値が1株当たり38.11ドル、最大値

が153.11ドルであったことである。これによって、私の判断の基礎となる、より豊富な情報が得られただけでなく、私自身の予測にはどれほどの誤りがあるかを再認識することができた。さらに、これによって私と異なる意見を持つ者を誤りだとするのではなく、彼らの提言に耳を傾け、自らのストーリーや価値を改善させることに役立てることができるようになるであろう。

価格付けのフィードバック

　ストーリーを構築し、そのストーリーを数字に、そして数字を価値に転換したら、企業がどれほどの価値を有するかが明確になる。ここで、ただちに得られるフィードバックは、他者がその企業にいくらの価格を付けるかということである。上場企業の価値を算定しているのであれば、投資家が取引を行うたびに時価が更新されるので、このフィードバックはリアルタイムで行われることになる。未上場企業であっても、投資家が当該企業にどれだけの価値を見いだしているかに基づいて価格を見積もることができる場合もあるが、この価格予想が更新される頻度は少ないと言わなければならないだろう。

　では、どうなるか。企業の価値を算定した結果、現在の価格から大きくかけ離れた予測に行きついてしまうことほど困惑することはない。それゆえに企業の評価を行う、つまり市場の誤りを見いだすのではあるが、大きな乖離がある場合は、次の4つの解釈が成り立つ。1つ目は、自分が正しくて、市場が間違っている。2つ目は、自分が間違っていて、市場が正しい。3つ目は、本源的価値は分からない数字なのであるから、自分も市場も間違っている。4つ目は、第8章で対比させて紹介した価格付けと価値算定のプロセスとが別々のものとなり、市場は当該企業に価格付けしている一方で、自分は企業の価値を算定し

ている、というものだ。1つ目の解釈は、自分に過信または傲慢があるし、2つ目は、市場に完全に屈服してしまっている。3つ目は、自分のストーリーに誤りがあり、結果として価値も間違っている可能性があることを受け入れなければならないので、私はこれを採用する。自らのストーリーにどれほど満足していようとも、少なくとも市場が期待していることを把握し、その期待と自らのそれとを比較しようとすべきであることは言うまでもない。ただ、それは必ずしも自らの予測を変更せんとするためではなく、さらなる調査を促し、おそらくはより良い判断を下すためである。

　これらの可能性を検証したあと、それでも自らのストーリーに満足していれば、価格付けと価値評価のプロセスが乖離したのであり、結果として2つの間に差異が生まれているのだと結論づける。この差異に喜んで資金を賭けるかどうかは、第一に自らのストーリーとその結果である価値に自信があるか、そして差異が自ら設定した投資期間内に解消するかどうかによるであろう。

ケーススタディ10.3

アマゾン（2014年10月）── 市場の損益分岐点

前提となるケーススタディ

ケーススタディ6.5	アマゾン ── フィールド・オブ・ドリームス・モデル（2014年10月）
ケーススタディ7.3	アマゾン ── もうひとつのストーリー（2014年10月）
ケーススタディ8.3	アマゾン ── ストーリーから数字へ
ケーススタディ9.3	アマゾン ── フィールド・オブ・ドリームスを評価する

第10章　ストーリーを推敲する―フィードバックループ

表10.2　アマゾン ―― 価値と価格の損益分岐点

2024年の収益（単位＝10億ドル）	目標とする税引き前営業利益率					
	2.50%	5.00%	7.50%	10.00%	12.50%	15.00%
$100	$34.36	$69.25	$104.14	$139.03	$173.92	$208.81
$150	$3.75	$79.34	$127.93	$176.52	$225.11	$273.70
$200	$27.20	$90.19	$153.19	$216.18	$279.17	$342.17
$250	$23.76	$101.35	$178.94	$256.52	$334.11	$411.69
$300	$20.29	$113.22	$206.16	$299.10	$393.03	$484.97
$350	$17.02	$124.85	$232.67	$340.50	$448.32	$556.14
$400	$13.90	$136.28	$258.66	$381.03	$503.41	$625.78

　第9章で紹介したアマゾンのバリュエーション（175.25ドル）は、当時の時価（287ドル）と大きく乖離していた。バリュエーションは同社に関する私のストーリーと、予測した収益成長率（向こう5年間は15％の成長を遂げ、2024年には収益が2400億ドルに到達する）、営業利益率（7.38％）とに基づいたものであった。だが、投資家や少なくともアマゾン株を買い上がっている者たちが私よりも楽観的であったことは明白である。市場の仮定が私のそれとどれほど異なっているかを把握するために、収益成長と目標とする営業利益率（10年後）との関数として、1株当たりの価値を表10.2で予測した。

　アミの部分は、この分析を行った時点での株価（287ドル）を上回る価値の部分である。投資家が本源的価値に基づいてアマゾンの価格を付けているのであれば、アマゾンは、私が予測したよりもかなり高い利益率を伴う大きな収益を達成すると投資家が期待していることが明らかとなる。バリュエーションを行った時点では、これらの数字は高すぎで、自らの価値評価を変える必要はな

231

いというのが私の判断であった。

　実際に、アマゾンの株価上昇が続いていたので、投資家たちはアマゾンの価値ではなく、価格を見ているのであり、それゆえ少なくとも短期的には同社のファンダメンタルズには無頓着なのだと思えた。また、それゆえに、アマゾンは過大評価されていると評価したにもかかわらず、私は次の手として株を空売りすることはなかった。臆病風が吹いたのだろうか。もちろん、それもあるが、タイム・ホライズンがコントロールできないのに、本源的価値に基づいて株式のポジションを取ることは無謀であると私は考えている。空売りでは、タイム・ホライズンがコントロールできないのだ。

ケーススタディ10.4

価格付けのフィードバック ―― ウーバー、フェラーリ、アマゾン、アリババ

　第9章で、ウーバー、フェラーリ、アマゾンそしてアリババのバリュエーションを行ったが、これらの企業の現在の株価が私のバリュエーションに影響をもたらすことはない、と言ったらウソになるだろう。

●ウーバーは未上場企業であり、市場からのフィードバックは、ベンチャーキャピタルによる投資が暗示するバリュエーションという形でもたらされる。ウーバーについては、直近のベンチャーキャピタルによる投資で170億ドルと評価されたというニュースに私は興味をそそられた。このニュースはウーバーに対する私の見立てを否定するものであり、同社に対する私のバリュエ

ーションはたった60億ドルにすぎなかったが、バリュエーションのあらゆる点においてウーバーに好意的に解釈したいと思う。

●フェラーリはIPO前にバリュエーションを行ったが、IPOでは、私が見積もった63億ユーロ（排他的クラブのストーリー）という価値よりもかなり高い90億ユーロという価値が付けられた。上場後に、自らのバリュエーション（とストーリー）を見直し、より高い価値が求められる部分があるかどうか検証したが、変更する理由は見当たらなかった。

●アマゾンについては、私が見積もった価値（175.28ドル）と分析時の時価（287.06ドル）との差があまりに著しかったので、見落としていたことがあるのではないかと反省した。直前のケーススタディで損益分岐点を算出した理由のひとつが、市場が株価を付けるにあたりどのような仮定を持っているかを把握することであった。

●アリババの上場前の１株当たりの価値はおよそ66ドルと見積もった。私がバリュエーションを行った直後、銀行家は同社の公募価格を68ドルとしたが、それは気持ち悪いほど私の予測に近似していた。なぜ気持ち悪いのか。銀行家は公開日に株価が買い上げられるようIPOの（価値を算定するのではなく）価格を設定するので、私のバリュエーションと公募価格とが近似していたことは単なる偶然以外の何物でもないように思われる。取引初日、１株当たり95ドルほどの初値を付けたので、投資家は同社の将来に対して私よりもよほど楽観的であることが分かった。

いずれの場合も、時価は私のバリュエーションに、少なくともそれとなく影響を与えているが、たいていの場合がそうである。まず上場企業の価値を最初に評価するときは、時価がストーリーを

主導する結果になることが多い。というのも、自ら算出した価値が時価に近いものであれば一番安心なのだ（たとえそれが感覚的なものにすぎなくても）。ストーリーとバリュエーションの技術の双方に、より大きな自信が持てるようになるにつれ、企業に対して株価とはまったく異なる価値を付けることも容易にできるようになるだろうし、その価値に基づいて行動を起こすこともできるようになるであろう。

代替ストーリー

企業の価格付けがフィードバックをもたらすが、それはストーリーの個別部分に影響を与えるようなレベルではなく、総体として（株価と予測価値）のものである。より詳細なフィードバックを求めるのであれば、見方が異なる点を探さなければならない。そのためにはどうすればよいかという答えは持ち合わせていないが、私がそのようなフィードバックを得るために活用しているいくつかのポイントを記していこう。

1. **自分のストーリーとバリュエーションを公開する**　バリュエーションの詳細や数字の裏側にあるストーリーを明らかにせずに、バリュエーションを改善するために活用できる批評を得ることは難しい。自分のストーリーとその結果としての数字を明らかにすればするほど、批評もより的を射たものとなることを私は経験している。そうすることで、ウーバーに関する私のバリュエーションを目にした者たちは、私のストーリーで合意できない部分とその理由を見いだすことができ、そして私も彼らの批評をその文脈のなかで検証することができるのだ。

234

第10章　ストーリーを推敲する―フィードバックループ

2. **人々を広く集め、自分のバリュエーションに対して意見を述べてもらう**　批判を歓迎すると言うのであれば、人々が自分を批評しやすいようにしなければならない。私は過去数年の間、自身のブログを公開しているので、オンライン上で自らのバリュエーションを提示することができる。バリュエーションを見た者たちはそれについてのコメントを記すことができるが、私は彼らが匿名で発言できるようにしているので、彼らは自由に反対意見を記すことができるのだ。また、グーグルの共有スプレッドシートを利用して、読者が私のバリュエーションのインプットを自由に変更し、彼ら独自の価値を算出できるようにもしている。私流の「クラウドバリューイング」だが、これによって私のストーリーを検証することができるのだ。

3. **生産的な批評と雑音とを区別する**　私が受ける批評には雑音にすぎないものがあることも事実だが、彼らは私の結論が気に入らないので、感情を吐き出すのである。そのほとんどはやり過ごすことになるが、自らのバリュエーションを改善するのに役立つ重要な批評があることも学んできた。また、投資家がそのような強い感情を抱いているので、あらゆる反対意見が否定的な反応を引き起こすような企業があることも発見した。これは、テスラやアマゾンのバリュエーションを行うときに常々学ばされる教訓である。

4. **ストーリーを用いて、批判を体系化する**　構成要素が明確なストーリーがあれば、反対意見を持つ者から得たフィードバックを体系化することができる。つまり、反対意見を、市場規模の予測や、市場シェアや営業利益率に対する判断や、事業に付随するリスクの評価などに分解することができるのだ。

5. **弱点を探す**　自分のストーリーのなかで、より否定的なフィードバックや反対意見がもたらされる部分を特定すれば、それが明確に理由を説明できていないか、さらに悪いことにはストーリーの

235

その部分を十分に検討できていないことを示すシグナルとなる。

6. **結果でなく、プロセスを考える**　バリュエーションを行うように
なったころ、私は最終結果、つまり価値に焦点を当てがちであっ
た。もちろん、最終的な価値にはいまだ興味を持っているが、私
にとってはそこに至るプロセスこそが面白いのである。

一般論として、企業に関する不確実性が高ければ高いほど、代替ス
トーリーに対してより率直であるべきだと考えている。ここで、付け
加えておくべき最後の注意書きがある。他人の意見を聞くことは降伏
することではないのだ。私は、自分のストーリーの一部が間違ってい
るとする根拠ある議論には耳を傾けるが、その部分を変更しないとい
う選択をすることもある。なぜなら、最終判断者は自分だからである。

ケーススタディ10.5

ウーバー ── ガーレイの反論

前提となるケーススタディ

ケーススタディ6.2　ライドシェアの姿（2014年6月）

ケーススタディ6.3　ウーバーのストーリー（2014年6月）

ケーススタディ8.1　ウーバー ── ストーリーから数字へ

ケーススタディ9.1　ウーバー ── 都市のカーサービス企業を評価する

2014年6月にウーバーのバリュエーションを行ったあと、私は
ウーバーの初期の投資家であるビル・ガーレイから丁重なeメー
ルを受け取った。彼は、ウーバーに関する私のバリュエーション
への反対意見を掲載するつもりであり、手加減はしないと言う。少
しすると、その記事を読んだ者たちからメッセージを受け取るよ

うになったが、私の反応を見ようとする者もいれば、このやり取りをバリュエーション戦争の最初の銃弾だと見ている者もいた。彼[1]の記事はウーバーを都市におけるカーサービス企業とする私のストーリーに対する、大変興味深く、また挑発的な反論であったが、私が興味深く感じたいくつかの点を次に記していく。

1. みんなと同じように、私も正しくありたいと思っているが、それ以上にウーバーのバリュエーションを理解することに興味があり、投稿されたコメントは同社に投資をしているのみならず、私よりもはるかに同社を理解している人物の視点を提供するものである。私がニューエコノミーに理解を示さないこと、または中世の道具であるDCF（割引現在価値）によるバリュエーションを乱用していることを非難するのではなく、投稿コメントはウーバーの詳細とその高い価値の基礎となる事柄に焦点を当てている。
2. バリュエーションは数字とストーリーとを繋ぐ橋であり、また数字もストーリーも自動的に人々に有利な立場をもたらすものではない。これが真なのであれば、詳細かつ十分に考え抜かれたストーリーを提示するビル・ガーレイのコメントは、それを痛感させるものであった。

　ガーレイのストーリーは、企業としてのウーバーについてより地に足のついた議論を可能にするもので、彼がそれを提供してくれたことをありがたく思っている。私は教師として、たとえ負担を強いられるものであっても、常に「教育の機会」に目を光らせている。
　ウーバーに関する私のストーリーでは、同社をカーサービス企業ととらえ、既存のタクシー市場（1000億ドルと見積もっている）

に革新をもたらし、市場を拡大する（10％）とともに、大きな市場シェアを獲得するとしていた。ガーレイのストーリーはもっと壮大で、ウーバーの潜在的な市場はもっと大きく（新たな利用者を引きつける）、ネットワーク効果もより大きなものであるので、さらに大きな市場シェアを獲得するとしていた。これこそが、私が最初にウーバーに関するコメントを掲載したときに臨んだ議論であり、これによってそれぞれのストーリーがどのように数字に反映されるのかを理解することができたのだ。**表10.3**には、それぞれのストーリーと結果としての価値を対比させている。

　ガーレイのストーリーに基づいて行ったウーバーのバリュエーションは、59億ドルという私の予測よりもはるかに高い287億ドルとなった。

　ストーリーによって価値がこれほど異なるとしたら、投資家はどちらがより現実に近いのかという疑問を持つであろうし、ガーレイが私よりも優位な理由が少なくとも3つある。1つ目は、取締役でありインサイダーでもある彼は、ウーバーの事業については私よりもかなり詳しい。彼が挙げる最初の数字（収益、営業利益などの詳細）は私のそれよりもはるかに正確であるばかりでなく、彼はウーバーが試験操業（彼が挙げた新たな利用者）でどのような成果を上げているのかを知ることもできるのだ。2つ目は、ウーバーの投資家として自ら関与している彼は、私よりも利害が大きく、それゆえ信頼度も高くてしかるべきである。3つ目は、彼は新しい企業に投資し、その投資の多くで成功してきた経験を有していることだ。

　だからといって、私は自分のストーリーとそれに基づく価値とを放棄するのだろうか。否、少なくともすぐには放棄しないが、その理由は3つある。1つ目は、内部の人間が自ら投資した企業や、対話をしている経営者、さらには当該企業が提供している製品が

第10章　ストーリーを推敲する—フィードバックループ

表10.3　ウーバーのストーリー —— ガーレイ対ダモダラン

	ガーレイ	ダモダラン
ストーリー	ウーバーは物流会社（引っ越し、配送、カーサービス）であり、ネットワーク効果を生かして支配的な市場シェアを獲得するが、収益分配は（10%まで）低減する。	ウーバーはカーサービス市場、特に都市におけるそれを緩やかに拡大し、競争優位を生かして大きな市場シェアを獲得するが、支配的なまでには至らず、収益分配も20%を維持する。
市場規模	3000億ドル　年3％成長	1000億ドル　年6％成長
市場シェア	40.00%	10.00%
ウーバーが手にする収益分配	10.00%	20.00%
ウーバーの価値	287億ドル＋自家用車市場に食い込むというオプションの価値（60億ドル超）	59億ドル＋自家用車市場に食い込むというオプションの価値（20〜30億ドル）

　最良であると信じないなどということはまったくないとは言わないが、難しいことである。2つ目は、当該企業の投資家、特に手軽なエグジット手段を持ち合わせていない投資家は、自らのストーリーを放棄したり変更したりしてもプライド以外に失うものがほとんどない者たちよりも、それにしがみつきがちなのだ。3つ目は、カーネマンが投資家の心理についてまとめた著書で記しているとおり、投資や市場においては経験が優秀な教師とはならないということである[2]。人間であるわれわれは、過去の成功から誤った教訓を引き出すことが多く、失敗から十分に学ぶこともせず、時に起こりもしなかったことを信じ込んでいたりするのだ。ビル・ガーレイがこれらの過ちを犯していると言うつもりはないが、私は本質的に用心深く、彼のストーリーがどれほど説得力のあるものでも、安易に乗っかったりしないのである。

　ウーバーに関するガーレイのストーリーは、ウーバーの利便性と経済性がカーサービス市場を拡大し、利用頻度の低い者やまっ

239

たく利用しない者たち（郊外の利用者、レンタカー利用者、高齢の夫婦や若い子供たち）を取り込んでいくであろうことをうまく説明しているが、ウーバーが成功するためには3つの要件があることを明らかにもしている。

1. **切り替える理由**　ウーバーは、利用者が既存のサービスからウーバーに乗り換えるためのもっともな理由を提供しなければならない。タクシーについては、ウーバーを利用するメリットをガーレイのストーリーがうまく表現している。ウーバーはより便利（アプリをクリックするだけ）で、信頼でき、時により安全（支払いシステムによって）で、タクシーを利用するよりも安価な場合もある。しかし、過去のタクシーによるサービスを見れば、トレードオフは曖昧である。公共交通機関はウーバーよりも安価であり続けるので、乗り換える理由となるのは快適さと利便性である。レンタカーでは、ウーバーがいくつかの点でより便利（レンタカーを借りたり、駐車したり、壊したりする心配をする必要がない）であるが、不便な面（近い距離を何度も移動する場合）もある。郊外におけるカーサービスでウーバーが直面する問題は、自動車が単なる移動手段以上の存在であることだ。子供を学校に送り届けるために自動車を運転する親たちを見れば、彼らが運転手であることに加え、保護者であり、私立探偵であり、セラピストであり、マインドリーダーであることが分かるであろう。

2. **惰性の克服**　新たな方法が大きな利便性をもたらす場合でさえ、行動様式の変化を嫌う人間の姿勢に打ち勝つことは容易ではなく、行動様式が確立されるほど、それは難しくなるのだ。それゆえ、ウーバーが当初、行動様式にこだわらない若い人々の間で成功し、より高齢の利用者たちに浸透するまで

240

に時間がかかったことは驚くに値しない。カーサービス市場以外の分野に進出すれば、乗り越えなければならない惰性はより強固なものとなるであろう。若者の車離れが世の中の変化を示すものであるとする記事もあるが、それが自動車の所有行動の大転換を意味するものと言えるかどうか分からない。つまるところ、多くの若者が親元に戻っているという報道も同じようによく目にするが、この2つの現象は大学を卒業しても多額の学資ローンを抱え、就職の目処が立たない若者の困難な経済環境の結果であるかもしれないのだ。

3．**現状の打破**　タクシー帝国は、負債にあえぎ、非効率かもしれないが、巨大な経済的利害を有しているので、反撃に出るであろう。ウーバーもリフトも直面したように、タクシー業者は規制を通じて新たな参入者を妨害するのだ。レンタカーや自動車販売の業界も視野に入れるなら、このような戦いはもっと厳しいものになるであろう。

　私のストーリーとビル・ガーレイのそれとを比較する方法のひとつが、第7章で説明した可能性がある、もっともらしい、確からしい（Possible、Plausible、Probable）の違いという点から考えてみることである。この分類に基づくと2つのストーリーがどう異なるかを**図10.2**に示している。

　ガーレイによるウーバーのストーリーの後半は、同社には支配的な市場シェアの獲得を可能にするネットワーク効果があるというものだ。ビル・ガーレイが記しているとおり、ネットワーク効果は、製品やサービスの利用者が、ほかの人々が同じ製品やサービスを利用することで得られる利便性を実感するたびに現れるものである。ネットワーク効果が十分に強いものであれば、それを生み出している企業が支配的な市場シェアを獲得することも可能

図10.2 可能性がある（Possible）、もっともらしい（Plausible）、確からしい（Probable）──ダモダランのストーリー対ガーレイのストーリー

であり、「勝者総取り」のシナリオの可能性も出てくるのだ。配車時間、利用可能な車両の多さ、そして利便性といったネットワーク効果について彼がコメントに掲載した主張は、私にしてみればグローバルなネットワーク効果ではなく、地域におけるネットワーク効果を示すものである。言い換えれば、ニューヨークで最大のカーサービス業者がその優位性を生かしてその地で支配的な市場シェアを獲得する理由とはなるが、支配的なプレーヤーではないマイアミではその優位性が役に立つわけではないのだ。新しい都市のユーザーが利用できる蓄積されたデータやクレジットカード、航空会社、自動車会社との提携といったグローバルなネットワークの優位性もあろうが、それらはさほど強力ではない。実際に、地域におけるネットワーク効果が支配的なものであれば、その市場はあっという間に異なるプレーヤー同士によって、都市間の塹壕戦へと発展し、それぞれの市場でそれぞれの勝者が生まれることになるであろう。つまり、ウーバーは、サンフランシスコ

第10章　ストーリーを推敲する─フィードバックループ

では支配的なカーサービス企業となるが、シカゴではリフトが、ロンドンではまだ見ぬ企業がその地位を得ることもあるのだ。ガーレイによるウーバーのストーリーが有効であるためには、グローバルなネットワーク効果が全面に現れるようにならなければならない。

ケーススタディ10.6

フェラーリ ── 免税品カタログからのフィードバック

　最後に挙げるケーススタディは短いものであるが、珍しい場所からどのようにフィードバックがもたらされるかを説明しようとするものである。フェラーリのIPO時にバリュエーションを行い、その価値は同社が公開したときに付けた90億ユーロを大きく下回る63億ユーロとの結論に至った数週間後、ヨーロッパに向かう飛行機に乗っていた私は、退屈しのぎに、座席にあった免税品カタログのページをペラペラとめくっていた。そこで私はカタログで紹介されていた2つの製品に目を奪われることになる。フェラーリの時計とペンである。

　そのどちらも欲しいとは思わなかったが、フェラーリは強力なブランド名であり、自動車だけでなく、ほかの高級品にも手を伸ばしていることに気づかされた。そして、フェラーリを排他的自動車クラブとした私のストーリーを、同社は自動車を作ることもある高級ブランド企業とする別のストーリーに置き換えることを検討し始めた。後者のストーリーに基づけば、同社の潜在的市場は自動車だけでなく、家電や衣料品、さらには靴まで広がるのであるから、フェラーリの価値はより大きなものとなることに注意されたい。

243

結論

　私は企業のストーリーを語るのが好きであるが、時に自分のストーリーにこだわりすぎることがある。本章では、バリュエーションを行うときに、私がこの欠点にどう立ち向かっているかということに多くを割いてきた。特に、バリュエーションにおける自分の仮定やストーリーにより率直であり、それらのバリュエーションを人々と共有できる場を持つことで、とても有意義なフィードバックを、とりわけ自分とは異なる意見を持つ人々から得ることができるのだ。それでもなお、それらのフィードバックにどのように対応するかは自分次第であるが、自らのストーリーを進んで変更することは弱さではなく、強さの証明であることを私は時に厳しい目に遭いながら学んできたのである。

第 **11** 章

ストーリーの変更

Narrative Alterations The Real World Intrudes

　ビジネスでは、思いどおりに事が運ぶことなどまれであるし、時には前向きな、また時には後ろ向きなサプライズを得ることも当然のことである。第6章で、現実世界における地に足のついたストーリーについて記したが、現実世界に変化が見られれば、ストーリーも、現実的であるために変化しなければならない。本章では、ストーリーの変化の原因に目を向けるが、それは定性的なものから定量的なもの、マクロ経済や政治的ニュースという大きなものから企業の決算発表までさまざまである。その後、ストーリーの変更を分類するが、それはストーリーの構造ではなく特定部分を改編することから、ストーリーの構造を変更すること、ストーリーを突然取りやめることまである。そして、最後にこれらのストーリーの変更が価値に与える影響を検証することにする。

なぜストーリーは変わるのか

　前章において、ビジネスのストーリーを改良するためにはフィードバックを活用することが重要であると強調した。私が述べる変更は、企業や、活動するセクターや事業、または操業している経済全体や国に関する新たな情報に応じて起こるものである。

245

事業には変化が常であるならば、変更のペースはテクノロジーの発展やグローバリゼーションとともに速まっているのであり、長期にわたり変更せずにいられるストーリーなどないことになる。ストーリーを再検討し、どこの部分で変更が必要かを検討することで、新たな展開や情報に対応することが賢明である。ニュースそれ自体はさまざまな形でもたらされるし、その出所もさまざまである。

1. **定性的か定量的か**　企業が発表する決算や政府によるインフレ率や経済成長の発表に関して予期しない内容があるといった定量的なニュースがある。また、経営幹部の入れ替え、企業に有利な判決や不利な判決、またはアクティビスト投資家が当該企業の株式を取得したといった定性的なニュースもあるのだ。

2. **内部か外部か**　財務情報に関する法定の開示や、自主的な発表（買収、売却、自社株買いなど）という形で企業内部から発せられる情報もあれば、外部の情報源（経済ニュースや当該企業をカバーする株式アナリストや規制当局など）から発せられるものもある。また、競合他社が、市場や競争状況に関する考え方を変えさせるような情報をもたらすような場合もある。

3. **ミクロかマクロか**　企業やその競合他社やセクターに関するものなど、入手する情報の多くはミクロレベルのものであるが、マクロ経済のファクターに関するニュースもある。たとえば、金利の変化や為替やインフレ率などはストーリーを変化させるものである。当該企業のこれらマクロ経済の変数へのイクスポージャーが大きければ、それだけストーリーの大幅な変更が求められることにもなる。

　あえて言うならば、ニュースに影響されないストーリーなど存在しないし、それらのストーリーを反映した企業の本源的価値もまた長期

的には変化するし、時には大きく変化する場合もある。本源的価値は時間に左右されないとする古いタイプのバリュー投資家の見方は誤りであるばかりでなく、ポートフォリオの健全性を著しく損なうものでもある。

ストーリーの変更を分類する

ストーリー変更の分類を考えるときに分かりやすい方法のひとつは、結論、つまり事業の価値の視点からとらえ、ストーリーの変更を良いニュース（価値を高める）と悪いニュース（価値を低下させる）とに分けることである。入手したニュースが明らかに期待よりも良いもの、または企業にとって期待よりも確実に悪いものでないかぎり、この分類は容易ではない。つまり、ほとんどの企業において、良いニュースか悪いニュースか分からないというのは、つまりストーリー全体を検討し、企業の価値を再評価しないかぎり、それが価値に与える影響を把握できないということだ。そのことを念頭に、極めて前向きな変化と、明らかに否定的な変化とがあったとしても、新たな情報がストーリー全体をどのように変化させるかという点から、ストーリー変更を考えてみることを提案する。この分類に基づけば、ストーリーを完全に停止させるものから、ストーリーの微調整が必要となるものまで、ストーリーブレイク、ストーリーチェンジ、ストーリーシフトとにストーリー変更を分けることができる。

ストーリーブレイク

ストーリーに突然の終焉を告げさせるような出来事もいくつかあるが、その多くが否定的な意味合いを持つ。

1. **自然災害や人災**　有望かつ収益力のある事業のストーリーも、自然災害やテロ攻撃などで突然の終焉を迎えることがある。たとえば、2015年11月、モガディシュの高級ホテルであるサハフィホテルがテロリストの標的となり爆破された。途上国にあるこのホテルが保険で全額を補填されることはあり得ないであろうし、断言するのはまだ早いかもしれないが、サハフィホテルが事業を再開できない可能性がある。同社の所有者や投資家にしてみれば、価値は永遠に失われてしまうのだ。

2. **訴訟や規制措置**　法的判断や規制当局の決断を待っている事業だとしたら、それが不利な結果となれば、ストーリーを終わらせるほど壊滅的な事態となる。たった1つの大ヒットとなる薬品が許認可を待つ段階にある小さな製薬会社やバイオテクノロジー企業は、FDA（米食品医薬品局）が許可しなければ、ストーリーの終焉を迎えることになる。例として、ボストンを本拠とするバイオテクノロジー企業で、7年をかけて腎臓がんの薬を開発し、2013年時点で10億ドルもの時価総額を有していたアベオ・ファーマスーティカルズを見てみよう。臨床試験の失敗や治験方法に関する疑念を受け、FDAは当該薬品を認可しなかったが、それによって同社の価値は70％も下落し、従業員の62％もがレイオフされることになった。

3. **契約上の支払い不能**　契約上の支払いを求められている企業は、その責務を果たせなければビジネスモデルが危機に瀕することになる。これは、銀行借り入れや債券による借り入れが残っている場合は言うまでもないが、小売業者のリース契約やスポーツ事業での選手への支払いなどにも当てはまることである。2015年後半から2016年初頭にかけて、コモディティ価格が下落し、経営破綻に対する懸念が高まるなか、借り入れの大きいコモディティ企業の株価は暴落した。

4. 政府による没収　政府による財産没収は、数十年前に比べれば一般的ではなくなったが、いまだ世界には、所有者が公平な報酬を受け取ることなく事業を乗っ取られる場合がある。2011年にアルゼンチンの石油会社YPFがアルゼンチン政府によって国有化されたとき、同社の株主たちは失った価値に夜も眠れなかった。

5. 資金ショート　操業している事業の多くが資金を必要としているが、それは拡大のためだけでなく、日々の運営にも必要なものであり、資金調達を不可能にするような市場の危機は、これら事業を停止させる原因となる。この現象を考えるとき、ギリシャ、アルゼンチン、ウクライナなどが頭に浮かぶが、この問題は途上国市場に限ったことではなく、2008年に目撃したように先進国市場でも同様のことが起こるのだ。

6. 買収　予期しないストーリーの終焉が良いニュースとなる数少ない例の1つが、当該企業が買収され、より大きな組織の一部となることである。つまり、アップルがオーディオ機器メーカーであるビーツを買収したときなどがそれで、ビーツのストーリーはアップルという、より大きな企業のストーリーのなかに取り込まれたのである。

　以上の例を見れば、ストーリーブレイクのリスクは、企業ごとにさまざまな要因に応じて変わることが分かる。第一に、個別の、壊滅的なリスクは、連続するリスクよりもストーリーブレイクをもたらしやすいということである。つまり、固定相場の通貨が大幅に切り下げられれば、変動相場制における日々の値動きよりも、決定打となりやすいのだ。第二はこれに関連したことで、つまり保険やヘッジをかけている企業は、防ぎようのないリスクを抱えている企業よりは守られているということだ。第三に、上述したようなイベントが起こると、財政上のバッファーに限りがある小さな企業は、より大きなそれを持つ

大企業よりもストーリーブレイクに陥りやすいということだ。最後に、資金調達力が大きければ、大きなイベントが発生しても事業をたたまずに済む可能性が高いということである。上場企業よりも、未上場企業（資金調達力が乏しい）のほうがストーリーブレイクに陥りやすいのはおそらくそのためであろうし、途上国市場で活動する企業が先進国市場で活動する企業よりも予期しないショックに直面して廃業することが多いのもそのためである。

ケーススタディ11.1

ストーリーブレイク

　2014年初め、アエレオという企業が、利用者にケーブル利用料金を課すことなく、携帯端末でケーブルチャネルを放映する合法的な方法を見いだしたと発表した。ほとんどの人が信じなかったが、投資家たちは2014年初頭に同社に8億ドルの評価を与えることになる。同年夏、アエレオの動画配信の合法性を問われた米最高裁は同社の訴えを退けた。同社の価値は一夜のうちにゼロまで下落し、数カ月後、破産する。

　もっと道義に反した例としては、オンライン上で不倫相手を紹介するサービスを展開するアシュレー・マジソンがある。このビジネスモデルの道徳上の問題が批判の対象となることはなく、同社はたくさんの投資家を得て、すぐにでもIPO（新規株式公開）を行い、市場で2億ドルを調達するつもりであった。しかし、ハッカーがアシュレー・マジソンのウェブサイトに侵入し、顧客リストの一部を公表すると、この計画も台無しとなった。不倫を目的としたサイトにとっては悪いニュースである。同社は倒産こそしていないが、致命傷を受け、このニュースが伝えられると同社

の価値は霧散してしまった。

ストーリーチェンジ

ストーリーチェンジでは、ストーリーの一部や大部分が現実世界の進展を受けて大幅に変更される。さまざまな要因でこれらの変化が起こるが、前向きなものも後ろ向きなものもある。それらを体系づける方法のひとつが、第8章で論じたストーリーの枠組み（**図11.1**）を用いることである。

このような変更を行うにあたっては、ストーリーの変更箇所とその理由を説明し、また以下に述べる2カ所からの批評に応える準備をしなければならないと思えばよい。

- **●バリュー原理主義者の小言**　本源的価値は安定した一定の値であり、それが大きく変化するのは弱さを示すものであるとの信念から、バリュー原理主義者は、ストーリーの変更に襲い掛かり、それは新しい情報に敏感に反応したのではなく、オリジナルのストーリーに不備があったからだと主張することであろう。私のバリュエーションが短期間に大きく変化することを批判する者に対しては、ジョン・メイナード・ケインズの次の言葉を送ることにしている。「事実が変化するときは、私も自らの考えを変える。あなたはどうですか」
- **●後知恵講釈師**　もうひとつの批評家の一団は、オリジナルのバリュエーションを行うときに変化を予見できなかったことを批判するであろう。これらの人々に対するときは、彼らの将来を予見する能力を称え、その点について彼らに太刀打ちする能力がないことをおとなしく認め、彼らに水晶玉をのぞき込んで、これから数年間に起こることを教えてもらうようにしている。

251

図11.1 新たなストーリーとストーリーチェンジ

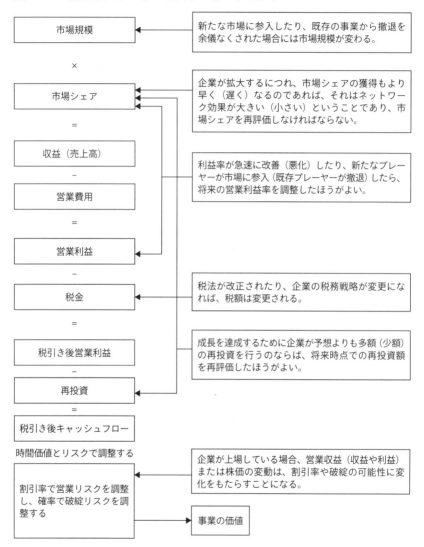

第11章　ストーリーの変更

　ストーリーチェンジにさらされている企業とそれほどでもない企業とが存在することは事実である。特に、ライフサイクルの早期の段階にある企業は、成熟した企業よりも大きな変化に見舞われるが、これは第14章において、ライフサイクルがストーリーや数字に与える影響を論じるときに改めて触れることにする。

ケーススタディ11.2

ウーバー ── ニュースと価値（2015年９月）

　第９章で、私は2014年６月のウーバーに60億ドルという価値を付けたが、それは投資家が付けた170億ドルという価格を大幅に下回るものであった。2014年６月から2015年９月に至る間、毎週のようにウーバーに関するニュースが伝えられたが、同社が1000億ドルのIPOを準備していると信じている者たちにとっての朗報もあれば、ウーバーを疑いの目で見ている者たちが破滅を予言する凶報もあった。私にしてみれば、それぞれのニュースはウーバーに関する私のストーリー、さらには同社の価値予測にどのような影響をもたらすかを検証する試験のようなものであった。この視点に沿って、ニュース報道をストーリーの要素やバリュエーションインプットに基づいて分解した。

1. **市場規模**　カーサービス市場に関するニュースは概ね良好で、市場はより大きく拡大し、成長も早く、また１年前に私が考えていたよりも、広く世界的に広がるものであった。

　　a. **都市部だけでなく、より広く拡大する**　カーサービスは都市部でもっとも広く利用されているが、準郊外住宅地

253

や郊外にまで進出していった。同社の潜在的投資家向けのプレゼンテーションでは、2015年におけるウーバーの総売上高は108億4000万ドルとなっていた。これは非公式な数字であり、多少は盛られたものであることは事実だが、たとえ20％または25％収益を過大評価したものだとしても、2014年の水準からすれば400％の増大となる。

b．**新たな利用者を引きつける**　カーサービス市場の拡大の一因は、これまでそもそもタクシーやリムジンサービスを利用してこなかった者たちを引きつけたことにある。たとえば、ウーバー誕生の地であるサンフランシスコでは、ライドシェア企業がタクシーやカーサービス市場の規模を３倍にまで押し上げたと見積もられている。

c．**選択肢を広げる**　ライドシェア市場が拡大した別の理由としては、選択肢を増やし、費用を削減（カープーリングサービス）し、利便性を高める新しい方法を提示したことが挙げられる。

d．**世界展開**　ライドシェア最大のストーリーはアジアに端を発するもので、インドと中国のライドシェア市場は世界のどの地域よりも急速に拡大している。これらの国はライドシェアにとっては３つの機会を提供するものであるから、驚くには値しない。つまり、都市部における巨大な人口と、自家用車所有の制限、そして未発達の公共交通機関である。

　カーサービス市場における悪いニュースは、主にタクシー運転手によるストライキ、規制や操業規制という形でもたらされた。しかし、現状維持派の人々もライドシェアがタクシーの商売を食わないかぎりは、スタートアップ企業をそれほど厳しく抑え込もう

としないので、それらの悪いニュースにも朗報の種が含まれていると言える。ライドシェアサービスを抑え込もうとするタクシー事業者や規制当局や政治家たちの試みには、是が非でも、という雰囲気が漂ってはいるが、市場もそれに反応しているようだ。ニューヨーク市におけるタクシーの総収入は2013年から2015年に大幅に減少したばかりでなく、タクシー免許の価格もその2年間におよそ40％（全体でおよそ50億ドル）も下落した。

2014年6月のバリュエーションで、私はウーバーがほかの事業に進出する可能性を指摘した。2014年6月から2015年9月までに届いた朗報としては、同社はその公約どおり、香港とニューヨークで物流サービスを、ロサンゼルスでは食品配達サービスを展開し始めた。悪いニュースとしては、それらはライドシェアよりも小規模であり、またカーサービス事業よりも競争が厳しいため、展開が遅いということである。しかし、これらの新事業は「可能性がある（Possible）段階」から「もっともらしい（Plausible）段階」へと移っているので、それだけ市場規模を拡大することになる。

結論　ウーバーの市場規模は、私が2014年6月に描いた都市部におけるカーサービス市場よりも大きなものであり、同社は新たな利用者を開拓しているだけでなく、新たな市場（アジアが焦点となる）へと拡張し、また新規事業にも取り組み始めている。

2．ネットワーク効果と競争優位　この点におけるニュースは良いものと悪いものがあった。良いニュースとしては、ライドシェア企業は、運転手が契約するご褒美として報酬を増やすなどして、市場への参入コストを増大させていることがある。アメリカでは、ウーバーやリフトが最大のプレーヤーとなっており、前年までの競合のなかには撤退したり、これら2社

に追随できなくなっているものもある。アメリカ以外では、リフトが少なくとも当面の間はアメリカに集中し続けることを決めたことがウーバーにとっては良いニュースである。悪いニュースとしては、とりわけアジアにおける競争が厳しくなり、それらの市場で支配的な力を持つ国内のライドシェア企業と戦わなければならないことがある。インドのオラ、中国の滴滴出行（ディディチューシン）、東南アジアのグラブ・タクシーなどがそれである。国内企業は、地元市場をより深く理解している先行者であること、ならびにこれらの市場（地元投資家や規制当局や政治家たちが作り出した）では地元企業がひいきされることによって、その支配的地位を獲得している。これらの競合他社が「反ウーバー」ネットワークを構築するために手を結ぶという話もあったが、滴滴出行（ディディチューシン）とリフトが正式な提携を発表したことがこの話を裏づけることになった。これらライドシェア企業のすべては、極めて高いバリュエーションでの資金調達が可能であるため、当初ウーバーが獲得していた資金力という優位性が削がれている。競争が激化することで、圧力を受けることになる主要な数字のひとつが、これまで運転手に80％、ライドシェア企業に20％となっていた運賃の分配である。アメリカの多くの都市では、すでにリフトが運転手に週40時間を超過した部分については利益の全額を手にしてよいことにしている。共倒れになるおそれがあるので、両社とも直接的にこの配分のルールに手をつけてはいないが、それも時間の問題であろう。

3. **コスト構造**　悪いニュースのほとんどがこの分野におけるものである。悩みの種はライドシェア業界内部から発生してい

るもので、競合他社から乗り換えさせるために運転手に支払う前払い金の額が大きくなるにつれて、コストが増大しているのだ。しかし、コスト圧力の多くは外部からもたらされている。

a. **従業員としての運転手** 2015年初夏、カリフォルニアの労働委員会は、ウーバーの運転手は同社の従業員であり、個人事業主ではないと結論づけた。この判断は、ウーバーの運転手が同社に対して集団訴訟を起こそうとする裁判所の判断によってお墨付きを得ることになったが、ほかの地域でも同様の訴訟が続くものと思われる。その結果、ライドシェア企業の運転手は、従業員とまではいかなくても、少なくとも半従業員として扱われ、従業員としての福利厚生の（すべてではなくとも）一部を得る資格がある者とされることはほとんど避けられないであろう（結果としてライドシェア企業のコストが増大する）。

b. **保険の盲点** 黎明期のライドシェア企業は、自動車保険の穴を見いだし、運転手がすでに加入している保険に対し追加的な保険料を支払うだけで済ませていた。しかし、規制当局と保険会社の双方がこのギャップを埋めようとしているので、ライドシェア企業はより高額の保険を購入しなければならず、またそのコストの一部を負担しなければならなくなるであろう。

c. **帝国との戦いは高くつく** 現状維持をもくろむ勢力（タクシー業者や規制当局）は、世界中のあらゆる都市で反撃に出ている。その戦いは、ロビイングや弁護士費用にかかる金額が増大するとともに、新たな戦線が開かれるにつれて、高くつくものとなっている。

費用が収益を大幅に先行してしまっている証拠が、ライドシェア企業内部から漏れた資料で明らかとなってしまった。ウーバーが過去2年間赤字であり、都市ごとの貢献差益（変動費を差し引いたあとの利益）も都市によって大きな差があるだけでなく、一様に低い状態（ストックフォルムやヨハネスブルクの11.1％からシアトルの3.5％まで）であることが資料のひとつから分かった。

結論　ライドシェア企業の運営費は高く、事業が拡大するにつれ低減する費用もあるが、営業利益率は私が1年以上前に予想したよりも小さなものとなりそうである。

4．資本集約度とリスク　私が当初ウーバーのバリュエーションに際して仮定したビジネスモデルでは、ウーバーはカーサービスに利用する自社の車を保有せず、会社のオフィスやインフラストラクチャーにもほとんど資金を投じないので、必要となる資本は最小限のものとなるとした。これによって資本回転率は高いものとなり、1ドルの資本で5ドルの追加収益を上げるとした。基本的なビジネスモデルは2015年9月まで変えなかったが、ライドシェア企業は、資本集約度の低いビジネスモデルの不都合な点のひとつとして競争を招来しやすいことに気づいた。それゆえ、自由契約にすぎない運転手に対してウーバーやリフトが支払う費用が高いのは、両社が採用しているビジネスモデルの結果であると考えることができた。2015年9月時点では、ライドシェア企業がこのモデルのダイナミクスを変更し、インフラストラクチャーや自社保有の自動車に投資することを検討している兆候は見られなかったが、その一方で、ウーバーがカーネギーメロン大学のロボット研究者たちを引き抜いたことが報じられた。これは来る変化の兆候である。

結論 ライドシェア企業は、向こうしばらくは資本集約度の低いモデルを継続するであろうが、競争力を模索する結果としてより資本集約度の高いモデルへと変化するかもしれない。これは、安定的な成長を達成するためにはより大きな投資が必要となることを示すものである。

5. **経営文化** バリュエーションの直接的なインプットではないが、新しい企業に投資するにあたっては、当該企業の経営文化をよく知っておいたほうがよいことは言うまでもない。ウーバーについて言えば、同社の経営陣に関するニュースをどうとらえるかは、自らの好みによることになる。同社を好む者たちは、ウーバーの経営陣は新たな市場に自信を持って乗り込み、自らの縄張りを積極的に守り、また創造的な反撃を行う者たちと見ていることであろう。同社が好みに合わないとしたら、まったく同じ行動が、同社の傲慢さの表れと見えるだろうし、現状を打破しようとする試みはルールに従おうとしない兆候を示し、また反撃はやりすぎだとみなすことであろう。

結論 将来、ウーバーがよりおとなしくなると思われる理由はなさそうである。同社が身を切りながら拡大をしていくかどうかという問題は未解決のままである。

要約すれば、2014年6月から2015年9月にかけて、ライドシェア市場で現実的な変化があったこと、また私自身が市場に関する知識の欠落を埋めなければならなかったことから、大幅な変更が行われた。**表11.1**において、2014年6月にウーバーのバリュエーションを行ったときのインプットと2015年9月のそれとを比較している。

表11.2に、2015年９月におけるウーバーのバリュエーションを
まとめているが、見積もった価値は234億ドルとなった。この価額
は、最初の５年間にキャッシュフローがマイナスとなる（「キャッ
シュバーン」）ことで押し下げられているが、その後キャッシュフ
ローが回復し、それを補ってあまりあるだけのターミナルバリュ
ーを達成していることに注意されたい。

ベンチャーキャピタリストが評価した170億ドルよりも大幅に低
い60億ドルと予測した2014年６月のバリュエーションは間違いで

表11.1　新たなストーリーに基づくインプット変更 —— ウーバー

インプット	2014年６月	2015年９月	理由
市場規模	1000億ドル（都市におけるカーサービス）	2300億ドル（物流）	市場規模は私が当初考えていたよりも大きく、よりグローバルなものである。ウーバーが宅配や引っ越しの事業に参入することももはやもっともらしい（Plausible）ものであり、確からしい（Probable）ことですらある。
市場の成長率	市場規模の増大は34.00%（CAGR* = 6.00%）	市場規模は倍増する（CAGR = 10.39%）	新たな利用者がカーシェアリングに引き付けられ、サービスも多様化する
市場シェア	10.00%（地域におけるネットワーク効果）	25.00%（弱いながらもグローバルなネットワーク効果）	参入コストの増大によって競合は減少するが、生き残った競合は資本調達力を持ち、アジアでは地の利を有する。
収益配分	20.00%（現状維持）	15.00%（従業員モデル）	競争の激化によりカーサービス企業の取り分が減少する
営業利益率	40.00%（低コストモデル）	25.00%（従業員モデル）	運転手は従業員となり、保険と規制関連の費用が増大する
資本コスト	12.00%（９番目の10分位数）	10.00%（アメリカ企業の75パーセンタイルに位置する）	ビジネスモデルが安定し、十分な収益を獲得する
破綻の可能性	10.00%	0.00%	生き残りに対する脅威を回避するだけの十分な現金がある

第11章　ストーリーの変更

表11.2　ウーバー ── 世界的物流会社

ストーリー
ウーバーは物流会社であり、新たな利用者を引きつけることで市場規模は倍増する。弱いながらも世界的なネットワーク効果を享受するが、収益の分配は減少（85対15）し、コストは増大（運転手が従業員となる）するも、低い資本集約度を維持する。

仮定

	基礎年次	1～5年目	6～10年目	10年目以降	ストーリーとの連関
市場規模	2300億ドル	年10.39%成長		2.25%成長	物流＋新規利用者
総市場シェア	4.71%	4.71%→25.00%		25.00%	海外ネットワークが弱い
収益分配	20.00%	20.00%→15.00%		15.00%	収益分配が低下する
税引き前営業利益率	−23.06%	−23.06%→25.00%		25.00%	中程度の競争優位
再投資	不明	資本回転率は5.00		再投資率＝9.00%	低資本集約度モデル
資本コスト	不明	10.00%	10.00%→8.00%	8.00%	アメリカ企業の75パーセンタイル
破綻のリスク	破綻（資本価値がゼロとなる）の可能性はなし				手元資金＋資金調達力

キャッシュフロー（単位＝100万ドル）

	市場全体	市場シェア	収益	EBIT(1-T)*	再投資	FCFF**
1	$253,897	6.74%	$3,338	$(420)	$234	$(654)
2	$280,277	8.77%	$4,670	$(427)	$267	$(694)
3	$309,398	10.80%	$6,181	$(358)	$302	$(660)
4	$341,544	12.83%	$7,886	$(200)	$341	$(541)
5	$377,031	14.86%	$9,802	$62	$383	$(322)
6	$416,204	16.89%	$11,947	$442	$429	$13
7	$459,448	18.91%	$14,338	$956	$478	$478
8	$507,184	20.94%	$16,995	$1,621	$531	$1,090
9	$559,881	22.97%	$19,935	$2,455	$588	$1,868
10	$618,052	25.00%	$23,177	$3,477	$648	$2,828
現在	$631,959	25.00%	$23,698	$3,555	$320	$3,234

261

	価値	
ターミナルバリュー	$56,258	
現在価値（ターミナルバリュー）	$22,914	
現在価値（向こう10年間のキャッシュフロー）	$515	
営業資本の価値	$23,429	
破綻の可能性	0%	
破綻時の価値	$ –	
調整後の営業資産の価値	$23,429	ベンチャーキャピタリストはウーバーに510億ドルの価格を付けている

* EBIT(1-T) = （収益×営業利益率）×（1 – 税率）
** FCFF = 企業のフリーキャッシュフロー

あった。私の浅はかな見立てを修正し、2014年6月以降に起こった変化を反映させた結果、2015年9月の予測価値は234億ドルとなった（**表11.2**）。しかし、ウーバーに関する私の予測価値は2014年6月から2015年9月までに増大したが、投資家が同社に付けた価格は2014年6月の170億ドルから2015年9月には510億ドルまで増大している。移動標的とはこのことである。

ストーリーシフト（マイナーチェンジ）

ほとんどすべてのニュースがストーリーブレイクやマイナーチェンジを引き起こすのであれば、われわれが行うバリュエーションは常に変動することになり、投資とは混沌としたリスクの大きい冒険ということになる。それこそが市場が危機に陥ったときに出来するものであり、2008年の最終四半期のような、投資家にとって悲惨な時期が訪れる理由のひとつである。しかし、幸運なことに、これはどちらかと言

えば例外で、比較的落ち着いた市場における成熟した企業のストーリーや価値に、情報が与える影響は限られたものにすぎないのだ。このようなときどき起こるストーリーの小さなシフトを説明するために、ここで再びストーリーの枠組みが利用できる。特に、すべての企業が既存のビジネスモデルを維持するとしても、ニュースが市場規模全体をどのように変化させるかを解明することができる。さもなければ、企業に関するニュースに応じて、当該企業の市場シェアや利益率やリスク特性を調整することが求められるであろう。

ビジネスモデルの確立した成熟した企業を主な投資対象としているならば、おそらくこれは常のことであろうし、本源的価値も、バリュー派が普遍的なものであると仮定する平坦な道を進むことであろう。では、この安定性は投資家にとって良いことであろうか、それとも悪いことであろうか。一見すると、ストーリーや価値が安定していることは喜ばしいことのように思えるが、少なくとも投資という視点からは難点もある。このような株式の時価は、そのストーリーの安定性を反映し、価値から乖離しにくいのだ。価値と価格という言葉を使えば、このような企業では価値と価格との差が小さなものとなりがちなのである。投資家はこの差を見いだすことでお金を稼ぐので、ストーリーブレイクやマイナーチェンジが起こる可能性の高い、新しくて不安定な企業よりも、安定した企業における市場の誤りを見いだそうとするのが当然である。それゆえ、私は、みずから「ダークサイド（暗部）」と呼んでいる将来ストーリーがどのように変化するかという不確実性が大きな部分に、時間と労力をかけようとしているのである。これは快適であることに取り組むべきとする伝統的なバリュー投資のアドバイスとは相いれないことを私も承知しているが、この方法では投資家が獲得できるアップサイドはかなり小さなものとなってしまうのだ。

ケーススタディ11.3

アップル —— 平凡な年代記　2015年２月

　私は過去40年間にアップルのバリュエーションを何度となく行ってきたが、現在のバリュエーションは、同社が世界最大の時価総額を達成した2011年を起点にして行ったものである。その後３カ月ごとに、同社について学んだことを反映して再評価し、株価と比較している。**図11.2**は、アップルに関して私が算定した価値と株価の値動きとを2011年から2015年２月まで順に記したものである。

　この期間中、株価は45ドルから120ドル超のレンジにあるが、私の算定した価値は期間中、同社のストーリーを大幅に変更することがなかったことを受けて、より狭いレンジにあることに注目してほしい。2011年に取り組んだときのアップルに関する私のストーリーは、同社は成熟した企業であり、成長余力は限られる（収益成長率は５％以下）が、収益力は安定している、その一方で、コアとなる事業（特にスマートフォン）の競争がさらに激しくなるにつれて利益率は下方圧力を受けることになるというものであった。また、同社がそれまでの10年間における３つの偉業（IPod、iPhone、iPad）のあとを追うような革新的な製品を生み出す可能性は低いとした。その理由は、ひとつに同社がすでに巨額の時価総額を誇っていること、またそのほかに、同社の革新的マジックは近年で使い果たされてしまったと考えたことにある。

　2011年から2015年までの同社の決算発表とニュースとをまとめた**表11.3**を見れば、なぜ私の基礎となるストーリーがこの期間にそれほど変化しなかったのかが分かるであろう。この期間の多くで、アップルは収益予測を達成するか、上回ってもわずかにすぎ

第11章 ストーリーの変更

図11.2　アップルの株価と価値（2011〜2015年）

なかったので、市場はそれを好感せず、発表があった翌日は9日のうち6日、同じく9週のうち7週は株価が下落している。

　四半期ごとの調整をしたあとでは、収益は横ばいか、わずかに成長したのみであり、営業利益率は緩やかな下降線をたどっている。アップルの決算発表で注目する点としては、iPhoneとiPadの売り上げがあるが、アップルが四半期ごとに発表した販売台数と前年同期比とを**表11.4**にまとめてある。最後の2列には、スマートフォンとタブレッド市場におけるアップルの四半期ごとのグローバル市場シェアを記している。

　市場がアップルのiPhoneとiPadの売り上げにこだわるのには少々とまどうが、2つの理由から合理的だとも言える。第一に、アップルの収益のほとんどがスマートフォンとタブレットの販売か

表11.3　収益、営業利益ならびに株価の反応

決算発表日	収益（単位＝100万ドル）			営業利益と利益率		株価の反応	
	実現	予測	サプライ ズの 度合い (%)	利益	利益率	翌日	翌週
2012/07/24	$35,020	$37,250	−5.99%	$11,573	33.05%	−4.32%	−11.12%
2012/10/23	$35,966	$35,816	0.42%	$10,944	30.43%	−0.91%	−3.10%
2013/01/30	$54,512	$54,868	−0.65%	$17,210	31.57%	−12.35%	−3.89%
2013/05/01	$43,603	$42,298	3.09%	$12,558	28.80%	−0.16%	0.50%
2013/07/24	$35,323	$35,093	0.66%	$9,201	26.05%	5.14%	−2.65%
2013/10/30	$37,472	$36,839	1.72%	$10,030	26.77%	−2.49%	−1.85%
2014/01/29	$57,594	$57,476	0.21%	$17,463	30.32%	−7.99%	−0.83%
2014/04/23	$45,646	$43,531	4.86%	$13,593	29.78%	8.20%	4.17%
2014/07/23	$37,432	$37,929	−1.31%	$10,282	27.47%	2.61%	−1.41%

表11.4　アップルのスマートフォンならびにデバイスの売上高

決算発表日	iPhone（100万台）		iPad（100万台）		グローバル市場シェア	
	販売台数	年次成長率	販売台数	年次成長率	スマート フォン	タブレット
2012/07/24	26.00	28.1%	17.00	83.8%	16.6%	60.3%
2012/10/23	26.90	57.3%	14.00	26.1%	14.4%	40.2%
2013/01/30	47.80	29.2%	22.90	48.7%	20.9%	38.2%
2013/05/01	37.40	6.6%	19.50	65.3%	17.1%	40.2%
2013/07/24	31.20	20.0%	14.60	−14.1%	13.2%	33.1%
2013/10/30	33.80	25.7%	14.10	0.7%	12.9%	29.8%
2014/01/29	51.00	6.7%	26.00	13.5%	17.6%	33.2%
2014/04/23	43.70	16.8%	16.40	−15.9%	15.2%	32.5%
2014/07/23	35.20	12.8%	13.30	−8.9%	NA	NA

ら成り立っており、販売台数の増加率や市場シェアの変化が将来の収益成長の代数となること。第二に、アップルの利益は、スマートフォンとタブレット事業における驚くほど高い利益率によって支えられており、同社がそれらの市場でどれほど成功しているかを見れば、将来における同社の利益率と利益がどれほど持続可能かを測ることができる。四半期のたびに、アップルが革新的な製品を準備しているとの噂が出回るが、そのたびにiCarやiTvの計画が日の目を見ることはなく、アップルが苦境から抜け出すという投資家の期待は裏切られている。

　2014年半ばから2015年2月までのアップルの株価の動きは同社にしてみれば一時的ともいえる安定を見せており、投資家の期待が落ち着き、現実に即して評価された時期であったと言えるかもしれない。つまり、iPhoneという世界でもっとも価値のある商品を生み出す、異常なまでに収益力の高い会社としてである。スマートフォンの分野ではその地位を揺るぎないものとしたが、タブレット市場は縮小しており、その一方でパソコン事業は付属的なものにすぎないと考えられているのだ。投資家やアナリストたちは、同社をiPhoneという金のなる木に支えられた成熟企業ととらえており、その利益率は緩やかに減少するだけだと考えている。これこそが、私が当初から依拠していたストーリーであり、それゆえアップルの本源的価値の評価をほとんど変えずにいるのである。株式分割を勘案すれば、2015年2月に最新の決算発表の情報を取り込んで評価した1株当たりの価値は96.55ドルと、2014年4月に算定した96.43ドルとほとんど変わらない。

267

結論

　たとえ矛盾に直面したとしても、自らのストーリーに固執し、変化を嫌うのは自然なことである。しかし、高慢になって古いストーリーと心中するよりも、大なれ小なれ、自分のストーリーがイベントによってどのように変化するのかを考えたほうがよい。本章では、ストーリーの変更をブレイク、チェンジ、シフトに分類し、最終的に価値に与える影響を見てきた。特に、ストーリーブレイクは、ある時点では有望であったストーリーがもはや成り立たないことを意味している。ストーリーチェンジは、企業に関するストーリーに大幅な変更が必要となり、その結果、価値も大きく変わるのである。ストーリーシフトはそれよりも小さな変化にすぎないが、価値は増減することになる。自らのストーリーと価値に誤りがあることを認めるのは容易ではないが、慣れればさほどではなくなるだろう。やってみなければ分からないものだ。やがて、自らの誤りを楽しめる日が来ることであろう。私もまだそのような達観したレベルには達していないが、それでも挑戦し続けている。

第12章

ニュースとストーリー
News and Narratives

　第11章では、どのように現実世界がストーリーを変え、価値に影響を与えるサプライズをもたらすかを見てきた。本章でもこの議論を継続し、企業によるニュースの発表が、ストーリーと価値とにどのような影響を与える（与えない）かを見ていく。おそらくはもっとも一般的で、この手のニュースを広くカバーする決算発表から始め、ストーリーと価値とを変える、新たな投資や資金調達（借り入れまたは新株発行）、現金の還元（配当または自社株買い）の計画などを伝えるよりまれであっても重要性の高い発表を見ていくことにする。

情報の効果

　ここでは、市場はニュースに基づいて動くと考える効率的市場仮説論者である必要はない。株価は新たな情報によって上下するが、問題は、株価の変化が方向性（良いか悪いか）とその度合いの２つの点からして、そのニュースに合致しているかどうかということだけである。当然のことながら、ニュースはストーリーにも影響を与えるし、前の第11章で記したとおり、大幅な軌道修正を余儀なくさせるものもあれば、微々たる修正で済むものもあり、極端な場合にはストーリーを終了させるものもある。

269

本章では、企業のニュース発表がそのストーリーにどのような影響をもたらすかに焦点を当てるが、まずは決算発表を取り上げる。これは四半期ごとに発表される地域（アメリカを含む）もあれば、半期または1年に一度公表される地域もある。次に、その頻度は下がるが、企業が下した投資判断（特に買収）や資金調達（借り入れの追加または返済）、配当（支払いを実行するか先送りするか、増えるか減るかなど、自社株買いを含め広く定義する）に関する発表に目を向けることで、それらが企業に関するストーリーをどのように変えるかを検証する。最後に、大まかにコーポレートガバナンスのニュースと分類できるもの、特に企業のスキャンダルがその見通しとストーリーをどのように変化させるか、そして投資家層の変化（特にアクティビスト投資家の参入または撤退）がどのように企業のストーリーに影響を与えるかを見ていこうと思う。本章を読み進めるにあたり、企業の発表するニュースを情報源とすることは功罪相半ばすることを強調しておく。功としては、企業はほとんどの投資家が手にしていない情報を入手することができることにある。罪としては、企業はバイアスのかかった情報源であり、危機の最中にはそれが顕著となるということだ。

業績リポートとストーリー

　各四半期、特にアメリカの企業は決算発表シーズンと呼ばれる時期を過ごすが、そこで企業は四半期の業績を発表することとなる。これらの発表は、企業に関するニュースとしてもっとも分析され、また待ち望まれているものでもある。セルサイドの株式調査アナリストたちは、どのような業績になるかを予測することに時間の多くを費やし、また企業の経営幹部たちは同じように時間を費やして、その期待をコントロールしようとする。決算発表が公表されると、発表された1株当たり利益が期待値と比較され、期待を上回ればポジティブ、下回れば

ネガティブと分類されることになる。

　決算発表の時期に起こることの多くが、価格付けのプロセスである。決算発表に対する株価の反応は、おおむねそこに含まれるサプライズと一致しており、ポジティブなサプライズにはポジティブな反応が、ネガティブなそれにはネガティブな反応が見られるものである。結果として、企業は収入と支出を計上するにあたって認められている裁量を利用して、期待を上回るべく利益を「調整」しようとすることが増えているが、企業が業績予想ゲームに通じるにつれて、決算発表に対する市場の反応もより複雑なものとなっている証拠がある。つまり、企業が毎四半期、継続的に１株当たり利益の予想を５％ずつ上回っていると、ある時点で市場は利益におけるサプライズを測る基準をアナリストの期待値に５％上乗せするようになるのだ。

　価格付けゲームには興味がなく、価値に重きを置く投資家であれば、トレーダーとはまったく異なる決算発表の見方をするであろう。発表された１株当たり利益が期待を上回っているか、下回っているかに焦点を当てるのではなく、その企業に関するストーリー、さらにはその価値を変更する情報がリポートにあるかどうかを精査するであろう。**図12.1**に、ストーリーの枠組みを利用して、決算発表から得られた情報をストーリーに反映させる術をまとめておいた。

　ご覧のとおり、このように評価することで、決算発表に対して、利益におけるサプライズに焦点を当てているトレーダーたちとはまったく異なる反応を示すことになる。公表された１株当たり利益が期待を上回る（株価にとっては良いニュース）ものであれば、ストーリーにネガティブな変化を引き起こし、株価の上昇に伴って企業の価値を低減させるということもある。反対に、公表された１株当たり利益が予想を下回ると、改めて株価と価値との動きに乖離が生まれるので、ストーリーに前向きな変化が起こるのだ。

図12.1 決算発表とストーリー

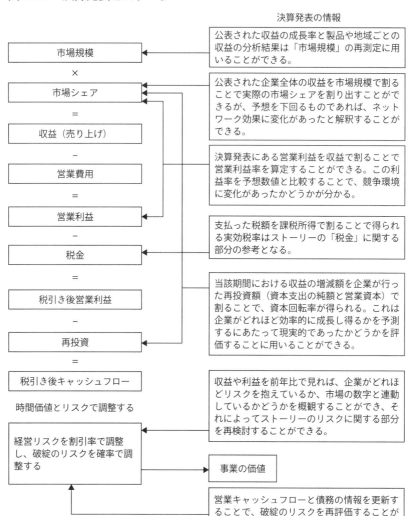

第12章 ニュースとストーリー

> ケーススタディ12.1
> # 決算発表とストーリーの変化 ── フェイスブック（2014年8月）

　私はフェイスブックがIPO（新規株式公開）を行う直前の2012年2月に同社の株式を27ドルと評価し、公募価格の38ドルは高すぎると主張した。公募価格に対する冷ややかな反応は私が正しかったことを示したが、その理由はすべて誤りだったといえる。IPOの失敗は、株価が高すぎたからでも、市場がもっと低い価値を見ていたからでもなく、ひとえに、同社の株式は放っておいても売れると考えたのみならず、ストーリーを構築することに反対した同社の引き受け幹事の投資銀行家たちの傲慢さゆえであった。私の最初のバリュエーションは、あとになってみれば保守的だと思われるだろうが、フェイスブックはオンライン広告事業の成長でグーグル並みの成功を収め、それ以上に高い利益率も維持するという確信のもとに行ったものである。**表12.1**はIPO時のバリュエーションと、その基礎となるストーリーである。

　2012年のIPOから2014年までの、フェイスブックの9つの決算発表を見ると、**表12.2**にあるように、この間の市場の反応は大きく変化している。

　株式公開の失敗は、1回目の決算発表への市場の反応を見れば明らかで、株価はおよそ25％下落している。実際に、この決算が発表され、株価が20ドルを下回ったときに同社の再評価を行ったが、当初のストーリーを変更させるようなものは何もなく、同社は過小評価されていると考えた。同社は翌四半期には株価の下落から脱し、その後の1年間で株価は2倍以上に上昇したので、私は幸運にも株価が底を打つタイミングをとらえたことになる。2013

273

表12.1　フェイスブック──グーグル気取り

ストーリー

ソーシャルメディア企業であるフェイスブックに関してその膨大な利用者網を生かして、グーグル並みのオンライン広告での成功物語を構築した。同社の成長性と収益力は初期のグーグル並みである。

仮定				
	基礎年次	1〜5年目	6〜10年目	10年目以降	ストーリーとの連関
---	---	---	---	---	---
収益（a）	3711ドル	CAGR*＝40.00%	40.00%→2.00%	CAGR＝2.00%	グーグル同様の成長
税引き前営業利益率（b）	45.68%	45.68%→35.00%		35.00%	競争圧力
税率	40.00%	40.00%		40.00%	変化なし
再投資（c）	不明	資本回転率は1.50		再投資率＝10.00%	資本回転率は業界平均
資本コスト（d）		11.07%	11.07%→8.00%	8.00%	オンライン広告事業のリスク

キャッシュフロー（単位＝100万ドル）					
	収益	営業利益率	EBIT(1-t)**	再投資	FCFF***
1	$5,195	44.61%	$1,391	$990	$401
2	$7,274	43.54%	$1,900	$1,385	$515
3	$10,183	42.47%	$2,595	$1,940	$655
4	$14,256	41.41%	$3,542	$2,715	$826
5	$19,959	40.34%	$4,830	$3,802	$1,029
6	$26,425	39.27%	$6,226	$4,311	$1,915
7	$32,979	28.20%	$7,559	$4,369	$3,190
8	$38,651	37.14%	$8,612	$3,782	$4,830
9	$42,362	36.07%	$9,167	$2,474	$6,694
10	$43,209	35.00%	$9,074	$565	$9,509
現在	$44,073	35.00%	$9,255	$926	$8,330

第12章　ニュースとストーリー

	価値	
ターミナルバリュー	$138,830	
現在価値（ターミナルバリュー）	$52,832	
現在価値（向こう10年間のキャッシュフロー）	$13,135	
営業資本の価値	$65,967	
債務	$1,215	
現金	$1,512	
株式の価値	$66,264	
オプションの価値	$3,088	
普通株の価値	$63,175	
株式総数	2,330.90	
1株当たりの予想価値	$27.07	公募価格は1株当たり38ドルとされた

*　CAGR＝年複利成長率
**　EBIT(1-T)＝（収益×営業利益率）×（1－税率）
***　FCFF＝企業のフリーキャッシュフロー

表12.2　フェイスブックの決算発表（2012〜2014年）

決算発表日	収益（単位＝100万ドル）			営業利益（単位＝100万ドル）と利益率			EPS	株価の反応
	実現	予測	サプライズの度合い（%）	利益	利益率	サプライズの度合い（%）	翌週	
2012/07/26	$1,184	$1,157	2.33%	($743.00)	−62.75%	54.02%	−25.35%	
2012/10/23	$1,262	$1,226	2.94%	$377.00	29.87%	−137.74%	8.77%	
2013/01/30	$1,585	$1,523	4.07%	$523.00	33.00%	25.00%	−7.01%	
2013/05/01	$1,458	$1,440	1.25%	$373.00	25.58%	16.88%	−1.13%	
2013/07/24	$1,813	$1,618	12.05%	$562.00	31.00%	47.73%	38.82%	
2013/10/30	$2,016	$1,910	5.55%	$736.00	36.51%	36.00%	0.22%	
2014/01/29	$2,585	$2,354	9.81%	$1,133.00	43.83%	1.01%	16.18%	
2014/04/23	$2,502	$2,356	6.20%	$1,075.00	42.97%	47.06%	−2.57%	
2014/07/23	$2,910	$2,809	3.60%	$1,390.00	47.77%	22.45%	4.75%	

275

表12.3　フェイスブックにみられる変化

決算発表日	利用者	モバイル利用者	モバイルから上がる収益の割合	純利益	資本	過去12カ月間の資本回転率
2012/07/26	955	543	不明	($157)	$3,515	1.23
2012/10/23	1010	604	不明	($59)	$4,252	1.09
2013/01/30	1060	680	23.00%	$64	$4,120	1.24
2013/05/01	1100	751	30.00%	$219	$4,272	1.28
2013/07/24	1150	819	41.00%	($152)	$3,948	1.55
2013/10/30	1190	874	49.00%	$425	$4,007	1.71
2014/01/29	1230	945	53.00%	$523	$4,258	1.85
2014/04/23	1280	1010	59.00%	$642	$4,299	2.07
2014/07/23	1320	1070	62.00%	$791	$4,543	2.20

年8月に決算が発表されたあとで改めてバリュエーションを行っ
たが、1株当たり38ドルとしたストーリーに変化があったので、株
価は45ドルが天井で、売却するのが賢明だとの結論に達した。四
半期ごとの業績を見ると、フェイスブックがアナリストの期待ゲ
ームをマスターしたのは明らかで、過去7四半期とも、収益なら
びに1株当たり利益は期待値を上回るものとなっている。

　フェイスブックに対して、市場は同社の利用者数とその増加率、
ならびに同社がモバイル分野の収益増大に成功していることにも
注目していた。**表12.3**には、IPOから2014年8月までの、フェイ
スブックの各四半期における資本投資（債務の簿価と自己資本を
足し、現金残高を差し引く）と資本効率（投下資本当たりの売上
高）とを記載している。

　表12.3を見れば、この期間におけるフェイスブックのサクセス
ストーリーが見てとれる。すでに膨大な数にのぼる利用者数も引
き続き増大し、オンライン利用者も広告も劇的に増え、資本効率

（資本回転率の向上に注目されたい）も改善しているのだ。2014年
8月の決算発表も同様で、利用者数は増大を続け、モバイル広告
からの収益も増大し、利益率が改善している。決算発表を見て、私
はフェイスブックのストーリーに関する自らの誤りを認めざるを
得なかったが、その理由は次のとおりである。

1. フェイスブックのモバイル分野での成功に対する私の最初の
   反応は、オンライン広告で成功した企業としてのストーリー
   を維持するためにはそれだけの成長を遂げなければならない
   が、同社がモバイル市場でそれだけの成長を遂げるのはおぼ
   つかないというものであった。実際に、2014年8月の業績を
   見れば、フェイスブックがオンライン広告業界の王たるグー
   グルの地位を奪い取り、その収益力を維持する可能性が高い
   ように思われた。これはストーリーシフトであり、オンライ
   ン広告市場での市場シェアと収益成長を高め、おそらくは私
   が予測した以上の営業利益率を維持していくものと解釈でき
   る。

2. 利用者数の劇的なまでの増大は、既存の利用者数を考えれば
   驚くべきことである。これはフェイスブック最大の資産であ
   り、これを生かして新たな市場に参入したり、新しい製品や
   サービスを提供したりすることができる。2012年から2014年
   の間、フェイスブックは、利用者数を継続的に増やし、そこ
   から利益を獲得するために必要な要素の買収に巨額の資金を
   投じる意向を示してきた。成長に費用がかかることがこの戦
   略の難点であるが、フェイスブックは利用者網をお金に変え
   る立場に立てるという利点がある。この事業拡大はまだ収益
   の内訳には表れていないが、2014年8月時点のフェイスブッ
   クは1～2年前よりも、ストーリーチェンジにふさわしい立

場にあると私は考えた。

　2014年８月に行ったフェイスブックの最新のバリュエーションには、これらの調整を反映させている。収益目標を高め（600億ドルではなく1000億ドルとする）、利益率もより高いもの（35％ではなく40％とする）とすることで、同社の営業資産の価値を1320億ドルとしたが、これはIPO時の650億ドルという予測の２倍超にあたり、１株当たりでもおよそ70ドルとなる。では、私は45ドルで株式を売却してしまったことを後悔しているだろうか。たしかに、ほんのつかの間の後悔はあったが、フィードバックループを開け、自分のバリュエーションに反対する人々の話に耳を傾けることの重要性を再認識したものである。

その他の企業のニュース

　決算発表以外にも、企業は善悪さまざまな理由でニュースをもたらす。それらの発表は、決算発表ほど頻繁にあるものではないが、価値により大きな影響を及ぼす内容が含まれていることが多い。大まかに言えば、企業が発表するほとんどすべての重大発表は、投資（新たな資産の取得、古い資産の処分、または既存資産の更新）、資金調達（新規の資金調達、または過去の資金調達の払い戻し）、そして配当（配当または自社株買いによる投資家への資金分配の減少または増大）に分類することができる。

投資に関するニュース

　投資に関するニュースを分類する最良の方法は、それらを貸借対照

図12.2　投資に関するニュース、ストーリー、価値

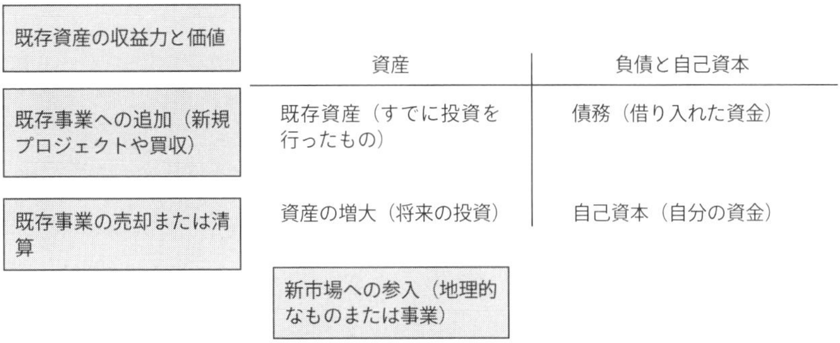

	資産	負債と自己資本
既存資産の収益力と価値		
既存事業への追加（新規プロジェクトや買収）	既存資産（すでに投資を行ったもの）	債務（借り入れた資金）
既存事業の売却または清算	資産の増大（将来の投資）	自己資本（自分の資金）
	新市場への参入（地理的なものまたは事業）	

表の資産の部の再構成ととらえることである（**図12.2**）。

　こうして見ると、企業は新たな資産（新規プロジェクトや買収によって得たもの）を貸借対照表に加えることも、既存の投資を処分（撤退、清算、売却など）することもできることが分かる。また、継続して行われている投資に関して、企業の価値の再評価につながるような情報をもたらすこともある。要するに、企業に関する既存のストーリーを補強、または変更することがあるのである。

　新たな投資や既存の資産の売却があれば、それらの行動が当該企業のストーリー、さらにはその価値に与える影響を検証しなければならない。たとえば、テスラがおよそ50億ドルをかけて新しいバッテリー工場を建設すると発表すれば、同社を高級自動車メーカーとした私のストーリーは、エネルギー事業も展開するそれへと変更することになる。同様に、GEが2015年に金融部門であるGEキャピタルを売却すると発表すれば、最大の事業の1つを除外したストーリーに変更することになるわけだ。

　買収は企業が下す最大の投資判断のひとつであるが、その理由は2つある。1つはその重大さで、社内での投資よりも（費やす資金の面で）かなり大きなものとなる傾向がある。もう1つは、企業はさまざ

図12.3 買収がストーリーや数字に与える影響

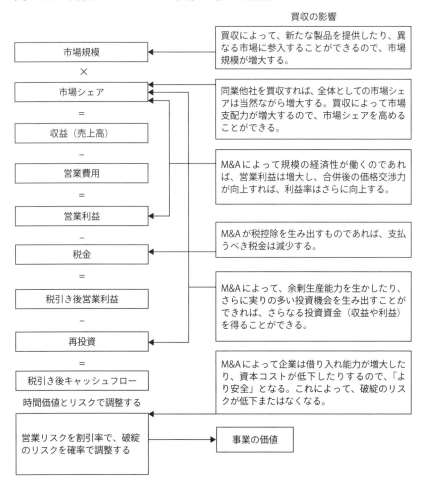

まな理由から買収を行うわけであるが、それはストーリーを良いほうにも、悪いほうにも劇的に変化させるということである。たとえば、2009年にインドの大衆車メーカーであるタタ・モーターズが世界的な高級車メーカーであるジャガー・ランドローバーを買収したが、これはタタのストーリーを変えるものである。**図12.3**は、買収によってストーリーに新たな要素が発生する可能性を示したものである。

　注意してほしいのだが、この図に挙げられているほとんどすべての変化は前向きなものであるため、買収は常に価値を増大させると結論づけてしまうかもしれない。この結論に注意が必要な理由は、買収が買収側の企業の株主に与える影響はそれに投じた金額と真の価値のネットの金額であるということだ。つまり、買収がストーリーと価値を良い方向に変化させる可能性があったとしても、買収価格が高すぎれば、買収側の企業の株主には悪い結果となるのだ。

ケーススタディ12.2

ABインベブとSABミラー —— 合併ストーリー

　2015年9月15日、世界最大のビールメーカーであるABインベブは、世界第2位の醸造会社であるSABミラーを買収する意向であると表明した。当初の市場の反応はポジティブなもので、ABインベブとSABミラーの株価はそのストーリーに乗って上昇した。**図12.4**は取引の要点を、その根拠を結果とともにまとめたものである。

　ABインベブの投資家としては、この取引が同社のストーリーに与える影響を検証しなければならない。同社は積極的な成長戦略と比類なき効率性、そして成熟した産業において雑巾を絞るような費用削減の能力とが評判であるが、それはメキシコの醸造会

図12.4　ABインベブとSABミラーの取引

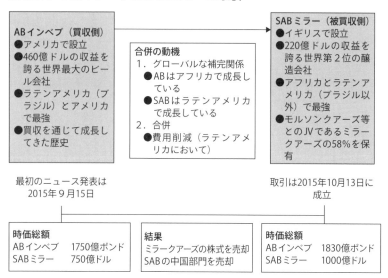

社であるグルッポ・モデーロの買収と再生とで証明されている。同社はまた資本配分に定評のあるブラジルのプライベートエクイティ会社（3G）が経営してもいた。SABミラーの取引はそれ以前の買収よりもはるかに大きな規模であるが、ABインベブの費用削減と効率化のパターンに合致するものであった。

表12.4に、ABインベブの効率化モデルがSABミラーに提供されれば、合併した企業の価値と、結果としての相乗効果の価値とをどのように変えるかをまとめておいた。

ABインベブがその費用削減のスキルをSABミラーに注入できると仮定すれば、合併会社の営業利益率は28.27％から30％まで向上（年間の費用削減はおよそ13億ドルという計算である）し、それによって、新たな投資から得られる税引き後のROC（資本利益率）は11.68％から12％に上昇する。再投資率が上昇（43.58％から50％に）したことで、同社が統合された市場でさらなる投資機会

第12章　ニュースとストーリー

表12.4　ABインベブとSABミラーの取引の相乗効果を評価する

	ABインベブ	SABミラー	合併会社 （シナジー なし）	合併会社 （シナジー あり）	行動
株式のコスト	8.93%	9.37%	9.12%	9.12%	
税引き後の債務のコスト	2.10%	2.24%	2.10%	2.10%	
資本コスト	7.33%	8.03%	7.51%	7.51%	変化はなし
営業利益率	32.28%	19.97%	28.27%	(30.00%)	費用削減と規模の経済性
税引き後資本利益率	12.10%	12.64%	11.68%	(12.00%)	費用削減により資本利益率が向上する
再投資率	50.99%	33.29%	43.58%	(50.00%)	共通する市場でより積極的な再投資
期待成長率	6.17%	4.21%	5.09%	(6.00%)	再投資により成長率が増大する
企業価値 （FCFF［企業のキャッシュフロー］の現在価値）	$28,733	$9,806	$38,539	$39,151	
ターミナルバリュー	$260,982	$58,736	$319,717	$340,175	
営業資産の価値	$211,953	$50,065	$262,018	$276,610	相乗効果の価値　1万4591ドル76セント

　を見いだす可能性が高まるので、期待成長率は5.09％から６％に増大した。これらの変化はパーセントで表示すれば小さなものにすぎないが、世界最大の醸造会社が世界第２位の醸造会社を買収して、市場シェアや成長率を劇的に変化させることがどれほど難しいかを肝に銘じるべきである。この取引によって即座に現れる相乗効果は146億ドルと見積もった。

ここで、ABインベブはSABミラーを買収するにあたり、およそ300億ドルのプレミアムを支払っていることに注意を要する。これは、私が先に指摘した「価値を創造するか破壊するかは支払った価格による」ということを認識させるものである。取引による相乗効果が私の評価どおりとなれば、ABインベブの株主にはおよそ146億ドルの価値が創造されたわけであるが、SABミラーに300億ドルを支払っているのであるから、株主にしてみればマイナス（およそ154億ドル）である。この取引によって価値が破壊されたということになれば、ABインベブのストーリーのもうひとつの部分にも影響を及ぼすことになる。つまり、賢明な資本配分を行うという3Gの評判である。

資金調達のニュース

　企業が借り入れを増やす、または債務を返済する意向を発表するときは、直接、間接に当該企業に関するストーリーを変える行動が取られているのである。

　まず、借り入れを増やす判断について考えてみてほしい。それは投資家にとってストーリーを良いほうにも、悪いほうにも変えることになる（**図12.5**）。良い点としては、企業には節税効果が期待でき、借り入れによる節税分の価値だけ事業の価値を増大させることができる。悪い点としては、デフォルト（倒産）の可能性が高まるだけでなく、企業が財政上の問題を抱えていると解釈され、顧客が当該企業の製品を買い控えると、営業面にも跳ね返りかねない。結果として、企業が債務を増やすと、ストーリーにも波及し、潜在的な成長性を変え、節税効果によって価値が増大し、一方、投資リスクも変えることになる。それぞれを差し引けば、ポジティブにもネガティブにもなるのだ。

第12章　ニュースとストーリー

図12.5　資金調達の判断と価値

資産	負債と自己資本
既存資産（すでに投資を行ったもの）	債務（借り入れた資金）
資産の増大（将来の投資）	自己資本（自分の資金）

負債の増大
プラス——借り入れによる節税効果が増大し、将来の利益の安定性に対する自信を示す
マイナス——破綻する可能性が高まり、将来の成長が低下する可能性を示す

負債の減少
プラス——破綻時のコストおよびその可能性が減少する
マイナス——節税効果が低下し、将来の利益に対する不安を示す

　債務を削減するという判断もまたストーリーに影響を与える。金利支払いによる節税効果を低下させるだけでなく、これを当該企業の経営陣が将来の利益、ならびにキャッシュフローに自信がない表れであると（公平にも、不公平にも）とらえる投資家もいる。また、当該企業が、投資家から見て事業のリスクをより低くするために別の行動を取ろうとしている兆候かもしれない。

ケーススタディ12.3
アップルによる借り入れの判断

　2013年4月、アップルは初となる債券の発行を発表し、市場から170億ドルを調達した。当時、5000億ドルを超えていた時価総額を考えれば、債券発行額はあまりに小さく、企業の価値にほとんど影響を与えなかった。しかし、債券市場で資金を借り入れるという判断を下したことは、同社の価値により大きな影響を与えるようなストーリーの変化が起こる可能性があるということを示し

285

ている。

　アップルの歴史と企業文化に基づいて、同社の経営陣はけっして借り入れを行わないという前提でストーリーを構築していた投資家にとっては、同社が資金を借り入れるというニュースは、それによる節税効果を利用できるかぎりにおいては良いニュースである。同時に、アップルは次から次へと新製品を投入することで、過去10年の高成長路線に回帰すると考えていた投資家にとっては悪いニュースである可能性がある。なぜなら、債券発行は経営陣がそのような楽観論を取っていないことを示すものでもあるからだ。当然ながら、発行された債券は金融市場があっという間に吸収したが、同社の株価はこの発表にほとんど反応しなかった。

配当、自社株買い、現金残高

　投資家が投資をするのはリターンを生むためであり、配当や自社株買いという形で株主に戻される現金は、それら投資の果実である。それゆえ、企業が株主に払い戻す現金の額とその方法の変更を発表した場合、それは企業の価値を司るストーリーの再評価を促すものとなる（図12.6）。

　企業が過去に比べて多額の現金を払い戻す判断を下しているとしたら、それは当該企業のストーリーにはプラスにもマイナスにもなるが、そもそも当該企業をどのようにとらえていたかに依存する。つまり、当初、当該企業を投資機会にあふれた高成長企業であると見ていたならば、配当の開始や増大はストーリーと価値の潜在的成長性の部分を否定的に再評価することになりかねない。投資機会の限られた成熟企業であり、現経営陣は不必要に資金を保持しているばかりでなく、無駄遣い（投資に失敗することで）をしていると考えていたならば、企業

第12章 ニュースとストーリー

図12.6 配当の決断と価値

資産	負債と自己資本
既存資産（すでに投資を行ったもの）	債務（借り入れた資金）
資産の増大（将来の投資）	自己資本（自分の資金）

配当の増額
プラス——将来の利益が安定していることと配当を維持できることへの自信の表れ
マイナス——現金が余っていることを示すので、将来の成長が低下することの表れ

配当の減額
プラス——現金残高が増大し、資金がショートする危険性やリスクが減少する
マイナス——将来の利益に自信がないことの表れ

自社株買いの増大
プラス——既存資産から健全なキャッシュフローが生まれている
マイナス——余剰資金を投じる成長投資がない

　が払い戻す現金を増大させると判断したことは、経営陣が正気に戻ったことを示すものかもしれず、さすれば、ストーリーはより前向き（価値はより高く）なものとなる。

　投資家に現金を払い戻す方法は2つあるが、1つは配当金、もう1つは自社株買いである。企業がそれまでの現金の払い戻し方法を変えると、そこにはストーリーと価値とに影響を及ぼす情報が含まれていることがある。これまで配当を支払うのみであった企業が自社株買いをした場合、当該企業がこれまでよりも将来の成長に自信が持てなくなっている可能性を検証したほうがよい。結局のところ、配当に比べた場合の自社株買いの最大の利点の1つが、どれだけの現金をいつ払い戻すかということについてより大きな柔軟性を手にすることにある。反対に、これまで自社株買いという形でのみ現金を払い戻してきた企業が配当に切り替えたら、当該企業はこれまでよりも利益が安定したと感じていることを示すものでもある。

ケーススタディ12.4

スローなストーリーチェンジ —— IBMによる自社株買いの10年

　20世紀のほとんどを通じて、IBMは世界の偉大なる成長企業の1つであり、メーンフレームコンピューターの世界最大手として2桁の成長を達成してきた。1980年代のパーソナルコンピューターの躍進がIBMの成長に水を差し、同社は神の寵愛を失ってしまった。何度も語られた復活劇であるが、1990年代ルー・ガースナーの主導のもとIBMはビジネスサービス企業へと姿を変え、ハイテクブームにも乗って、再び成長を示した。21世紀初頭のハイテクバブルの崩壊後、IBMは再び市場シェア争いに身を投じている。

　IBMに関するストーリーは幅広く存在するが、同社は過去10年を通じて、一貫して配当ならびに自社株買いという形で利益のほとんどを還元してきた。**表12.5**に、IBMの利益と払い戻しの額、ならびに発行済み株式総数とをまとめている。

　この間、払い戻された現金は全体で、利益の128.43％にあたり、その多くが自社株買いによるものであった。IBMはこの間を通じて純利益を増大させていたが、その一方で、収益は低下し、発行済み株式総数は大幅に減少していた。

　多くの者たちがIBMは現金を還元しすぎだと批判していたが、同社の行動と合致するストーリーも存在する。事業が低迷し、投資機会がほとんどないなかで、同社は毎年部分的な清算をしていく戦略を採用したが、これは自らを縮小させていく意図をもってのことである。IBMが成長企業へと立ち返ることを期待して投資しているとしたら、事実に即していないばかりか、ストーリーに反する行動を取る企業に向き合っていることになる。企業が再投

288

表12.5　IBMの業績と株式数の履歴

年	収益	純利益	配当	自社株買い	還元額	還元額÷純利益	株式数
2005	$91,134	$7,934	$1,250	$8,972	$10,222	128.84%	1,600.6
2006	$91,423	$9,492	$1,683	$9,769	$11,452	120.65%	1,530.8
2007	$98,785	$10,418	$2,147	$22,951	$25,098	240.91%	1,433.9
2008	$103,630	$12,334	$2,585	$14,352	$16,937	137.32%	1,369.4
2009	$95,758	$13,425	$2,860	$10,481	$13,341	99.37%	1,327.2
2010	$99,870	$14,833	$3,177	$19,149	$22,326	150.52%	1,268.8
2011	$106,916	$15,855	$3,473	$17,499	$20,972	132.27%	1,197.0
2012	$102,874	$16,604	$3,773	$13,535	$17,308	104.24%	1,142.5
2013	$98,368	$16,483	$4,058	$14,933	$18,991	115.22%	1,094.5
2014	$92,793	$12,022	$4,265	$14,388	$18,653	155.16%	1,004.3
2015（直近12カ月）	$83,795	$14,210	$4,725	$4,409	$9,134	64.28%	984.0
累計	$1,065,346	$143,610	$33,996	$150,438	$184,434	128.43%	

資を伴う高成長ストーリーを採用しないことを責めるよりも、自らのストーリーを企業の振る舞いに合わせることのほうが合理的ではないだろうか。IBMに関して言えば、同社がより小さく、無駄を排除し、願わくはより収益性の高い企業へと転換するにつれて、同社のストーリーも長期にわたって低成長か、マイナス成長を示すものへと変わるということであろう。

コーポレートガバナンスのストーリー

企業の経営幹部は、ストーリーの構築と管理、そして変更に主要な役割を演じるが、経営陣に関するニュースは、それが良いものであろ

うと悪いものであろうと、ストーリーと価値に影響を及ぼす。以下では、まず企業の不正やスキャンダルに関するストーリーを取り上げ、それがどのようにして当該企業の価値に著しい影響を与えるかを見ていく。その後、主たる投資家や投資家グループの参入が、時に企業のストーリーと価値の再評価を促す様子を見ていこう。

企業のスキャンダルと不正

　企業は時に悪い理由、つまり事業や経営上の不正、重要な情報の非開示、または経営能力のなさといった理由でニュースに取り上げられることがある。これらのストーリーはさまざまなレベルで影響をもたらす。第一に注意が散漫になる。つまり、不正を非難された企業の経営陣はそのダメージ対策に多大な時間を費やすことになり、投資や経営上の判断が遅れたり、先送りされたりする。第二に、不正が法に反するものであれば、やがて罰金を支払うことになる。第三に、被害を被った顧客や株主や納入業者などが損害賠償請求を起こせば、企業は法的危険にさらされることにもなるのだ。

　これらすべては多額の費用と価値の喪失を招くが、不正の結果、企業のストーリーを変えることになれば、その損害はさらに長く続いてしまうことになる。これにはいくつかの理由がある。第一に、スキャンダルは企業の評判を根本から変えてしまうので、その評判に基づいてストーリーが構築されているとしたら、そのストーリーも一変してしまうのだ。つまり、2015年のフォルクスワーゲンのニュースがそれで、同社はドイツの効率性と信頼性の上に成り立っていたが、アメリカにおいてディーゼル車の排出ガス規制で不正を働いていたため、同社のストーリーは変更を余儀なくされ、その価値にも多大なる影響を及ぼすこととなった。第二に、企業のビジネスモデルの主たる要素が、いかがわしい事業慣行に基づいたものだとしたら、ひとたびそれが暴

290

露されるや、もはや事業は継続できないのである。第三に、大きなスキャンダルがあれば、たいてい経営陣は刷新されるが、経営陣が新しくなれば、おそらくは企業の見通しも異なるものとなるであろう。

ケーススタディ12.5

バリアントの製薬事業モデルがリスクにさらされる

前提となるケーススタディ

ケーススタディ5.1　製薬事業──研究開発費と収益力（2015年11月）

　第5章で製薬会社の評価を行ったとき、これらの企業のR&Dを基礎としたビジネスモデルはすでに破綻していると述べた。過去10年間、製薬会社はとてつもなく高い利益率を維持してきたが、R&Dの成果は一貫して低下しており、パイプラインから上がる収益の成長性はほとんど見られない。投資家もそれに応じて製薬会社の株価を引き下げているが、それは製薬会社のPER（株価収益率）などを見れば分かる。

　2009年には無名の存在だったカナダの製薬会社で、2015年には最上位まで上り詰めたバリアントの隆盛は、このような歴史の文脈のなかで検証すべきである。**図12.7**には、2009年から2015年までの同社の収益と営業利益の急速な増大をグラフ化している。

　さて、バリアントは他社がもがき苦しむ業界において、どのようにしてこれほどの成長を成し遂げたのであろうか。**表12.6**が示すとおり、同社はほかの製薬会社とはまったく異なる方針を採り、典型的な製薬会社よりもR&Dへの投資を減らし、買収により多額の資金を振り向け、それによって大きな収益成長だけでなく、高い利益率と1株当たり利益の増大とを成し遂げたのである。この

図12.7 バリアントの業績

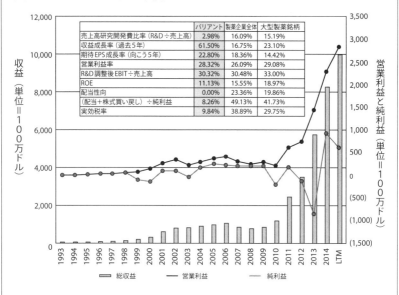

表12.6 バリアントと製薬セクター

	バリアント	全製薬企業	大手製薬企業
売上高研究開発費比率（R&D÷売上高）	2.98%	16.09%	15.19%
収益成長率（過去5年）	61.50%	16.75%	23.10%
期待EPS成長率（向こう5年）	22.80%	18.36%	14.42%
営業利益率	28.32%	26.09%	29.08%
R&D調整後EBIT÷売上高	30.32%	30.48%	33.00%
ROE	11.13%	15.55%	18.97%
配当性向	0.00%	23.36%	19.86%
（配当＋株式買い戻し）÷純利益	8.26%	49.13%	41.73%
実効税率	9.84%	38.89%	29.75%

業績でバリアントはバリュー投資家のお気に入りとなり、時価総額は1000億ドルを超えた。しかし、2015年９月、バリアントのビジネスモデルは２つの理由から非難を浴びることになる。

1．買収によって手にした薬価を引き上げたことで、政治家、ヘルスケアの専門家、保険会社から怒りを買うことになった。
2．オンライン薬局のフィリドールとの関係が注目される。バリアントはフィリドールを使って、患者や保険会社、そして政府に高い薬価を押し付けていると主張する者もいた。

　当初自らの潔白を主張していたバリアントも、やがてフィリドールと関係を絶つことになるが、それでもダメージは回避できなかった。

　この危機の結果としてバリアントにスポットライトが当たったことで、同社のこれまで成功してきたストーリーのうち２つの点が危うくなってしまった。つまり、R&Dではなく買収を通じて成長するということと、高い利益率を確保するため古い薬品の値段を改訂するということである。同社の財務諸表を簿価で解釈していたアナリストたちは、計上されている買収の痕跡をより疑いの目をもって見るようになり、この戦略を追及することがさらに難しくなってしまった。薬価の引き上げはバリアントに限ったことではないが、この危機で注目されたため、少なくとも短期的には価格の引き上げを継続することが難しくなってしまった。スキャンダルのあと、数週間でバリアントの時価総額は70％減少してしまったが、これは、同社がR&Dに投資し、価格の引き上げを制限するという従来どおりの戦略を採らざるを得ないとしたら、業績も価格付けもほかの製薬会社と同じようなものになると、市場が解釈した結果であろう。

株主構成

　上場企業のオーナーとしての投資家が企業のストーリーに対して発言することを期待するであろうが、世界中のほとんどの上場企業でそれは行われない。その理由のひとつは、何千もの株主を抱える大きな上場会社では、株式保有が細かく分かれてしまっているので、投資家のほとんどが持っている企業の権利はわずかなものにすぎず、その影響力も小さなものにすぎない。一般に機関投資家などの大きなポジションを有する投資家はパッシブ投資家であり、たとえ既存のビジネスモデルに反対意見を持っていたとしても、それを変えようとすることには興味がない。しかし、ビジネスモデルと事業のストーリーを変える潜在的な力を有する投資家として2つのグループがあり、彼らが参入すればストーリーに変化が起こる可能性がある。

●**アクティビスト投資家**　資本力を持ち、長期戦もいとわない彼らは、投資がうまくいっていない、またはあまりに事業が停滞していると思われる成熟した企業を標的とする。彼らはたいてい、投資を削減し、借り入れを増やし、より多くの現金を株主に還元するよう企業に圧力をかけるが、そうすることで、現状維持を望む経営陣に対して反論を提示しているのである。カール・アイカーンやネルソン・ペルツといった著名アクティビスト投資家が上場企業の大株主ランキングに姿を現すと、当該企業のストーリーと、さらにはその価値とを再評価するキッカケとなるかもしれない。

●**戦略的投資家**　彼らは企業への投資をてこにさらなる利益を求めようとする者たちである。戦略的投資家は、別個の企業であることが多いが、彼らはその投資が副次的な利益を生み出すと確信して企業に投資するのである。戦略的投資家が多額の資金と異なる目的を持っているかぎり、彼らの参入が企業のストーリーを変える可能性が

ある。たとえば、ゼネラルモーターズがライドシェア企業であるリフトに5億ドルを投じたというニュースは、ストーリーのリスクに関する点（リフトが倒産する可能性は減少する）だけでなく、事業それ自体に関する部分（リフトが純粋なライドシェア企業から、無人または電気自動車を利用したそれへと変化する可能性が高まる）も変えてしまう可能性がある。

結論

　企業のストーリーというのは不朽の古典ではない。決算発表や財務諸表から、投資、資金調達、配当戦略に至るまで、企業のさまざまなニュースに影響を受け、絶え間なく変化するものである。それらの発表がストーリーや価値に与える影響はさまざまであり、ストーリーは良い方向にも悪い方向にも変わる。これらの発表に対する市場の反応は価格付けのゲームであることが多く、ニュースが価値をほとんど変えることがなくても株価を大きく変化させたり、価値が大幅に変わっても株価が変化しないといったことが見られるのだ。経営幹部がストーリーの構築に大きな影響を与える場合は、彼らに関するニュースが価値にも価格にも影響を及ぼすことになる。

第13章
ビッグゲーム —— マクロのストーリー
Go Big – The Macro Story

　これまでの章では、主に個別企業に焦点を当て、それらの企業に関するストーリーがどのようにバリュエーションを左右するかを記してきた。だが、経済全体に関するストーリーや金利やコモディティ価格などが個別企業のバリュエーションを左右する場合もある。本章では、そのような大きなストーリーに焦点を当て、すべての企業に影響を及ぼす金利やインフレ率のような変数に関するストーリーと、大部分の企業が被る政治やコモディティ価格の変動の影響を基礎とするもの、そしてライフスタイルのトレンドをとらえようとするいくつかのストーリーについて記していこうと思う。

マクロのストーリーとミクロのストーリー

　ミクロのストーリーでは、まず企業から取り掛かることになる。ストーリーを構築するにあたり市場や競争環境なども検証するが、それでも焦点は企業にある。もちろん、このような見方は多くの企業に関しては適切であろうが、自分たちでは手の施しようのないマクロの変数から主たる影響を受けるような事業では機能しないであろう。これは原材料を扱う成熟した企業の場合が典型的で、これらの企業ではコモディティ価格が将来の収益を決定づけるが、企業がコモディティ価

格に与えられる影響は限界的なものでしかない。また、経済の方向性が将来の収益力やキャッシュフローを左右するようなシクリカルな企業も同様である。最後に、リスクの高い途上国市場においては、企業のストーリーは取締役会や重役室で起こっていることよりも、その国の政治や経済の動向によって左右されるのである。

　私は、ミクロのストーリーよりもマクロのそれを語るほうが苦手なのであるが、それには2つの理由がある。1つ目は、マクロの変数は複雑かつグローバルな力によって左右されるので、状況が把握しにくいのだ。世界のどこかで起こった小さな変化が、これら変数に予想もしない変化を引き起こすことがある。2つ目に、私自身のマクロの予測能力が大いに不足していることである。結果として、私がストーリーに盛り込むマクロの予測は無意識のものでさえ、問題をはらんでいる可能性があるのだ。

　すべてのアナリストが私同様にマクロモデルを嫌うわけではない。マクロに賭けた場合の見返りは大きいので、それを追い求める者もいる。つまり、原油価格や金利動向を正確に予測できたとしたら、容易に利益を獲得することができるだろう。近年、投資家がライフスタイルのトレンドを予測し、それらの予測に基づいて企業に投資しようとするマクロ投資の新たな潮流が一般的になってきた。この投資スタイルの成果を理解するには、過去数年におけるソーシャルメディアの急成長を予見し、早い段階で勝ち馬に乗っていたら、どれだけの富を積み上げることができたかを想像してみればよい。実際に、ウーバーやエアビーアンドビーのような企業に流入した資金は、企業個別のストーリーではなく、「シェアリング」市場が爆発的に成長すると考えた投資家たちがもたらしたものだとしても驚くには値しない。

マクロストーリーのステップ

　マクロのストーリーを構築するプロセスは、これまでの章で記してきた企業のストーリーを構築する場合のそれと同じものもあれば、異なるものもある。まずは、懸案となるマクロの変数（コモディティ、景気循環、国家）を認識し、理解することから始まり、次にバリュエーションを行おうとしている企業がマクロの変数の変化にどのような影響を受けるかを評価することになる。最後に、マクロの変数の予測にどれだけバリュエーションを依存させるか、その関係をどのように数字へと落とし込むかを判断しなければならない。

マクロの評価

　当該企業の命運が主にマクロの変数に左右されるとしたら、まずはその変数を認識することから始めなければならない。石油会社にとっては原油価格がマクロの変数であることは言うまでもないが、鉱山会社であれば、もう少し深掘りしなければならない。たとえば、本章で後にバリュエーションを行うブラジルの鉱山会社ヴァーレでは、収益の4分の3ほどを占める鉄鉱石が主たるコモディティとなるが、鉄鉱石のここ10年ほどの価格変動は中国の成長によるところが大きいのだ。シクリカルな企業では、経済動向がマクロの変数となることは明白だが、国内経済か、より広い経済圏（たとえば、ラテンアメリカ）か、それともグローバル経済かを判断しなければならない。マクロの変数を見いだしたら、次はそのヒストリカルデータを収集し、長期的な変動を把握し、可能であればその変動の要因となるものを見いだすことになる。この過去データは変数の正常値だけでなく、当該企業が抱えるリスクを把握することにも役立つのだ。

ミクロの評価

　マクロのストーリーテリングの作業における次のステップは、バリュエーションを行おうとしている企業に焦点を向けることである。当該企業のイクスポージャーを評価するにあたり、マクロの変数の変化がどのように事業に影響を与えるかを判断することになる。石油会社は原油価格が上昇すればより大きな利益を上げることが期待されるので、一見すると簡単なことのように思われるが、石油会社の構造と経営方針が原油価格へのイクスポージャーに影響を及ぼすので、重大な問題なのである。つまり、保有する油田の産出コストが高い石油会社は原油価格が下がるとより大きな損害を受け、原油価格が上がるとより大きな利益を得ることになるので、そのコストが低い企業よりも原油価格の変動に対するイクスポージャーが大きいことになる。概して、固定費の高い石油会社は、費用構造がより柔軟な石油会社よりも、原油価格の変動に利益が大きく影響を受けることになる。最後に、生産物のリスクをヘッジしている、つまり先物市場や先渡し市場を利用して将来の原油価格を固定している石油会社では、ヘッジしていない企業よりも、原油価格の変化が利益に与える影響は少なくとも短期的には小さなものとなる。

それらをまとめる

　3つ目の段階では、マクロの変数と当該企業の特質の評価結果をまとめて、全体のストーリーを構築することである。だが、この段階で、バリュエーションをマクロから独立したものとするか、それとも将来のマクロの変数に対する見立てを反映させたものとするかの判断を下さなければならない。つまり、石油会社について言えば、今日の原油価格（現時点における現物価格や先物価格）に基づいて企業の価値を

評価するか、それとも将来の原油価格の予測に基づいて評価するかということである。

　マクロから独立した方法を選択するならば、まずは今日に至るまでの財務情報からマクロ変数の変化の影響を取り除かなければならない。つまり、2015年３月に石油会社の価値を評価しようとするならば、直近の財務情報は2014年のものとなるので、収益や利益は原油価格が平均すると１バレル70ドルの時期のものであり、2015年３月時点では１バレル50ドル以下まで下落していることを認識しなければならないのだ。財務情報から原油価格の影響を取り除くことで、市場や専門家の意見とは乖離しているかもしれない原油価格に対する自身の見通しを盛り込むことなく、将来を予測することができるようになる。

　もし原油価格を予測したいのであれば、まずマクロニュートラルなバリュエーションから始めて、その後に予測したマクロ変数を用いて企業を再評価することをお勧めする。２つのバリュエーションを行う必要があるのかと疑問に思われるかもしれないが、そうすることで自分自身も聞き手も、その結論の根拠を理解することが容易になるであろう。２つのバリュエーションを切り分けることで、バリュエーションの判断がどれだけ企業自体に対する見方に左右されているのか、マクロの予測にどれだけ依存しているのかが明白となるであろう。BHPビリトンのマクロニュートラルなシナリオでのバリュエーションが１株当たり14ドルであり、コモディティ価格の予測を反映させれば１株当たり18ドルになるとする。株式が１株当たり15ドルで取引されているときに、自らその株を買う、または他者にそうするよう勧めているとするならば、それはマクロの見立てに基づいて推奨しているということになる。自らの推奨が一貫してうまくいっているとしたら、それはマクロの予測能力を証明するものであるから、より容易にお金を稼ぐ方法（当該マクロ変数の先物を売買するなど）を検討したほうがよかろう。収支がトントン、または損を出すようであれば、マクロの予

測に時間とお金を無駄遣いすべきでないというメッセージとすべきである。

ケーススタディ13.1

エクソンモービルのバリュエーション（2009年３月）

　2009年３月に、世界最大の石油会社であるエクソンモービルのバリュエーションを行ったが、そのときに基礎としたストーリーは、同社は成熟した企業であり、2009年３月時点の原油価格は前年のそれよりも大きく下落しているが、将来どのような値動きとなるかは分からないというものである。エクソンモービルは、2008年に600億ドルを超える税引き前営業利益を発表しているが、これは同年の平均原油価格が１バレル当たり86.55ドルであったことを反映したものである。2009年３月までに、バレル当たりの原油価格は45ドルまで下落したが、その結果として翌年の営業利益が減少することが分かる。

　原油価格が45ドルのときのエクソンモービルの営業利益を見積もるために、**ケーススタディ5.2**で行った回帰分析を利用するが、そこでは1985年から2008年までのデータを用いて、平均原油価格に対する同社の営業利益を回帰させたが、結果は次のとおりである。

営業利益＝－63億9500万ドル＋９億1132万ドル×（平均原油価格）
R^2＝90.2％

　この回帰式に45ドルの原油価格を当てはめれば、エクソンモービルの営業利益の期待値は346億1400万ドルとなるが、これが**図**

図13.1　原油価格を中立としたエクソンモービルのバリュエーション（2009年3月）

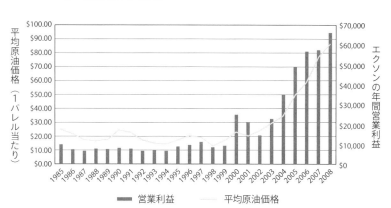

13.1に示した同社のバリュエーションの基礎となる。

エクソンモービルに関する私のストーリーは、同社は原油価格によって利益額が決まる成熟した石油会社であるというものである。同社が持つ大きな競争優位を考えれば、同社は保守的な資本政策（多額の借り入れは行わない）を維持しながらも、平均を上回るROC（資本利益率）を達成するであろう。

このストーリーに従って、私は同社の永久成長率を2％とし、原油価格で調整した営業利益346億ドルを用いて、基礎年次の利益とROC（ほぼ21％に達する）とを算出した。資本コストを8.18％（成熟した石油会社を参考とする）とすれば、エクソンの営業資産の価値は3205億ドルとなる。

営業資産の価値＝ ｛34614×（1.02）×（1－0.38）×
　　　（1－2％÷21％）｝÷（0.0818－0.02）＝3204億7200万ドル

営業資産の価値である3204億7200万ドルに、このバリュエーシ

図13.2　エクソンモービルの標準化した原油価格と１株当たりの価値

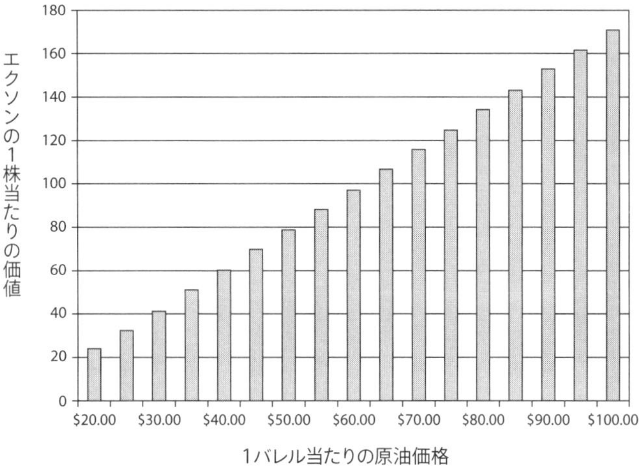

ョンを行った時点で同社が保有する現金（320億700万ドル）を足し、負債（94億ドル）を引くと、同社の自己資本の価値は3430億7900万ドルとなり、１株当たりにすると69.43ドルとなる。

　現時点での64.83ドルという株価は、少しばかり割安なように思えるが、これは45ドルという原油価格を標準としたものである。**図13.2**には、標準化した原油価格を関数としたエクソンモービルの価値をグラフ化している。

　原油価格の変動に応じて、営業利益とROCとが変化する。ここでは、投下資本の額を不変とし、予想営業利益に応じてROCを再評価している。標準化した原油価格が42.52ドルであれば、１株当たりの価値は現在の時価と同じ64.83ドルとなる。言い換えれば、2009年３月時点において原油価格は42.52ドルを下回ることはないと考えている投資家にとっては、エクソンモービルは割安であるということだ。

　１株当たりの価値は原油価格に大きく左右されるので、原油価

図13.3　原油価格の分布

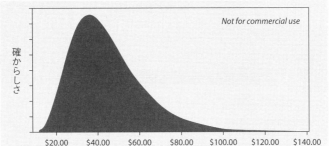

格を変化させ、その価格に応じて同社を評価することがより合理的となる。そのための方法の1つがシミュレーションで、次に挙げるような手順を踏むことになる。

ステップ1　原油価格の確率分布を測定する　インフレ率を調整した原油価格のヒストリカルデータを利用して分布を測定し、そのパラメーターを予測した。分布は**図13.3**に記してある。

　原油価格は1バレル当たり8ドルの安値から120ドル超まで変化することに注意してほしい。現在の45ドルという価格を分布の平均として利用したが、平均をもっと高い、または低い値とすることで、原油価格に対する見立てを分散に盛り込むこともできたのだ。

ステップ2　業績とコモディティ価格とを関連づける　営業利益をコモディティ価格と関連づけるために、エクソンモービルの過去の業績の回帰式を利用した。

営業利益＝－63億9500万ドル＋9億1132万ドル×（平均原油価格）

この回帰式によって、あらゆる原油価格での、同社の営業利益を算出することができる。

ステップ3　業績を関数として価値を算定する　営業利益の変動に応じて、企業価値は2つのレベルで影響を受けることになる。第一に、営業利益を変化させ、ほかの数値を不変とすれば、基礎となるフリーキャッシュフローと価値とが変化する。第二に、投下資本を不変とすれば、営業利益の変化に応じてROCも再計算されることになる。営業利益が変化すれば、ROCも変わり、2％という安定成長率を持続するために必要になる再投資額も変わってくる。資本コストと成長率も変化させることができるが、これらの数字は不変とするほうが私には好ましい。

ステップ4　価値の分布を測定する　1万回に及ぶシミュレーションを行ったが、そこでは原油価格を変化させ、その都度1株当たりの価値を算定した。その結果は**図13.4**にまとめてある。

　シミュレーションを通じた1株当たりの価値の平均は69.59ドルであり、最小値は2.25ドル、最大値は324.42ドルであった。だが、1株当たりの価値が64.83ドル（現在の株価）を下回る可能性も50％を上回るものであった。投資家にとっては、このシミュレーションでさらに豊富な情報が得られ、単一の予測価値よりも価値の分布に基づいて同社への投資を検討することもできる。同社は適度に割安とも思われたが、価値の分布を見るかぎりは魅力に乏しいこともあり、私は株式を買わないことにした。

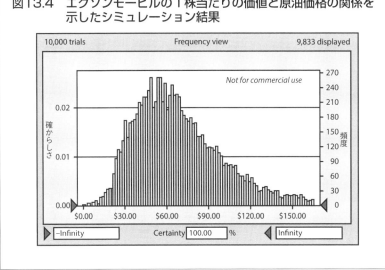

図13.4 エクソンモービルの1株当たりの価値と原油価格の関係を示したシミュレーション結果

ビッグストーリー

　企業のストーリーを構築するにあたって依拠するマクロの変数は数多くあるが、もっとも利用されるのは、コモディティ価格、景気循環、国家の3つである。

　1つ目に挙げたコモディティ価格では、コモディティに依存する企業のストーリーを構築することになるが、そこではコモディティ価格が中心的な変数となり、コモディティ価格の変化に企業がどのような反応を示すかが価値を決定することになる。2つ目の景気循環では、企業のバリュエーションならびに、業績の第一の要因が経済全体の健全性またはその欠如となる。それゆえ、ストーリーはまず経済全体から始まり、そこに企業を織り込んでいき、企業の見通しを経済の景気動向に結びつけていくのである。3つ目の国家は、企業の価値がその拠点または営業の中心となる国家に左右されるもので、国家に対する見立てが企業自体に対するそれよりも価値に大きな影響を及ぼすもので

ある。

サイクル

　マクロの変数は循環するが、そのサイクルが長いものもあれば、短いものもある。コモディティ企業に関していえば、これらのサイクルが何十年も続くこともあるが、その長さはさまざまで、次のタイミングを予測するのは容易ではない。例として、**図13.5**に、1946年から2016年までの名目、実質双方のドル建て原油価格をグラフ化した。

　コモディティ価格が長期にわたって循環する理由の1つが、資源を開発する判断を下してから採掘するまでに時間のずれが発生することにある。つまり、原油価格がいまだ3桁を付けていた2012年や2013年に、石油会社が資源を購入したり、開発を開始する決定を下しても、実際に生産が始まるのは2014年や2015年になってからであり、そのときには価格が下落していた、ということになるわけだ。その結果として、コモディティ企業が新たな価格に事業を対応させるまでには時間がかかり、しばらくの間は原油価格は同方向へと推移するのである。

　景気循環については、そのサイクルはコモディティ価格のサイクルよりは短いというのが一般の認識であるが、一般的な見解というのは、20世紀を通じたアメリカ経済に関する調査研究に基づいたものである。これらの研究では、景気循環はコモディティ価格のサイクルよりも予見可能であるとしているが、第2次大戦後の数十年にわたる繁栄や世界経済におけるアメリカの支配的地位を考えれば、20世紀後半のアメリカ経済が安定と予見可能性という点では例外であったと考えなければならない。前世紀、中央銀行が景気循環をうまく管理するようになったことも事実であるが、グローバル化が進んだことで、景気循環はより激しいものとなり、予測が難しくなる可能性も十分ある。

　カントリーリスクについて言えば、すべての国家は世界的な価値基

図13.5　原油価格 —— 1946〜2016年までのサイクル

準に収束するという楽観的な見方がある。しかし、それには長い時間が必要であり、そこから乖離していくはぐれ者もけっして少なくないであろう。正常に戻りつつある途上国の経済でさえ、数年間の発展を払拭してしまうような後退をすることがある。たとえば、2014年と2015年、もっとも注目を集めた4つの途上国市場（BRICと呼ばれるブラジル、ロシア、インド、中国）がそれぞれ異なる理由で危機に陥った。国のリスクに対する投資家の考えを示す指標のひとつとして、長期のソブリンCDS（クレジット・デフォルト・スワップ）があるが、**図13.6**にはBRICのCDSスプレッドをデータが入手可能なかぎり記載している。

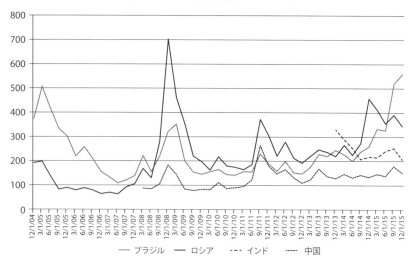

図13.6 BRIC諸国のCDSスプレッド（インドのCDSは2013年以降、中国のCDSは2008年以降取引されている

予見可能性

　私の経験では、マクロ経済の予測に基づいた投資戦略がもっとも成績が悪い。コモディティに関していえば、過去50年間のうち、単一のコモディティ価格でその反転（下落していたコモディティが上昇を始めたり、上昇していたコモディティ価格が下落を始める）に関するアナリストの予測が当たったものを見いだすのはひと苦労であろう。景気循環についても、さほど変わらない。実際に、景気展望を金利やインフレ率や経済成長に分解しても、それぞれの分野の専門家の予測は、純粋にヒストリカルデータに基づいて行った予測とさほど変わらないことがよくある。カントリーリスクについては、群集心理がものを言い、数年間にわたって成長や安定を示すと市場は発展した状態へ移行したと伝えられ、調整が起これば、あっという間に途上国市場へと格下げされてしまう。

第13章　ビッグゲーム——マクロのストーリー

　過去の成績がこれほど悪いものであっても、個人投資家や機関投資家を問わず投資家たちはマクロの見立てに基づいた投資をやめようとはしない。その理由はおそらく成功した場合に獲得するリターンにあり、その年のマクロ予測競争で勝利した者は新たなる市場の権威として崇め奉られるのだ。2015年、原油価格が継続して下落することを予測し、市場を上回る業績を上げたアナリストやファンドマネジャーはほとんど存在しなかった。これは私が皮肉にすぎるのかもしれないが、彼らの成功も一時的なものであろうし、マクロ予測に酔いしれれば、やがては自らを傷つけることになるであろう。

戦略

　マクロのストーリーに取り組むにあたって、採用できる4つの広範な戦略があり、それぞれに広がりがある。

1. **サイクル予測**　1つ目は、方向性ではなく、長期にわたるサイクル全体を予測しようとすることである。この方法では、例えば原油価格は向こう3年間下落し、その後5年間は価格が上昇するが、その後横ばいとなって、やがては再び下落すると予測することができよう。また、経済全体で言えば、向こう2年間は景気は好調だが、3年目には景気後退が起こり、4年目に回復するという具合である。

2. **水準予測**　2つ目は、市場の方向性を見いだそうとすることである。単純化しすぎるきらいもあるが、これには利用できるサブストラテジーが2つある。1つ目はモメンタムに乗じることで、過去における価格変動の方向性が将来も継続すると仮定する戦略である。たとえば、原油価格が2年間にわたって大幅に下落してきた2016年初頭において、原油価格は引き続き下落するとするもの

311

である。2つ目はコントラリアンたれ、というもので、これは価格はこれまでの方向性を維持するのではなく、反対方向に振れる可能性のほうが高いと仮定するものである。これによれば、2016年初頭においては、原油価格は2年間にわたり下落してきたのであるから、上昇すると予測することになる。

3. **標準化**　この方法では、サイクルや価格水準を予測するのではなく、ヒストリカルデータやファンダメンタルズ（コモディティの需給）に基づいて、当該コモディティ価格の「標準」価格を予測するのである。この方法では、標準価格が時価よりも高ければ価格は上昇し、低ければ下落することを求めることになるので、意図せずして価格水準を予測することになる。

4. **プライステイカー**　プライステイカーとしては、サイクルや標準価格を予測することはできないと認めることになる。そのかわりに、それがすぐに変化することを理解したうえで、今日の価格を用いて企業を評価するのである。

では、どの方法に従うべきか。これは自身の強みによるものであるから、私は明確な回答を示すことはできないが、3つの提案がある。

1. **どの方法を選んだか明確にすること**　上述の4つの方法から1つを選択したら、バリュエーションの途中で変更したりせず、その方法が企業のストーリー（と価値）にどのように作用しているかを明確にしなければならない。

2. **情報収集と分析方法を自ら選んだ方法に合わせること**　自ら選んだ方法によって、どのように時間と労力を費やすかが決まる。つまり、標準化に基づく戦略であれば、判断に利用した過去データを検証するだけでなく、この標準値がやがて変化することになる要因も検証しなければならない。

第13章　ビッグゲーム——マクロのストーリー

3．**結果を評価する際には正直たること**　コモディティや景気循環や国家に対する見方が、それらの要素にさらされている企業の価値予測に影響を及ぼすことになる。事態が進むにつれ、企業価値に対する判断が正しかったかどうかを知るだけでなく、マクロ戦略がどのように影響しているかを検証することになる。コモディティ企業を当該コモディティ価格に対する見方に基づいて価値算定を行ったとして、コモディティ価格の見立てが無作為の結果（正しいか間違えるかは五分五分である）よりも悪ければ、戦略の変更を検討すべきである。

ケーススタディ13.2

ヴァーレ —— ３Ｃ企業（2014年11月）

　ヴァーレは、ブラジルを本拠に鉄鉱石を主たる生産物とする世界最大の鉱山会社の１つである。1942年に設立された同社は1997年まではブラジル政府が所有していたが、その後、民営化された。2004年から2014年の間、ブラジルのカントリーリスクが低下するなかで、ヴァーレはブラジル以外にも資源獲得と生産の手を伸ばし、時価総額も業績（収益や営業利益）もその拡張を反映したものになっていった。2014年初頭には、ヴァーレの鉄鉱石生産は世界最大となり、収益と時価総額については世界の５大鉱山会社の１つとなった。長期にわたって成長を示してきたが、鉄鉱石価格が下落し、ブラジルのカントリーリスクが高まった2014年はヴァーレにとって極めて困難な年となり、2014年10月には会長の交代となった。**図13.7**はそれらを示したものである。

　図13.8では、2014年６月から11月までのヴァーレの株価を、もう１つの巨大鉱山会社であるBHPビリトンと比較している。コモ

313

図13.7 ヴァーレのコモディティおよびカントリーリスク

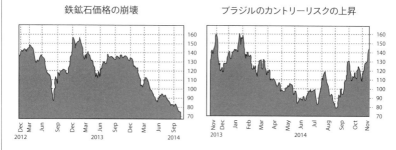

図13.8 ヴァーレの株価崩壊（2014年6〜11月）

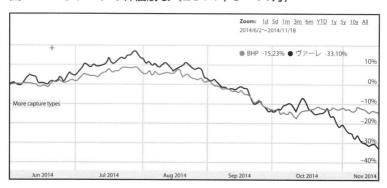

ディティ価格の下落は両社に同様の影響を及ぼすものであるが、**図13.8**にあるヴァーレの株価は、この期間のBHPビリトンの株価よりも2倍以上も下落していることに注意されたい。

ヴァーレの株価の下落はファンダメンタルズが要因となってはいるが、コモディティに対するイクスポージャーとカントリーリスク、そしてコーポレートガバナンスへの懸念と通貨リスクという不安要素が働いたことは明らかである。

コモディティ価格に注目すれば、**図13.9**が示すように10年にわたる鉄鉱石価格の高騰がヴァーレの成功の主因である。この間、

図13.9　鉄鉱石価格（月次の1メートルトン当たりのドル価）──1995〜2015年

2011年の最高値まで鉄鉱石価格を引き上げたのは中国の着実な成長であった。

　この歴史が、鉄鉱石価格の標準的な価格を見いだすことの難しさを示している。過去数年間のデータに限定してみれば、2014年11月の鉄鉱石価格（1メートルトン当たり75ドル程度）は低いように思われるが、より長い目（20年、25年）で見れば、異なる解釈となる。

　私のストーリーでは、ヴァーレは成熟したコモディティ企業であり、その利益は一般的な鉄鉱石価格（1メートルトン当たり75ドル）を反映したものとなるというものだ。将来の鉄鉱石価格を予測できないという前提のもと、ドル建てでのヴァーレのバリュエーションを行ったが、同社は成熟したコモディティ企業であり、永久成長率は2％と仮定した。資本コストを見積もるにあたっては、アメリカの10年物Tボンドの金利をリスクフリーレートとし、株式のリスクプレミアムを8.25％としたが、これはヴァーレの資産がある国（60％がブラジルにある）における株式のリスクプレ

表13.1　ヴァーレ──負の側面の合図

ストーリー
ヴァーレは成熟した鉱山会社であり、現在の利益はマクロ要因（コモディティ価格の下落とカントリーリスクの上昇）によって抑えられているが、鉄鉱石価格とカントリーリスクが落ち着くにつれて、向こう12カ月のうちに安定したものとなる。

過去の業績（単位＝100万ドル）

年度	営業利益	実効税率	負債の簿価	自己資本の簿価	現金	投下資本	ROIC
2010	$23,033	18.67%	$23,613	$59,766	$11,040	$72,339	25.90%
2011	$30,206	18.54%	$27,668	$70,076	$9,913	$87,831	28.01%
2012	$13,346	18.96%	$23,116	$78,721	$3,538	$98,299	11.00%
2013	$17,596	15.00%	$30,196	$75,974	$5,818	$100,352	14.90%
2014（直近12カ月）	$12,475	20.00%	$29,198	$64,393	$5,277	$88,314	11.30%
平均	$19,331	18.23%					18.22%

資本コスト（米ドル）

事業	レバレッジを利用していないベータ	価値に占める割合	負債比率	レバレッジを利用したベータ	地域	全体に占める割合	株式のリスクプレミアム
鉱業	0.86	16.65%	66.59%	1.2380	ブラジル	68%	8.50%
鉄鉱石	0.83	76.20%	66.59%	1.1948	ブラジル以外	32%	6.45%
飼料	0.99	5.39%	66.59%	1.4251	ヴァーレ		7.84%
物流	0.75	1.76%	66.59%	1.0796			
ヴァーレ全体	0.84	100%	66.59%	1.2092			

		株式のコスト	11.98%
税引き前借り入れコスト	6.50%	税引き後借り入れコスト	4.29%
税率	34.00%	負債比率	39.97%
		資本コスト	8.91%

第13章　ビッグゲーム──マクロのストーリー

バリュエーション（直近12カ月の営業利益と資本コストを利用する）

今後も成熟した企業であるので、永久成長率の期待値は2％とし、向こう12カ月のROCは11.30％と仮定する。その結果、再投資率とバリュエーションは次のとおりとなる。

再投資率＝2％÷11.30％＝17.7％

営業資産の価値＝12475ドル×（1−0.20）×（1−0.177）÷（0.0891−0.02）＝118865ドル

営業資産の価値	$118,865
＋現金	$7,873
−負債	$29,253
自己資本の価値	$97,485
株式総数	5150.00
1株当たりの価値	$18.93

2013年11月20日時点の株価は8.53ドル

ミアムの加重平均を反映させたものである。**表13.1**にこのバリュエーションをまとめておいた。

　ここで、私がコモディティ価格の下落と通貨の下落の影響を基礎年次の営業利益に反映させ、過去12カ月の利益を圧縮して同社をバリュエーションしていることに注意されたい。コーポレートガバナンスの影響は、同社による投資や資金調達の判断に反映させ、投資政策は再投資とROIC（投下資本利益率）に、資本政策は資本コストの負債に反映させている。最後に、カントリーリスクは株式のリスクプレミアム（ヴァーレの資源の地理的分布に応じて加重したリスクプレミアムを採用した）と借り入れコストのデフォルトスプレッドに反映させた。これらの前提のもと算定した1株当たりの価値は18.93ドルで、2014年11月18日時点の株価を大きく上回るものとなった。その時点で私は、自らのストーリーとその結果であるバリュエーションに基づいて株式を買ったのだが、この判断を後悔することになる。そして後に、それ以上に後悔することになる。

317

マクロ投資に関する警告

　バリュエーションがミクロの要因ではなく、主にマクロの要因によって左右される場合、投資家が肝に銘じるべきことは３つある。第一に、マクロのサイクル、特にコモディティのそれは長期にわたって上下する傾向があり、それが何十年も続くということ。第二に、マクロの変数は互いに連関しており、多くの要因に左右されるため、ミクロの変数よりもファンダメンタルズを用いた予測が難しい。つまり、石油の生産コストや需要を見て原油価格を予測しても概して間違えることが多いということだ。第三に構造変化によって、過去の歴史がまったく無意味なものとなってしまうことである。たとえば、過去10年におけるシェールオイル生産の増大は原油市場に供給ショックを与え、それが2014年の原油価格の暴落につながった。それは、中国がインフラに未曽有の投資を行う経済大国として登場したことが、過去10年のコモディティ市場での価格上昇を先導したのと同じである。

　では、コモディティ、経済または国のサイクルを読む能力がある、もしくは少なくとも標準価格を見積もる能力があると仮定しよう。このマクロの見立てを個別企業のバリュエーションに適用するプロセスを説明してきたが、マクロの予測能力を生かしてお金を稼ぐもっと簡単かつ直接的な方法があるのだから、「どうしてそんなことをしなくちゃいけないんだ」と問うてみるべきである。特にコモディティに関していえば、先渡し取引や先物取引やオプション市場を利用して大金を稼ぐことができるのだ。企業に関するストーリーをマクロとミクロに分解すべき理由は２つある。

1. ストーリーの語り手にとっては、ストーリーが各要素にどれほど依拠したものであるかがより明白となり、またそのパフォーマンスを追跡することができるようになる。つまり、コノコを買い、株

318

価が下落したとしたら、少なくとも、ストーリーのうちの原油価格の部分が間違っていたのか、企業としてのコノコ全体のストーリーに誤りがあったのかを評価することができる。

2. ストーリーをマクロとミクロとに分解することは、ストーリーに基づいて行動しようとしている者たちにとって重要である。第一に、ストーリーとそこから生まれたバリュエーションを理解しようとしている者たちを助けることになるし、第二に、聞き手がストーリーをどれほど信頼して良いのかを判断する一助となる。つまるところ、これまで原油価格の予測がうまくいっていないにもかかわらず、コノコのストーリーの大半が予測した原油価格に依存したものであるのならば、最終的なバリュエーションの結果は疑ってかかるべきである。

ケーススタディ13.3

ヴァーレ崩壊 —— 2015年9月

ケーススタディ13.2において、ヴァーレは大幅に割安となっていると判断したので、その判断に従い、1株当たり8.53ドルで同社株を買ったと記した。2015年4月、株価が6.15ドルまで下落したので、改めて同社の評価を行ったが、その価値は下落していても、その時点での株価は割安であるとの結論に達した。2015年4月から9月までの数カ月は、あらゆるマクロ的側面から見て、ヴァーレにとっては良いものではなかった。鉄鉱石の価格は、中国の混乱が一因となって、そのスピードこそ落ちていたが下落を続けていた。ブラジルの政治的リスクは落ち着く様相を示さないばかりか、経済成長と同国の債務返済能力の不安をかき立てるものであった。ブラジルのソブリンCDS価格は上昇を続け、2015年9

319

月にはソブリンCDSのスプレッドは1年前の2.50％から4.50％を上回るまで広がっていた。いつもパーティーには遅刻する格付け機関もやっと目を覚まし、ブラジルのソブリン格付けを見直し、ムーディーズは外貨ベース、自国通貨ベースともにBaa2からBaa3へ、S＆Pも同じくBBBからBB＋へと格下げを行った。どちらの格下げも一段階だけであったが、2つの機関がブラジルを投資適格から引き下げたことが重大であった。最終的にヴァーレが業績を発表したが、底は見えず、営業利益は前回の予測から50％以上少ない、29億ドルまで下落した。

　鉄鉱石価格が利益にもたらす影響は、私が2014年11月や2015年4月に予測したものよりも大きかったことは否定できない。自らの数字を更新し、ブラジルのデフォルトスプレッドを測る手段としてソブリンCDSのスプレッドを用いることで、2015年9月に算出した1株当たりの価値は、**表13.2**にあるとおり、2.70ドルであった。

　1年も経過していない前回のバリュエーションからの変化に驚いた私は、これらの変化の要因を見直そうとしたが、それは**図13.10**に示している。

　2014年11月から2015年4月までに価値が変化した最大の要因は、利益額の再評価であるが、2015年4月と9月のバリュエーションの差を見ると、主犯格はカントリーリスクの上昇で、喪失した価値の61％にもなる。

　資産の価格がその価値を下回る場合にだけ投資するという私の投資哲学に忠実であり続けるならば、ヴァーレは失格である。私は株式を売却したが、その決断は容易なものではなく、自らのバイアスと葛藤せざるを得なかった。特に、次の2つの衝動に惑わされた。

表13.2　ヴァーレ──後悔

ストーリー
ヴァーレは成熟した鉱山会社であり、現在の利益はマクロ要因（コモディティ価格の下落とカントリーリスクの上昇）によって抑えられているが、標準化した利益は直近の平均を大きく下回っているように思われる。

過去の業績（単位＝100万ドル）

年度	営業利益	実効税率	負債の簿価	自己資本の簿価	現金	投下資本	ROIC
2010	$24,531	18.70%	$27,694	$70,773	$9,942	$88,525	22.53%
2011	$29,109	18.90%	$25,151	$78,320	$3,960	$99,511	23.72%
2012	$14,036	18.96%	$32,978	$75,130	$6,330	$101,778	11.18%
2013	$16,185	15.00%	$32,509	$64,682	$5,472	$91,719	15.00%
2014	$6,538	20.00%	$32,469	$56,526	$4,264	$84,731	6.17%
直近12カ月	$2,927	20.00%	$32,884	$49,754	$3,426	$79,211	2.96%
平均	$18,080	18.59%					15.72%

資本コスト（米ドル）

事業	レバレッジを利用していないベータ	価値に占める割合	負債比率	レバレッジを利用したベータ	地域	全体に占める割合	株式のリスクプレミアム
鉱業	0.86	16.65%	126.36%	1.5772	ブラジル	68%	13.000%
鉄鉱石	0.83	76.20%	126.36%	1.5222	ブラジル以外	32%	7.69%
飼料	0.99	5.39%	126.36%	1.8156	ヴァーレ		11.30%
物流	0.75	1.76%	126.36%	1.3755			
ヴァーレ全体	0.84	100%	66.59%	1.2092			

		株式のコスト	19.54%
税引き前借り入れコスト	9.63%	税引き後借り入れコスト	6.36%
税率	34.00%	負債比率	55.82%
		資本コスト	12.18%

バリュエーション（標準化した利益は5年間の平均を60%下回っていると仮定する）

標準化した営業利益	$7,232
期待成長率	2.00%
資本利益率	12.18%
再投資率	16.42%

営業資産の価値＝7232ドル×（1.20）×（1－0.20）×（1－0.1642）÷（0.1642－0.02）＝40241ドル

営業資産の価値	$40,241
＋現金	$3,427
＋株式による調達資金	$4,199
－負債	$32,884
－少数株主持ち分	$1,068
自己資本の価値	$13,915
株式総数	5153.40
1株当たりの価値	$2.70

2015年4月15日時点の株価は5.05ドル

図13.10　価値の崩壊を分解する

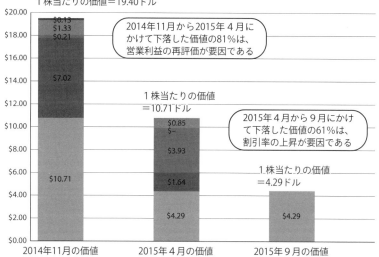

簡潔に言えば、私が算定した価値は期間ごとに大きく変化しているが、その理由はさまざまである。2014年11月から2015年4月の期間は、鉄鉱石価格の変化ゆえに営業利益を再評価したことが要因である。2015年4月から9月の期間は、その変化のほとんどがブラジルのカントリーリスクの上昇を要因とするものである。

1. 「if only」　私は無意識に責任のなすりつけを行い、損失の言い訳を見つけようとした。もしブラジル政府がもっと合理的に振る舞いさえすれば、もし中国が停滞さえしなければ、もしヴァーレの利益が鉄鉱石価格の変化にもっと抵抗力を持ってさえいれば、私の主張は正しかったのだ、と。これは完全に無意味であるばかりか、この失敗から学ぶべき教訓を無駄にしてしまう。

2. 「what if」　バリュエーションを行うにあたって、自らのもともとの主張を支持する数字を拾い上げ、株を保有し続けようとする気持ちと戦い続けなければならなかった。たとえば、ブラジルのデフォルトスプレッドを評価するにあたり、最初の2回のバリュエーション同様に、ソブリンのレーティングを利用し続ければ、同社の価値は6.65ドルという結果になったはずである。だが、CDS市場は過剰反応しすぎるので、標準化した値（レーティングに基づいた方法、もしくは長期のCDSスプレッドの平均）を用いるほうが、より正確な算定ができるとして、この選択肢を却下してしまったのだ。

　長きにわたりバイアスと格闘したあと、私がヴァーレの継続保有を正当化しようとして行った仮定は、マクロ環境に関するものであったとの結論に至った。つまり、鉄鉱石価格の下落は止まる、もしくは市場はブラジルのリスクに過剰反応をしており、それもやがて調整されるといった具合である。追記すれば、株価は2ドル程度まで下落し、私はその時点で株式を買った。おそらく私が教訓から学ばなければ、もっと痛い目に遭っていたはずであるが、その後株価は5.03ドルまで上昇した。

勝利よりも敗北から多くを学ぶことができると言われるが、この忠告を否定したがる人々は一度も負けたことがないか、自分自身の忠告に従わない者たちである。私の失敗から学ぶのは難しいが、私が行ったヴァーレのバリュエーションを見直すと、次のことが分かる。

1. **やみくもな標準化の危険性**　やみくもに標準化すること、つまり利益は過去5年または10年の平均的な水準に戻ると仮定したり、鉄鉱石価格は反転すると仮定することは避けようと注意していたが、過去12カ月の鉄鉱石価格に基づいた同期間の利益額を利用して標準的な期待値を算出していた。少なくともヴァーレに関しては、鉄鉱石価格の下落とその利益への影響とには時間のズレがあったようだが、これは事前に取り決められた価格を反映したものか、会計処理の手抜きによるものである。同様に、ソブリンレーティングに基づいたデフォルトスプレッドを利用したことで、市場がブラジルの状況に対してかなり否定的な反応を示すなかで、安定性を誤解してしまった。

2. **根深い政治的リスク**　政治的な問題は政治的解決が必要であるが、政治が合理的な解決策や素早い対応策を容易に生み出すことはない。実際に、ヴァーレから得た教訓は、政治的リスクが大きな要因となる場合、それが政治家の手に委ねられると、問題は長引くか、容易に大きなものとなってしまうということである。

3. **負債の効果**　ヴァーレが抱える問題のすべては、過去10年間の大きな成長と、巨額の支払い配当（ヴァーレは議決権のない優先株株主に配当を支払わなければならなかった）ゆえに膨らんだ借り入れによって大きくなってしまった。デフォルトの危険性は差し迫ったものではなかったが、ヴァーレの債務返済余力は前年に大幅に減少し、インタレスト・カバレッジ・レシオは2013年の10.39から、2015年には4.18まで低下していた。

2015年9月に分かったことを、2014年11月の時点で知っていれば、私がヴァーレを買うことはなかったことは言うまでもないが、それも空文である。

結論

マクロのストーリーテリングはミクロのそれより扱いにくいものであるが、シクリカルな企業やコモディティ企業、または極めてリスクの高い途上国市場の企業などを扱う場合には、選択の余地はない。マクロの予測能力に優れていたとしても、まずはその能力を利用せずに企業を評価し、その後、予測を用いて再評価したほうが良いであろう。そうすることで、自らも、また自らのバリュエーションを利用する者たちも、自分の判断がどれだけ企業に対する見方に基づいているのか、どれだけが市場に対する見方に基づいているのかを理解することができるであろう。

第14章
企業のライフサイクル
The Corporate Life Cycle

　ストーリーと数字との関連が本書の主たるテーマであるが、この2つのバランスは、企業がスタートアップから、成長、成熟、そして衰退というライフサイクルを進むに従って変わるものである。本章では、まず企業のライフサイクルという考え方を紹介し、企業の進化と転換点という段階を定義し、その後、企業が年を取るに従ってストーリーと数字との関係がどのように変化するか、ライフサイクルの早い段階ではストーリーが数字を左右し、後に数字がストーリーを左右していく姿を見ていく。本章の最後には、投資家への教訓として、投資で成功するために必要となる資質はライフサイクルに従って変化し、適用されるバリュエーションと価格付けの基準も、それに従って変わるということを見ていこう。

年を取る事業

　事業は生まれ、時に成長し、成熟し、やがて死にゆくが、それが早いものもあれば、遅いものもある。企業のライフサイクルとは、事業のこの自然の進化を反映したものである。本項では、企業のライフサイクルの段階を詳述し、ストーリーテリングと定量化に求められるものが、サイクルの移行に伴ってどのように変化するかを説明していく。

327

ライフサイクル

　企業のライフサイクルはビジネスアイデアから始まる。それは常にオリジナルというわけでもなく、現実的でさえないこともあるが、市場ではいまだ満たされていないニーズを満たそうと考えだされるものである。ほとんどのアイデアがこの段階から抜け出せないが、製品やサービスへと発展し、実際の事業の第一歩を踏み出すアイデアもある。それらの製品やサービスは市場の洗礼を受けることになるが、それを通過すれば、収益を生み出し、企業として成功すれば、その収益が成長へとつながっていく。ひとたびこの転換を図ることができれば、事業は拡大しながらも成長を維持することができるばかりでなく、成長から利益を獲得し、その過程での競争にも勝ち残っていく。規模が拡大し、収益力も獲得すれば、成熟したその事業は防衛モードに突入し、利益を維持することを可能とするため参入障壁を設けるようになる。この障壁もやがては小さくなり、事業は衰退へと向かっていく。**図14.1**は、企業のライフサイクルを図示したものである。

　事業が各段階を移行するに従って、成功の基準が変わることに注意されたい。投資家と経営陣の関心も段階ごとに変わり、取り組むべき問題も求められる能力も変わってくる。大部分の企業がライフサイクルの初期の段階で姿を消すので、企業のサバイバル能力がポイントとなる。つまり、アイデアを製品やサービスへと転換し、それを持続可能な事業へと高めることができるかどうか。その後のライフサイクルでは、現実を認識することが転換のポイントとなるが、企業がある段階から次の段階（成長から成熟、成熟から衰退）へと移行するとき、新たな現実を受け入れて、それに適応しようとする企業もあれば、それを否定し、老化にあらがおうとする企業もある。しかし、それは企業と投資家に多大なるコストを背負わせることになる場合が多い。

328

図14.1　企業のライフサイクル

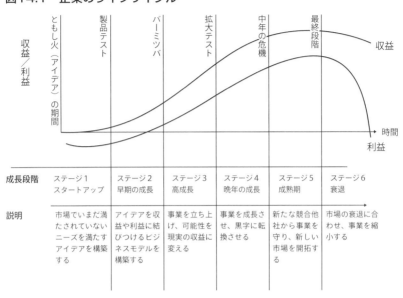

このような違いにもかかわらず、ライフサイクル全体に共通するテーマがあり、私はこの３つのテーマを中心に分析を行っている。第一に、われわれ投資家や経営者が不確実性を嫌うのと同じように、事業が年を取るのは自然なことであり、バグではない。第二に、本書で繰り返し登場するテーマであるが、バリュエーションと言えば、スプレッドシートやモデルやデータを思い浮かべるが、ストーリーテリングも数字同様に重要である。第三に、われわれは「価格」と「価値」という言葉を無分別に使いがちであるが、第８章で述べたとおり、それらは異なるプロセスによって決定され、また異なる方法によって算定されるものである。

ライフサイクルを決めるもの

あらゆる企業がライフサイクルを経験するが、サイクルの長さや形は企業によって異なる。違う言い方をすれば、ほかよりも成長が早く、数十年ではなく、たった数年でスタートアップから確立した事業へと転換する企業もある。同様に、長い間、成熟企業として留まる企業もあれば、あっという間に表舞台から姿を消す企業もある。企業によってライフサイクルに違いが生まれる理由を理解するために、次の3つの要素を見ていこう。

1. **市場参入**　規制や免許や必要となる資本投下など、大きな参入障壁を持つ事業もある。一方で、参入が容易で、当局の認可も大きな資本投下も必要のない事業もある。
2. **規模の拡大**　次に、事業に参入しても、拡大が容易かどうかはその事業によって異なる。拡大のためには、長い時間や膨大な資本投下が必要な事業もあれば、そうではない事業もある。
3. **顧客の惰性と頑固さ**　消費者が既存の製品から新しい製品へと容易に乗り換える市場もあるが、これは彼らが製品にほとんど愛着（感情的または経済的に）がないか、新製品へ乗り換えるためのコストが低いことが理由である。

ほかの条件を同じとすれば、市場参入が容易で、拡大にもコストがかからず、顧客の愛着も薄ければ、ライフサイクルの成長局面はかなり短期間なものとなる。しかし、この朗報も、同じ要素ゆえに、成熟した事業として利益を獲得することが難しくなるという悪い知らせに打ち消されてしまう。つまり、新たな競合が同様の方法で市場を攪乱するので、**図14.2**に示すような、衰退の道、さらに言えば急速な衰退の道を開いてしまうのだ。

330

図14.2　企業のライフサイクル ── ドライバーと決定要因

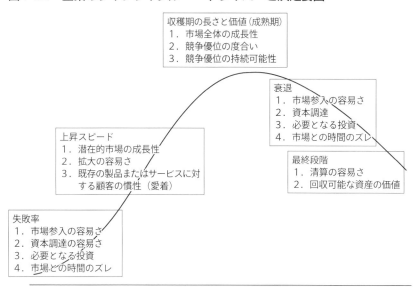

　ライフサイクルに対するこの視点は、さまざまなセクターや事業のライフサイクルの違いを検証するのに役立つ。たとえば、過去30年間で市場を支配するようになったハイテク企業を取り上げてみよう。ハイテク事業は参入障壁が低く、拡大も容易な傾向にあり、概して消費者もイノベーションや新製品を積極的に利用しようとする。それゆえ、ハイテク企業がそれ以外の企業よりも成長が早いことは驚くに値しないが、予想どおりいくつかの例外を除いては、**図14.3**に示すとおり老化も早く、高成長期から数年のうちに衰退期に移行してしまう企業が多い（ヤフー、ブラックベリー、デルなど）。

　次の項では、企業のライフサイクルに基づき、企業が年を取るに従って、ストーリーから数字へとどのように重点が移っていくか、企業のストーリーを語るにあたり、ライフサイクルのどこにあるかを現実的に直視することがどれほど重要かを論じていこう。

図14.3 ハイテク企業と非ハイテク企業のライフサイクル比較

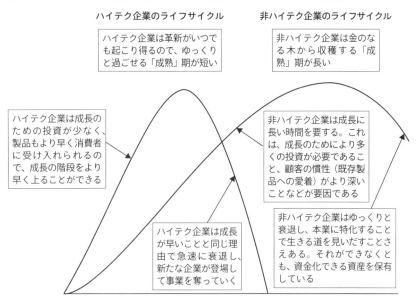

企業のライフサイクルに応じたストーリーと数字

　すべてのバリュエーションはストーリーと数字との組み合わせであるが、それぞれの重要性は、ライフサイクルの推移に伴って変わるものである。企業の過去の数字が乏しく、ビジネスモデルもいまだ安定していないライフサイクルの初期では、ストーリーが価値を左右することになる。企業のビジネスモデルが確立し、業績を残すようになると、価値に対して数字が持つ役割が大きくなってくるが、それでもまだストーリーが優勢である。成熟期になると、ストーリーの役割は２次的なものとなり、数字が主導し始めるのだ。

ライフサイクルにおけるネガティブドライバー

　ストーリーに説得力を持たせる要素は、ライフサイクルを移るに従って変わるものである。スタートアップ段階では、投資家は大きな市場へとつながる壮大なストーリーに魅力を感じ、大きなストーリーを持つ企業に喜んで高い価値を付けようとする。企業がそのアイデアを製品やサービスへと転換しようとすれば、もっともらしさ（Plausibility）が主たる問題となり、この段階では、企業は資源や市場の制約に直面することになり、ストーリーもより小さくなったり、崩壊したりする。製品やサービスが導入されれば、ストーリーの主眼はコストと収益性へと移り、同じ市場における競合他社への対応が求められるようになる。収益性のテストを通過すれば、ストーリーテリングの主眼は拡張可能性、つまり企業がどれだけ大きくなるかに移り、生産と経営と資金面での限界を検証することになる。これらすべてのテストを通過し、収益力ある成熟企業となれば、ストーリーの焦点は、成熟企業が市場から利益とキャッシュフローを収穫することを可能にする参入障壁と競争優位とに移っていく。衰退期には、ストーリーも最終段階に入り、退出していく投資家にできるかぎりの利益を生み出しながらも、企業は縮小やさらには撤退の計画を示すことになる。**図14.4**には、ライフサイクルにおけるネガティブドライバーをまとめてある。

　創業者や経営幹部や株式の調査アナリストが企業のライフサイクルと合致していないストーリーを語るのを目にすることほど困惑するものはない。つまり、衰退期にある企業による拡大成長するストーリーや新しいスタートアップ企業による持続可能性に関するストーリーなどである。

図14.4 企業のライフサイクルを通じたストーリードライバー

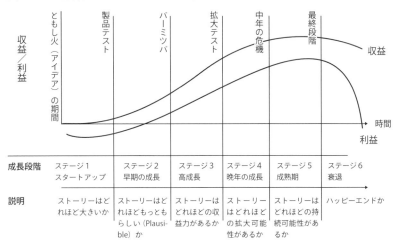

制約とストーリーの類型

　企業が年を取るにつれ、ストーリーがどのように窮屈になってくるかを説明するには、作者が死んでしまった書物を完成させてほしいと頼まれた作家のようなものと考えるのが最良であろう。ライフサイクルの初期の企業は書き始めの書物のようなものである。ストーリーも未完成で、独自の登場人物を描きだしたり、自分好みに変えていくこともできる。ライフサイクルの後半の企業はほとんど書き上がっている書物と考えればよい。登場人物を変更する自由も、新たな筋書きを導入する自由もないのだ。

　次に、語ろうとするストーリーの類型も、ライフサイクルのどこに位置するかによって変わってくる。ライフサイクルの初期には、大きな市場となるストーリーであったり、巨大企業が牛耳る事業に新しいスタートアップ企業が参入し、彼らを駆逐していく革新ストーリーであったりする。企業のビジネスモデルが確立するにつれ、ストーリー

も過去の業績と合致したものでなければならないので、よりおとなしいものとなる傾向にある。収益成長が滞ったり、利益を出すことが難しいのであれば、拡大成長するストーリーや高い利益率を達成するストーリーはますます支持できないものとなっていく。企業が成熟してしまえば、ストーリーも現状（と現在の利益）維持を目指すものか、改革や成長余地を再発見する可能性を模索するもの（買収や新たな市場への参入などを通じて）にならざるを得ない。衰退期には、ストーリーは過去の栄光に浸るものになるかもしれないが、現実的であるためには、企業を巡る環境が変わったことを反映したものでなければならない。

　ライフサイクルの初期では、企業の観察者にとっても独自の方法論を生み出す余地が大きいので、ストーリーに大きな差が生まれやすいのであろう。企業が年を取るにつれ、その歴史ゆえに、別の投資家が導き出す別のストーリーが生まれる余地は限られていく。たとえば、ウーバーのような企業を検討している投資家たちの間では、ウーバーがどの事業に参入するか、どのようなネットワーク効果が期待できるか、どれほどのリスクにさらされるか、とあらゆる点で意見が分かれ、彼らが算定する企業の価値にも大きな差が生まれることであろう。対照的に、コカ・コーラやJCペニーを検討している投資家たちはストーリーのほとんどの点で意見が一致するであろうし、違いがあってもわずかなものにすぎないであろう。

ケーススタディ14.1
新しい企業のバリュエーション ── ゴープロ（2014年10月）

　2014年6月26日、スポーツ（ジョギングや水泳、ハイキングなど）をしているときの記録用に使えるアクションカメラを製造す

るゴープロが上場した。公開日、株価は30％（24ドルから31.44ドルへ）上昇し、2014年10月7日の94ドルまで上昇を続けたが、私がバリュエーションを行った2014年10月15日には70ドルまで値を下げていた。同社の高い株価はやがて下落する運命にあると確信する空売り筋が大きなポジションを積み上げていたが、彼らの多くが株価の上昇で煮え湯を飲まされることになる。

　バリュエーションを行った時点では、同社は３つのモデルのカメラ（Hero、Hero3、Hero4）、多端子のアクセサリー、録画記録を映像に転換する２つの無料ソフトウェア（Gopro App、Gopro App Studio）を製造していた。同社のカメラはすぐに人気商品となり、2013年に９億8600万ドルに達した収益は、2014年６月までの12カ月で10億3300万ドルまで増大する。巨額のR&D投資（直近12カ月で１億0800万ドル）を行ったにもかかわらず、同社は黒字を維持し、その期の営業利益は7000万ドルとなった。R&Dが資産化されたことで、税引き前営業利益率は13.43％と、新しい企業としては驚くべき数字となっている。**図14.5**は、バリュエーションを行うまでの同社の収益と販売台数の進展を示したものである。

　ゴープロのバリュエーションを行うにあたり、私はライフサイクルの初期にある企業にありがちな、典型的な問題のすべてに直面することになる。つまり、事業の定義、潜在的市場、目の前の競争といったものである。ゴープロははた目にはカメラ会社であるが、私のストーリーでは、アクションカメラの市場はスマートフォン市場の一部であり、顧客はソーシャルメディアも活発に利用する活発な運動をする人々（投稿マニア）とした。2013年のアクションカメラ市場は310億ドルであり、これに５％の成長率を当てはめると、2023年の潜在的市場規模は510億ドルになると予測した。**図14.6**は、この数字の算定に用いた仮定を示している。

　ゴープロはこの市場の先行者であり、同社が獲得できるであろ

第14章 企業のライフサイクル

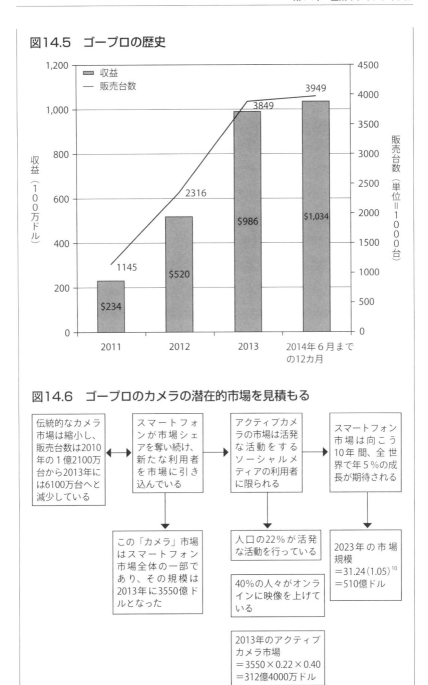

図14.5 ゴープロの歴史

図14.6 ゴープロのカメラの潜在的市場を見積もる

う市場シェアを測定するためには、スタートアップ、既存のカメラメーカー、スマートフォンメーカーといった競合他社との戦いを考慮する必要がある。私には、市場が拡大するにつれゴープロが支配的なシェアを獲得できるようになるネットワーク効果はないものと思われた。既存のカメラ業界の市場シェアを引き合いに、20％（2023年のゴープロの収益は510億ドルの20％で、およそ100億ドルとなる）という市場シェアを当てはめたが、これはカメラ業界首位のニコンの2013年の市場シェアと同じである。営業利益率については、先行者であるゴープロはこの市場で有利なスタートを切っており、プレミアム価格を付けることができるので、将来の税引き前営業利益率は12.5％としたが、これは同社が直近12カ月で達成した利益率（13.43％）をわずかに下回ってはいるものの、同社のこれまでの趨勢を反映させたものである（**表14.1**）。

　12.5％という税引き前営業利益率の予測値は、カメラメーカーの6〜7.5％という利益率よりもはるかに高く、むしろスマートフォンメーカーの10〜15％という利益率に近いものである。実際に、ゴープロは競争に直面しても価格のプレミアムを維持できると仮

表14.1　ゴープロ ── これまでの営業利益

	2011	2012	2013	2014年6月末 （直近12カ月）
売上総利益率	52.35%	43.75%	36.70%	40.13%
EBITDA率	18.74%	12.73%	12.60%	9.82%
調整後EBITDA率	22.59%	14.50%	13.71%	14.14%
R&Dを調整した 営業利益率	20.24%	16.70%	15.98%	13.43%
営業利益率	16.57%	10.31%	10.01%	6.75%
純利益率	10.50%	6.21%	6.15%	3.27%

定した。必要となる再投資額を見積もるために、同社は向こう10年間、2ドルの追加収益を獲得するために1ドルを投資しなければならないと仮定した。これで、同社のROC（資本利益率）は現在の水準から10年目にはおよそ16％まで上昇することになる。

　ゴープロは利用者が作成した映像を掲載するソーシャルメディアに焦点を当ててはいるが、2014年10月までに同社が上げた収益のすべてはカメラとアクセサリーの販売によるものであった。ゴープロはXboxとピンタレストとのパートナーシップ構築に力を入れているが、これは顧客が作成した映像をコンテンツとするメディア企業となることで収益を上げる可能性があることを示唆している。しかし、2014年10月時点では、これはもっともらしい（Plausible）または確からしい（Probable）というよりも、可能性がある（Possible）領域に属するものにすぎないので、ゴープロの映像制作の能力が今後も収益を生むことはなく、あくまでカメラの販売を助けるにすぎないものと仮定した。ゴープロの資本コストを見積もるにあたっては、現在の負債と自己資本の割合（負債が2.2％、自己資本が97.8％）を出発点と考え、資本コストは8.36％とし、10年目までには8％まで低下するとした。

　これらインプット（市場規模と市場シェアから割りだした収益成長、営業利益率、資本回転率、および資本コスト）の選択に幅を持たせることで、ゴープロの価値をひとつの期待値ではなく、分布をもって評価することにした。**図14.7**に、私の仮定とその結果をまとめてある。

　この分布図を見ると、シミュレーションによる価値の期待値が1株当たりたった32ドルと、市場価格の70ドルを大幅に下回るものであったことが分かるが、それを上回る可能性もゼロではないと分かる。ここから、本源的価値に基づけば、1株当たり70ドルでゴープロを買うことを正当化するのは不可能とは言わないが、難

図14.7　ゴープロのバリュエーションのシミュレーション

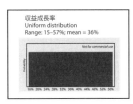
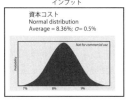

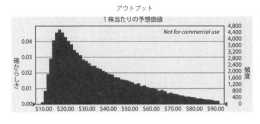

しいと判断した。この価格を正当化するためには、ゴープロは新たな利用者（運動好きの投稿マニア）を市場に引き入れ、ネットワーク効果を生み出すようなイノベーションを起こして競争に打ち勝たなければならない。それは狭き門であり、もっともらしい（Plausible）ことではあるが、確からしさ（Probability）のテストを通過し、ゴープロを買わせるだけのものではない。

ケーススタディ14.2
衰退する企業のバリュエーション —— JCペニー（2016年1月）

　JCペニーはアメリカの小売市場の老舗で、その歴史は1902年にまでさかのぼる。ワイオミング州で誕生した同社は、当初ロッキ

ー山脈を中心とする州で成長し、1914年に本拠をニューヨークに移した。最初のデパートを開業したのは1961年で、1963年にはカタログ販売を始めている。1993年にシアーズがカタログ事業から撤退すると、JCペニーは全米最大のカタログ販売業者となった。

2016年1月、同社は厳しい時代の真っただ中にあり、オンライン販売は、特にアマゾンの成長と消費者の好みの変化という二重苦にあえいでいた。図14.8は、2000〜2015年の同社の年間収益と営業利益率をまとめたものである。

この間、同社の収益は50％以上減少し、2012〜2015年は営業損失を計上することになった。

この業績と競争の状況を前提とした、私のJCペニーのストーリーは引き続き衰退するというもので、収益は不採算店舗を閉鎖しても、年3％の低下を続けるとした。ただ、ストーリーはわずかばかり明るい結論となっており、同社は小売業界で小さいながら

図14.8　JCペニーの収益と営業利益率

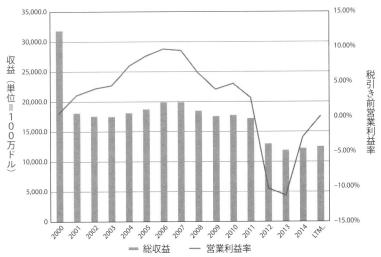

341

表14.2　JCペニーのケーススタディ

	基礎年次	1	2	3	4	5	6	7	8	9	10
収益成長率[a]		−3.00%	−3.00%	−3.00%	−3.00%	−3.00%	−2.00%	−1.00%	0.00%	1.00%	2.00%
収益	$12,522	$12,146	$11,782	$11,428	$11,086	$10,753	$10,538	$10,433	$10,433	$10,537	$10,478
EBIT（営業利益率）[b]	1.32%	1.82%	2.31%	2.80%	3.29%	3.79%	4.28%	4.77%	5.26%	5.76%	6.25%
EBIT（営業利益）	$166	$221	$272	$320	$365	$407	$451	$498	$549	$607	$672
税率	35.00%	35.00%	35.00%	35.00%	35.00%	35.00%	36.00%	37.00%	38.00%	39.00%	40.00%
EBIT(1-T)	$108	$143	$177	$208	$237	$265	$289	$314	$341	$370	$403
一再投資[c]		$(188)	$(182)	$(177)	$(171)	$(166)	$(108)	$(53)	$—	$52	$105
FCFF（企業のキャッシュフロー）	$331	$359		$385	$409	$431	$396	$366	$341	$318	$298
資本コスト[d]	9.00%	9.00%	9.00%	9.00%	9.00%	9.00%	8.80%	8.60%	8.40%	8.20%	8.00%
現在価値（FCFF）		$304	$302	$297	$290	$280	$237	$201	$173	$149	$129
ターミナルバリュー	$5,710										
現在価値（ターミナルバリュー）	$2,479										
現在価値（向こう10年間のキャッシュフロー）	$2,362										
現在価値の合計	$4,841										
破綻の確率[e]	20.00%										
清算金額	$2,421										
営業資産の価値	$4,357										

a 表退する事業　収益は向こう５年間で年に３％ずつ減少する
b 利益率はアメリカ小売業の中央値（6.25%）まで徐々に向上する
c 店舗を閉鎖することで、不動産に投じられていた資金が浮くことになる
d 借り入れコストが高いので、資本コストは9％とする
e 債務が多く、債務が悪いため、事業が継続できないリスクがある。債券の格付けに基づけば、破綻可能性は20％であり、清算によって回収される資金は簿価の50%とする

第14章　企業のライフサイクル

も存在意義を維持し、営業利益率も向こう10年間で業界の中央値
である6.25％まで改善するとした。多額の負債を考えれば、向こ
う10年間を切り抜けることができない可能性も大きいが、どうに
かやり遂げることができれば、より小規模の安定成長企業として
生き残ることができるであろう。私のストーリーから導き出した
バリュエーションインプットを用いてJCペニーの価値を算定もの
が、**表14.2**にまとめてある。

　私が予測したJCペニーの向こう10年間の収益は、現在の収益を
15％ほど下回るものであり、同社の営業資産の価値は43億6000万
ドルとなった。この価値は、負債残高（リース債務を含む）を下
回るものであり、同社の危うさを示すとともに、このストーリー
が悲惨な結末となる可能性が極めて高いことを物語っている。

> **ケーススタディ14.3**

ストーリーの違い —— ウーバー（2014年12月）

　第9章において、2014年6月の私のストーリーに基づいてウー
バーのバリュエーションを行ったが、そこでは同社を地域におけ
るネットワーク効果を持った都市部のカーサービス企業とし、自
己資本の価値を60億ドルと見積もった。第10章では、同社をグロ
ーバルなネットワーク効果を持った物流会社とするビル・ガーレ
イの反論に基づいたバリュエーションを行い、同じく290億ドルと
いう価値を算定した。これらは企業としてのウーバーに関する数
あるストーリーのなかの2つにすぎない。ストーリーが新しい企
業の価値をどのように左右するか、そしてストーリーの違いが異
なる価値を生むことを理解するために、ウーバーのストーリー構
築のプロセスを分解し、同社の検討を行っている投資家が各段階

343

でなし得る選択を見ていこう。

1. **事業と潜在的市場**　ウーバーの事業をどうとらえるかで、同社の成長余地が決まるが、市場をより広く定義すれば、それだけ成長余力（と価値）も大きなものとなる。選択肢を**表14.3**に掲載したが、ウーバーの市場規模はこれら選択肢の間に落ち着くことになろう。

2. **市場規模に与える影響**　第９章と第10章でのウーバーに関する私のストーリーでは、同社はカーサービス市場に新たな利用者を引き入れ、やがて市場規模を増大させる可能性を指摘した。**表14.4**には、この成長効果の４つの可能性を挙げておく。

3. **ネットワーク効果**　私が行ったウーバーのバリュエーションでは、同社には地域におけるネットワーク効果があり、市場全体の10％のシェアを獲得することができるとしたが、第10章で紹介した代替ストーリーでは、グローバルなネットワーク効果があり、さらに大きな市場シェアを獲得する可能性を指摘した。**表14.5**にある選択肢を並べておく。

4. **競争優位**　ウーバーが事業を築き上げていくうえで生み出した競争優位は、同社が運転手の収入の20％を獲得し、大きな営業利益率を維持するかどうか、もしくは収益が増大しても、利益はより小さなものとなってしまうかどうかに影響を及ぼす。**表14.6**には、ウーバーの競争優位に関する選択肢を挙げてある。

5. **資本集約度**　私が当初行ったウーバーのバリュエーションでは、同社は現在のビジネスモデル（自動車を所有せず、運転手も雇用しない）で成長を続けることができると仮定したが、企業が成長するにつれ、追加投資（自動車、技術、インフラ

第14章 企業のライフサイクル

表14.3 ウーバーの事業と潜在的市場

ウーバーの事業	市場規模 (100万ドル)	説明
A1. 都市のカーサービス	$100,000	タクシー、リムジンおよびカーサービス（都市部）
A2. すべてのカーサービス	$150,000	＋レンタカー＋非都市部のカーサービス
A3. 物流	$205,000	＋引っ越し＋地域の宅配
A4. 移動サービス	$285,000	＋公共交通機関＋カーシェア

表14.4 ウーバーが市場規模に与える影響

ウーバーが市場規模に与える影響	年成長率	向こう10年間の効果
B1. なし	3.00%	市場規模に変化なし
B2. 25%の市場拡大	5.32%	市場規模は向こう10年間で25%増大する
B3. 50%の市場拡大	7.26%	市場規模は向こう10年間で50%増大する
B4. 市場規模が倍増	10.39%	市場規模は向こう10年間で倍増する

表14.5 ウーバーのネットワーク効果

ウーバーが持つネットワーク効果	市場シェア	ネットワーク効果の説明
C1. ネットワーク効果はない	5%	すべての市場で自由競争が起こる
C2. 地域における弱いネットワーク効果	10%	いつくかの地域市場を独占する
C3. 地域における強力なネットワーク効果	15%	多数の地域市場を独占する
C4. グローバルな弱いネットワーク効果	25%	新たな市場で弱い波及効果がある
C5. グローバルな強力なネットワーク効果	40%	新たな市場で強力な波及効果がある

345

表14.6 ウーバーの競争優位

ウーバーの競争優位	料金分配の割合	競争効果の説明
D1. なし	5%	参入制限なし＋価格決定力なし
D2. 弱い	10%	参入制限なし＋わずかな価格決定力
D3. 中程度	15%	参入制限なし＋価格決定力
D4. 強い、かつ持続可能	20%	参入制限＋価格決定力

表14.7 ウーバーの資本投下モデル

ウーバーの資本モデル	資本回転率	モデルの説明
E1. 変わらず	5.00	自動車やインフラストラクチャーには投資しない
E2. 適度	3.50	自動車やインフラストラクチャーに多少の投資を行う
E3. 高い	1.50	無人自動車や技術に巨額の投資を行う

ストラクチャーなど）が必要となるモデルを採用しなければならなくなる可能性もある。その可能性のいくつかを**表14.7**にまとめておく。

市場規模、市場の成長性、ウーバーの市場シェア、収益分配と、それぞれの選択に従って、バリュエーションの結果も変わる。仮定の組み合わせはあまりに数が多く、そのすべての結果を示すことはできないが、もっともらしい（Plausible）選択肢のもとで算定した価値を**表14.8**にまとめておく。

ケーススタディ14.3で示した、私が算出したウーバーの価値の幅

第14章 企業のライフサイクル

表14.8 ウーバー——ストーリーとバリュエーション（2014年12月）

市場規模	成長効果	ネットワーク効果	競争優位	ウーバーの価値（100万ドル）
A4. 移動サービス	B4. 市場規模が倍増	C5. グローバルな強力なネットワーク効果	D4. 強い、かつ持続可能	$90,457
A3. 物流	B4. 市場規模が倍増	C5. グローバルな強力なネットワーク効果	D4. 強い、かつ持続可能	$65,158
A4. 移動サービス	B3. 50%の市場拡大	C3. 地域における強力なネットワーク効果	D3. 中程度	$52,346
A2. すべてのカーサービス	B4. 市場規模が倍増	C5. グローバルな強力なネットワーク効果	D4. 強い、かつ持続可能	$47,764
A1. 都市のカーサービス	B4. 市場規模が倍増	C5. グローバルな強力なネットワーク効果	D4. 強い、かつ持続可能	$31,952
A3. 物流	B3. 50%の市場拡大	C3. 地域における強力なネットワーク効果	D3. 中程度	$14,321
A1. 都市のカーサービス	B3. 50%の市場拡大	C3. 地域における強力なネットワーク効果	D3. 中程度	$7,127
A2. すべてのカーサービス	B3. 50%の市場拡大	C3. 地域における強力なネットワーク効果	D3. 中程度	$4,764
A4. 移動サービス	B1. なし	C1. ネットワーク効果はない	D1. なし	$1,888
A3. 物流	B1. なし	C1. ネットワーク効果はない	D1. なし	$1,417
A2. すべてのカーサービス	B1. なし	C1. ネットワーク効果はない	D1. なし	$1,094
A1. 都市のカーサービス	B1. なし	C1. ネットワーク効果はない	D1. なし	$799

（7億9900万ドルから905億ドルまで）を見ると、バリュエーションモデルの最大の懸念が証明されたように思うかもしれない。つまり、自ら望んだ数字をはじき出すためにいかようにも利用できるということであるが、私はそうは思わない。むしろ、この表から学ぶべき教訓が4つある。

1. **壮大なストーリーは価値を高騰させる**　DCF（割引現在価値）モデルは本質的に保守的なものであるので、将来性のある新しい企業のバリュエーションには不向きであると考える人々がいることは承知している。**表14.8**で分かるとおり、巨大市場や支配的な市場シェア、大きな利益率といった壮大なストーリーを構築すれば、モデルはそれに見合った価値を算出する。価値の算定に大きな差が生まれるのは、企業に関して異なるストーリーを持っていることが要因である場合がほとんどで、インプット数字に対する考えが異なるからではない。

2. **すべてのストーリーが対等とは限らない**　大きな価値を生み出すものから、そうではないものまでさまざまなストーリーを取り上げたが、すべてが対等とは限らない。投資家として将来を見すえた場合、ほかよりももっともらしい（Plausible）、それゆえにうまくいく可能性が高いものもある。

3. **ストーリーには再構成が必要である**　ウーバーについて構築したストーリーは、現時点でよく知っていることに基づいたものである。物事が進展するにつれ、ストーリーを事実と照らし合わせ、調整が必要なのであれば、ストーリーを微調整したり、変更したり、差し替えたりする必要がある。これは第11章で指摘したことである。

4. **ストーリーがものを言う**　新しい企業への投資で成功するか否かは、数字ではなく、ストーリーが正しいかどうかにかかっている。

成功を収めるベンチャーキャピタリストが意外にも数字を振り回さない理由はこれである。つまり、有力なストーリーを持つスタートアップ企業を見いだし、そのストーリーを実現する創業者や起業家を見いだすことができるなら、EBITDAとフリーキャッシュフローの違いを説明できなかったり、資本コストを計算することができなくても、さしたる影響はないということだ。

投資家への示唆

企業のライフサイクル、ストーリー、そして数字の相互作用は、投資哲学と成功に必要となる資質の違いを理解する土台となる。

投資家に必要な能力

前項で述べたとおり、ライフサイクルの早い段階にある企業に焦点を当てるベンチャーキャピタリストたちが成功するか否かは、数字を操ることよりも、ストーリー（創業者たちが彼らに語った）を評価する能力の有無にかかっている。対照的に、成熟した企業が興味の対象となる古いタイプのバリュー投資家は、たとえストーリーに関する能力が不足していたり、偏っていたり（参入障壁や競争優位を評価するに留まる）しても、たいていは数字をもとに判断を下すことでお金を稼ぐことができるであろう。

投資家として、ストーリーテリングと数字を操る能力に加え、投資で成功を収めるためにもっとも重要なことは何かを見定めようとするならば、不確実性と間違いにどう対処するかを検討することを提案したいと思う。期待とは異なる結果となると、すぐにあきらめて手放してしまうならば、ストーリーと価値が時間の経過とともに変わりやすい新しい企業は避けるべきであろう。対照的に、価値が大きく変化す

349

ることが投資の醍醐味と思っているのであれば、成熟した企業に機会を見いだせることは少ないであろう。

投資家の道具

　投資対象を新しい企業から成熟した企業へと移すにつれ、投資を検討するために用いる道具も当然ながら変わってくる。価値に基づいて投資する、つまり株価が算定した価値よりも低い場合にだけ株を買うのであれば、用いるバリュエーションモデルは同じファンダメンタルズを利用したものにすべきであるが、その構築方法はライフサイクルに従って変わることであろう。新しい企業に関しては、私がウーバーのバリュエーションで行ったように、市場規模から始めていくことになろうが、より柔軟な姿勢で臨むことで、ストーリーを価値へと転換することができるであろう。もっと成熟した企業については、企業の過去の業績に基づいたモデルを構築することができるので、基礎となるストーリーが劇的に変化しないかぎりは、合理的な価値算定ができる。膨大なスプレッドシートを利用した財務モデルを用いて行うもので、安定した企業であれば合理的な価値算定が行われ、新しい企業や過渡期にある企業では役に立たないことは言うまでもないだろう。

　価値ではなく、株価に対する判断に基づいて投資を行うのであれば、相対判断を下す、つまり当該企業の株価は同業他社のそれに比べて安いか高いかを問わなければならない。そのためには、たいていの場合、一般的な変数と取得価格を比較するマルチプルを選択しなければならない。企業がライフサイクルの早い段階にあるときは、業績に関する具体的なデータが乏しいので、利用者数やダウンロード数や購読者数といった、やがては収益や利益に結びつくであろうと思われる変数に頼ることになる。企業がサイクルを進むにつれ、業績を基準に価値を測ることになる。つまり、収益（収益力を高めつつある成長企業）か

350

ら始め、利益（成熟企業）に移り、簿価（衰退した企業の清算価値の代数として）に至るという具合だ。**図14.9**は、企業のライフサイクルに応じて求められる投資家の能力と道具とを示したもので、グロース投資家とバリュー投資家、ベンチャーキャピタリストと一般市場の投資家との間に違いが生まれる理由を描きだしている。

それぞれが自分たちの基準や道具を利用しているので、他者の判断がほとんど理解不能なものと思えるのであろう。古いタイプのバリュー投資家がグロース株を買う投資家に対して「利益の1000倍で取引されている株を買う奴などいるのか」と問えば、同じようにグロース投資家は、収益が減少していくような企業の株を買う人間などいないと考えるのである。

結論

本章の最初に企業のライフサイクルを説明し、企業はスタートアップ段階から成熟期、やがては衰退期に移ると記したが、これによってストーリーと数字とのバランスがライフサイクルの推移とともにどのように変化するかを検証してきた。ライフサイクルの早期には、ストーリーがバリュエーションを左右するだけでなく、投資家によってストーリーやバリュエーションに大きな差が生まれやすい。企業が年を取るにつれて、価値を決めるにあたり数字が持つ役割が大きくなり、ヒストリカルデータを利用することで、数字だけに基づいて企業の価値を算定することが可能にもなる。

このことに異存がなければ、投資哲学や投資対象を自らの能力や精神構造に合わせるべきである。企業のストーリーを語るのが好きで、それらのストーリーを価値に結びつける能力があり、大きな間違いを犯すことに気を病まないのであれば、ベンチャーキャピタリストになるか、新しい成長性のある上場企業に投資するのがよいだろう。数字を

図14.9 ライフサイクルに応じた投資家の課題

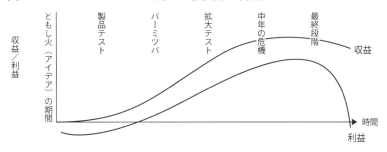

成長段階	ステージ1 スタートアップ	ステージ2 早期の成長	ステージ3 高成長	ステージ4＆5 晩年の成長・成熟期	ステージ6 衰退
主たる課題	製品やサービスの市場は存在するか。その市場はどの程度の規模か。生き残ることはできるか	人々は製品やサービスを利用するか。どの程度気に入るか	人々は製品やサービスに対価を支払うか。拡大、つまり成長することができるか	製品やサービスから収益を上げ、競争に直面しても収益力を維持できるか	資産をいくらで売却できるか。投資家にどのようにキャッシュフローを還元するか
価格付けの基準	市場規模、手元資金、資本調達	利用者数、利用者集約度（EV/利用者数）	モデルへの利用者の係わり、収益（EV/売り上げ）	利益水準と成長率（PER、EV/EBIT）	キャッシュフローと配当と債務返済（PBV、EV/EBITDA）
ストーリーと数字	ストーリーがほとんどすべて	数字よりもストーリー	ストーリーと数字の混合	ストーリーよりも数字	数字がほとんどすべて
バリュードライバー	市場規模、市場シェア、目標利益率	収益の成長（とその要因）	収益の成長と再投資	営業利益率と資本利益率	配当または還元率と負債比率
危険性	マクロの錯覚、企業全体が市場規模よりも高く評価される	価値の散漫、注目すべき収益ドライバーを間違える	成長の幻想、成長のコストを見誤る	革新の否定、利益の維持に脅威となるものを見誤る	清算の漏損、清算価格の仮定が非現実的なものとなる
推移	潜在性から製品へ	製品から収益へ	収益から利益へ		利益からキャッシュフローへ

利用し、投資に厳格なルールを適用したいのであれば、成熟した企業に取り組むほうが快適だろう。いずれにしても、自分次第である。

第 **15** 章

経営上の課題

The Managerial Challenge

　本書は、投資家の視点から、投資におけるストーリーテリングと数字を操る能力とをどのように結びつけることができるかに多くを費やしているが、経営者や創業者たちが学ぶべき教訓も含まれている。本章では、第14章で紹介した企業のライフサイクルを振り返るが、投資家というよりも、経営者や企業のオーナー、創業者の視点からストーリーと数字の関連を見ていこうと思う。投資家の場合と同様に、企業がスタートアップから衰退に至るにつれて、経営幹部として成功するために必要な資質も変わることを記していくが、これこそが、スタートアップ企業で成功した創業者が歴史ある企業のCEO（最高経営責任者）へと転進できず、大手企業のCEOたちがスタートアップ企業で成果を収められない理由を説明することにもなろう。企業の経営幹部たちはライフサイクルのあらゆる段階で自らの事業を語り、しかもそれが明確で説得力があり、信頼に足るストーリーを構築するだけでなく、そのストーリーに合致した行動を取ることが重要である理由も見ていくことにする。

ライフサイクルが教える経営上の課題

　第14章で企業のライフサイクルの構造を紹介し、企業がスタートア

ップから成長、そして成熟した事業から衰退へと推移するに従って、ストーリーと数字のバランスがどのように変化するかを説明した。当然ながら、これらの事業を運営する者たちが直面する課題も、ライフサイクルの推移に従って変わってくる。

経営上の課題

企業のライフサイクルを通じたストーリーと数字の組み合わせに足並みをそろえるように、経営者や創業者が直面する問題も、企業が年を重ねるにつれて変わってくる。ライフサイクルの早い段階では、創業者は説得力あるストーリーテラーでなければならず、取り上げるべき業績や製品がないときでさえ、事業の実行可能性や将来性について投資家を説得できなければならない。企業がアイデアのレベルから事業の段階に移るに従って、事業を推進する者たちは事業を作り出す能力を持って、約束を数字へと転換しなければならない。企業が成長し始めると、経営者はストーリーを裏づけるような業績を達成し始められるかどうかを問われることになる。成熟期には、業績に見合ったストーリーを構築しなければならない。つまり、企業の収益が横ばいであるときに成長するストーリーを語り続けても、信頼を失うばかりであるということだ。最終段階では、経営者は過去を否定し、事業が衰退期にあることを受け入れ、それに従って行動することが求められる。以上の推移を**図15.1**に図示しておく。

ライフサイクルの初期には、企業のトップとしてふさわしい人物を得ることができるかどうかが成否の鍵となるが、企業が成熟するにつれ、有効な運営方法が確立し、事業が安定すると、だれが経営幹部であるかが重要でなくなる時期がある。エクソンモービルの価値は、経営幹部の一団が入れ替わってもさほど変化しないであろうし、それこそがエクソンモービルに投資していても、CEOがだれであるか知りも

図15.1　企業のライフサイクルと経営上の課題

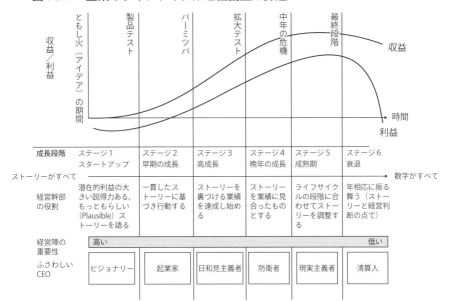

せず、気にもならない理由であろう。対照的に、企業を運営している人物について知ろうともせず、また彼らのスタイルや哲学が気に入らないままに、ゴープロやウーバーに投資をするなどバカげたことであろう。

企業のライフサイクルが推移するに従って、経営上の課題も変わるという考えを受け入れるならば、CEOに求める資質も各段階で異なるものになると考えるのが合理的である。ライフサイクルの早い段階では、企業のストーリーを語り、ビジネスアイデアに将来性があることを納得させることができるビジョナリーなCEOがもっとも適している。アイデアを製品へと転換させるにあたっては、ビジョンもまた重要ではあるが、事業を構築する能力が備わっていなければならない。事業が安定し、拡大を求めるようになれば、企業が参入できる新たな市場

や事業を見いだし、効率的に成長させることができる日和見主義の
CEOが必要になる。ひとたび企業が成功したら、その成功が競合他社
を引き寄せ、自分たちのまねをしたり、製品やサービスを改善したり
することになるので、CEOは防衛の仕方を学ばなければならない。事
業が成熟期に入れば、CEOは成長やそのコストに対して現実的となり、
何が何でも成長しようとすれば、価値を破壊することになることを認
識しなければならない。衰退期には、CEOは企業を縮小させていくこ
とが最良の道であることを進んで受け入れ、少しでも高い価格が付く
不要な資産を清算していくことになる。

ストーリーと数字 ── ライフサイクルに基づく教訓

　経営陣が直面する課題はライフサイクルを通じて変わるが、成功し
ている企業やそのリーダーたちをじっくりと見ていくと、共通する点
が出てくる。

1. **ストーリーを支配する**　経営というのは、業績を上げ、アナリス
   トの期待に応えることではない。それは、リーダーとして事業に
   関するストーリーを語り、投資家に過去のことばかりでなく、将
   来の目標を理解してもらうことである。経営幹部が企業に関する
   信頼に足るストーリーを構築しなければ、投資家やアナリストた
   ちが勝手にストーリーを構築し、企業は自ら望んだものではない
   ゲームに取り組むことになってしまう。
2. **そのストーリーに忠実である**　経営者は、ストーリーが一貫して
   いるかどうかで評価されることにもなる。これはストーリーを変
   えてはならないということではない。問題に対応するためにはそ
   うせざるを得ないことがしばしばである。むしろ、ストーリーを
   変えるならば、その理由と変化の内容を説明しなければならない

ということである。何も説明をすることもなく、投資家や顧客の興味にあわせてその都度ストーリーを変えていたら、信頼を失い、異なるストーリーと置き換えられてしまうリスクがある。

3. **ストーリーに従って行動する** 経営者は、どこに投資するか、どのようにその投資を見いだすか、どれだけの現金を投資家に還元するかを決定すると、そのストーリーに合致した行動を取っているかどうかをじっと観察されることになる。CEOがグローバルプレーヤーになるというストーリーを語りながら、外国市場に投資することも、投資機会を探ることもしなければ、投資家はそのストーリーを信用しなくなるであろう。

4. **ストーリーを裏づける業績を達成する** 優れたストーリーを語り、そのストーリーに忠実に行動を取り続けても、業績が伴わなければ、CEOとしては不十分である。自ら市場に向けて語ったストーリーには合致しない業績しか残せなければ、数字が勝利を収めることになる。つまり、CEOが投資家に向けて高成長ストーリーを語っても、収益が横ばいであれば、ストーリーを変えるか、もしくは無視されることになるのだ。

ここでも、企業がライフサイクルのどの段階にあるかと関係がある。ライフサイクルの初期には、経営陣は月に届くような壮大なストーリーを語るか、節度をもってより小さなストーリーを語るのかを判断しなければならない。これは簡潔なトレードオフである。壮大なストーリーは小さく控えめなストーリーよりも刺激的で、より多くの投資家の関心を呼び、企業のバリュエーションや価格もより高くなる。しかし、壮大なストーリーを実現するにはより多くの資源が必要となり、期待外れに終わる可能性も高いのだ。

> **ケーススタディ15.1**

着実なストーリー —— アマゾンの教訓

CEOがストーリーを構築し、そのストーリーに忠実であり、そしてそれに見合った業績を残すことの価値を説明するには、アマゾンが最良の例となろう。私は創業間もないころから同社を観察してきたが、ジェフ・ベゾスは、アマゾンは新たな事業に積極的に進出し、純利益ではなくグロスの収入の増大を目標とする革新的な企業であるとするストーリーを語り続けている[1]。アマゾンは小売業としてスタートしたが、以来エンターテインメントやテクノロジー、クラウドコンピューティングの分野にも進出してきた。この間、同社はまさにベゾスが約束したことを実行してきた。短期的な利益は気にもせず、将来利益を獲得する道を見いだすことを求め、収益の拡大を追及してきたのだ。これこそが、アマゾンはフィールド・オブ・ドリームス企業であるとしてきた理由である。

収益を上げても、長期にわたって利益を残すことのできない企業を市場は許さないが、アマゾンは明らかに例外である。創業から20年近く経過した2015年でも、同社はいまだまともな利益を出すことができないが、投資家たちは喜んでこの短所を見逃しているようである。ジェフ・ベゾスはアマゾンのストーリーをもって投資家の心をとらえているばかりでなく、少なくとも自身の会社に関しては、市場が成功を測る基準を収益性から収益の成長性へと変えさせてしまったようだ。

ジェフ・ベゾスも、やがては約束の半分、つまり膨大な収益から健全な利益を獲得する道を見いだすことを実現させることが求められるであろうが、市場はアマゾンについてはほかの企業より

もかなり長いこと我慢してきている。これはひとえに、市場が同社のCEOを信頼しているからにほかならない。

ケーススタディ15.2

大きなストーリーと小さなストーリー —— リフトとウーバー（2015年9月）

　第11章において、2015年9月のウーバーのバリュエーションを行い、同社が他国や新たな事業に野心的に取り組んでいることを受けて、230億ドルを超える価値を付けた。このバリュエーションを行った段階では、アメリカにおけるウーバーの主たる競合他社はリフトであったが、ライドシェアの分野ではウーバーの楽勝と

表15.1　リフトとウーバー（2015年9月）

	ウーバー	リフト
操業しているアメリカ国内の都市	150	65
操業している世界の都市	>300	65
国の数	60	1
2014年の利用者数（100万件）	140	NA
2015年の利用者数（100万件）（推定）	NA	90
2016年の利用者数（100万件）（推定）	NA	205
2014年の総収入（100万ドル）	$2,000	$500
2015年の総収入（100万ドル）（推定）	$10,840	$1,200
2016年の総収入（100万ドル）（推定）	$26,000	$2,700
2015年の予想成長率	442%	140%
2016年の予想成長率	140%	125%
2014年の営業損失（100万ドル）	− $470	− $50

359

思えた。2015年9月の両社の対比を**表15.1**に記している。

　表15.1を見ると、3つの点が指摘できる。ウーバーは明らかに世界的な市場を目指しており、地域のライドシェア企業と提携することには興味がない。2015年9月、リフトは少なくともしばらくの間はアメリカで事業を行う意向であることを明確にしたが、ほかの市場のライドシェア大手との提携も考えているようである。アメリカ国内では、ウーバーが活動する都市はリフトの2倍以上にもなるが、両社とも成長している。ただ、ウーバーは、乗車数や総収入の両面でリフトよりも成長が早い。第三に、両社とも多額の赤字を計上しているが、ともに収益の大きな増大を目指している。

　2つの企業のビジネスモデルは、少なくともライドシェアについてはよく似たものである。どちらも自社の看板を掲げた自動車を所有せず、運転手は個人事業主としている。どちらも運賃の割合を80対20、つまり80％は運転手に残し、20％を企業が回収するとしているが、潰し合いを避けることを水面下で合意しているのであろう。両社とも運転手が自社のために働く、さらには他社から乗り換えるインセンティブ（契約金）を提供している。両社とも利用者を引きとめたり、他社から乗り換えさせたりするために、割引や無料使用などのインセンティブを提供している。時に両社とも、このゲームで行きすぎを非難されており、無慈悲さで知られたウーバーはほとんど犯罪人のように扱われている。経営上の大きな違いとしては、シェアリングのモデルを宅配や引っ越し市場にまで拡張させようとしているウーバーとは異なり、リフトは少なくとも2015年9月時点では、ライドシェア事業に特化してきており、その事業においても、新たな都市に拡張したり、新しい種類のカーサービスを展開することについては、ウーバーよりもおとなしい。**表15.2**には、2015年9月時点での、ウーバーとリフ

360

第15章　経営上の課題

表15.2　ウーバーとリフト ── ストーリーの違い

	リフト	ウーバー
潜在的市場	アメリカに特化したライドシェア企業	世界的な物流会社
成長効果	アメリカのライドシェア市場は向こう10年で2倍になる	グローバルな物流市場は向こう10年で2倍になる
市場シェア	国内でのネットワーク効果は弱い	世界的なネットワーク効果は弱い
競争優位	中程度の競争優位	中程度の競争優位
費用構造	運転手は従業員	運転手は従業員
資本集約度	資本集約度は低い	資本集約度は低いが、より集約度の高いモデルに移行する可能性がある
経営文化	ライドシェア事業では積極的　規制当局やメディアに対してはより控えめ	すべてのプレーヤーに対して攻撃的（競合、規制当局、メディア）

トのストーリーの違いを記している。

　簡潔に言えば、リフトに関する私のストーリーは、ウーバーのそれよりも小さく、特化した（アメリカでのライドシェアに）ものである。それによって、2015年9月時点では価値と価格の両面でリフトは不利となるが、ゲームが進むにつれて同社に有利に働く可能性もある。ウーバーのバリュエーションと比較しながら、リフトのバリュエーションで行った調整は主に市場規模の数字であるが、ほかのインプットで行った調整はごくわずかなものにすぎない。

1. **より小さな市場規模**　ウーバーに適用したようなグローバルな市場規模ではなく、アメリカだけに特化した。これによって、市場規模は大幅に縮小される。さらに、リフトがライドシェアに特化していることを考えて、同社の市場はカーサー

361

ビス市場に限られると仮定した。これらの仮定の変更にもかかわらず、潜在的市場は大きく、私の予測では2015年におよそ1500億ドルとなる。

2. **国内におけるネットワーク効果**　アメリカ市場では当該事業への参入コストが増大するので、新たな競合他社は限られ、リフトは国内全体でネットワーク効果を享受することができると仮定した。これによって、アメリカ市場で25%の市場シェアを獲得できるとした。

3. **運転手は従業員となる**　運転手が従業員となり、競争の結果としてライドシェア企業が獲得できる収益の分配は減少するとした仮定は、2015年9月のウーバーにおいて行ったものと同じであり、営業利益率（安定した状態で25%）と収益の分配（15%）は減少するとした。

4. **リフトはウーバーよりリスクが高い**　最後に、規模が小さいことと現金残高が少ないことを踏まえて、リフトはウーバーよりもリスクが高いと仮定した。資本コストはアメリカ企業全体の90パーセンタイルに位置する12%とし、同社が倒産する可能性は10%とした。

　これらの仮定のもと行ったリフトのバリュエーションは**表15.3**にある。2015年9月のリフトの価値は31億ドルで、同時期のウーバーに付けた価値（234億ドル）の7分の1に満たないものとなった。

　ストーリーが数字と価値とを左右するならば、ウーバーとリフトの違いはそのストーリーにある。ウーバーは大きなストーリーを持つ企業であり、自らをさまざまな国のさまざまな市場で成功するシェアリング企業としている。ウーバーのCEOであるトラビス・カラニックは、その称賛にふさわしく、このストーリーに忠

実であり続け、一貫した行動を取っている。一方、リフトは意識的により小さく、特化したストーリーを選んでいるようであり、自らはカーサービス企業であるというストーリーにこだわり、活動をアメリカだけに絞ることでさらに小さなストーリーとしている。

　大きなストーリーの利点は、それが実現可能なものであると投資家を説得することができれば、私がウーバーに234億ド

表15.3

ストーリー
リフトはライドシェア会社であり、弱いながらも国内的なネットワーク効果を享受するが、収益の分配は減少（85対15）し、コストは増大（運転手が従業員となる）するも、低い資本集約度を維持する。

仮定				
	基礎年次	1〜5年目　　6〜10年目	10年目以降	ストーリーとの連関
市場規模	550億ドル	年10.93%成長	2.25%成長	米国内のカーサービス＋新規利用者
市場シェア	2.18%	2.18%＞25%	25%	海外ネットワークが弱い
収益分配	20.00%	20.00%→15%	15.00%	収益分配が低下する
税引き前営業利益率	−66.67%	−66.67%→25%	25.00%	中程度の競争優位
再投資	不明	資本回転率は5.00	再投資率＝9%	資本集約度の低いモデル
資本コスト	不明	12.00%　　12%→8%	8%	アメリカ企業の90パーセンタイル
破綻の可能性	破綻する（株式の価値がゼロとなる）可能性は10%			ウーバーが脅威

キャッシュフロー（単位＝100万ドル）					
	市場全体	市場シェア	収益	EBIT(1-T)*	再投資	FCFF**
1	$60,715	4.46%	$650	$(258)	$70	$(328)
2	$67,023	6.75%	$1,040	$(342)	$78	$(420)
3	$73,986	9.03%	$1,469	$(385)	$86	$(472)
4	$81,674	11.31%	$1,940	$(384)	$94	$(478)
5	$90,159	13.59%	$2,451	$(332)	$102	$(434)
6	$99,527	15.87%	$3,002	$(224)	$110	$(334)
7	$109,867	18.16%	$3,590	$(57)	$118	$(174)
8	$121,283	20.44%	$4,214	$174	$125	$50
9	$133,885	22.72%	$4,967	$470	$131	$339
10	$147,795	25.00%	$5,542	$831	$135	$696
現在	$151,120	25.00%	$5,667	$850	$320	$774

価値		
ターミナルバリュー	$13,453	
現在価値（ターミナルバリュー）	$4,828	
現在価値（向こう10年間のキャッシュフロー）	($1,362)	
営業資産の価値	$3,466	
破綻の可能性	10%	
破綻時の価値	$－	
調整後の営業資産の価値	$3,120	ベンチャーキャピタリストはこの時点でリフトを25億ドルと評価していた

* EBIT（1-T）＝（収益×営業利益率）（1－税率）
** FCFF＝企業のフリーキャッシュフロー

ルという価値を付けたように、より高い価値を獲得することができることにある。これは、投資家が価格を付けるための具体的な基準をほとんど持っていない価格付けゲームではさらに重要である。それゆえ、ウーバーと滴滴出行（ディディチューシン）とい

う最大の市場規模を持つ２つの企業は2015年末までに最大の価格を付けたのである。だが、大きなストーリーはコストを伴うものであり、このコストゆえに企業は「大きなストーリー」を避けるのかもしれない。

ウーバーについて言えば、大きなストーリーには長所と短所がある。ウーバー・イーツ（食べ物の宅配サービス）、ウーバー・カーゴ（引っ越し）、ウーバー・ラッシュ（配送）に対する投資はオンデマンド企業としてのストーリーを裏づけるために行うべきものであると言うこともできるが、ウーバーの心臓部であるライドシェア市場が過熱している時期のあだ花だと言うこともできる。収益が指数関数的に増大する一方で、ウーバーがその大きな成長を維持するために同じように資金を使っていることは疑う余地のない事実であり、その期待が大きすぎるがために、ウーバーがいつか投資家を失望させることがあるというよりも、確実にある。リフトが意識的に小さなストーリーを投資家に売り込み、１つの事業（ライドシェア）と１つの市場（アメリカ）に特化するのは、このようなリスクを避けようとするがためかもしれない。リフトは、注意が散漫になることやコスト、そして大きなストーリーを語る企業に伴う落胆とを避けているが、そうすることで失うものもある。ウーバーが受けているようなスポットライトも熱狂も得られないばかりか、ウーバーよりも価値も価格も低くなる。実際に、ウーバーはその大きな価値と資金調達力を武器に、リフトがもっとも得意とする市場で同社を追いかけている。

投資家としては、大きなストーリーも小さなストーリーも、本質的に良し悪しはなく、企業も選んだストーリーゆえに優れた投資対象となり得ないというわけではない。つまり、大きなストーリーを持つ企業としてウーバーは2015年９月時点でより高い価値（234億ドル）を得ているが、価格はさらに高い（510億ドル）。小

さなストーリーを持つリフトの価値はかなり小さい（31億ドル）が、価格も低い（25億ドル）。私のバリュエーションに従えば、これらの価格ならリフトのほうがウーバーよりも優れた投資対象となる。

移行期の構造

優れたCEOの資質がライフサイクルの移行とともに変わるのであれば、ライフサイクルのある段階から次の段階へと移ることは、企業や経営幹部にとって危険をはらむものであると言えるであろう。本項では、企業が痛みを伴うことなくかじ取りすることができる容易な移行をまず取り上げる。これはライフサイクルが長いか、多様な能力をもった適応力の高いCEOがいるがゆえである。その後、ライフサイクルのある段階では成功したCEOが異なる段階では不適格となってしまう、より一般的な問題を検証する。

容易な移行

ライフサイクルの各段階で経営陣に求められるものが異なるならば、途切れることなく移行させることなどできるのであろうか。容易なことではないが、それを可能とするシナリオが3つある。

1. 幸運にも、企業の変化に応じて経営スタイルを変化させるだけの適応力をもった多才なCEOが存在する。1914～1956年にかけてIBMのCEOを務めたトーマス・ワトソンは、成長企業からハイテク業界の巨人へと同社が変わっていくなか、同社を主導してきた。最近の例では、ビル・ゲイツは1975年から2000年に至るまで、マ

イクロソフトのCEOとして、同社をハイテク分野のスタートアップ企業から世界最大の企業の1つへと見事に転換させた。フェイスブックを批判するのは容易であるが、マーク・ザッカーバーグも同様の多才ぶりを発揮し、フェイスブックをスタートアップ段階から数年のうちに高成長企業へと導いた。

2. 企業のライフサイクルが長いものであれば、CEOも企業とともに年を重ねるので、時間の経過が移行をより容易なものとする。重要な移行が起こるときまでには、CEOもその心づもりができている。ヘンリー・フォードは1906年から1945年までフォード・モーターのCEOとして、脆弱なスタートアップ企業を成長させ、世界第2位の自動車会社にまで育て上げたが、自動車会社のライフサイクルが長かったことで、1950年代にはすでに成熟した自動車会社となっていたフォードにおいて、より適切な人物に道を譲ることができた。

3. 多角経営のファミリー企業であれば、家族の別のメンバー（異なる世代から選ばれることが多い）に、その能力にもっともふさわしい事業の責任を負わせることで、移行の問題を家族内で片づけることができる。もちろん、これがうまくいくのは、家長が過去数十年にわたって担当してきた事業に固執したり、家族の若いメンバーが不相応な事業の担当にされるような機能不全を起こしていない場合に限られる。

不適格なCEO

移行がスムーズに行われることが理想であるが、移行期には摩擦が起こるのが一般的で、CEOは企業が変化するにつれて、新たな要求に応えていくのが難しく感じるようになる。組織のトップにある者が身を引くことが難しいと考えている状態になると、血みどろの、そして

367

勝者のいない争いの幕が切って落とされることになる。事業とCEOとがミスマッチを起こしているいくつかの例を紹介する。

1. **事業を立ち上げられないビジョナリー**　1990年代から2000年代前半の212社に上るスタートアップ企業を研究したノアン・ワッサーマンは、これらのベンチャー企業が３年目を迎えるまでには、創業者の半数はもはやCEOの座にはなく、それらの企業が上場するまでその座にいた者は25％を下回るほどであったことを発見した。[2] CEOの座を去った者のほとんどが自らそうしたのではなく、そのうち80％は辞めざるを得なかったのだ。多くの場合、創業者以外の者が経営したほうが、潜在的価値は高まると考えた投資家（たいていの場合、ベンチャーキャピタリスト）が変化を後押ししている。しかし、これには反対意見もあり、有力ベンチャーキャピタルのひとつ（クライナー・パーキンス・コーフィールド・アンド・バイヤーズ）は、投資家は創業者を追いやり、ビジョンのない「プロ」の経営者に置き換えたがりすぎると主張し、1000件以上のファイナンス取引に基づいて、創業者が経営幹部に留まっている企業のほうが、置き換えられた企業よりも資金調達に成功し、価値を生み出しているという証拠を示した。[3]

2. **拡大できない起業家**　最初のチャレンジに成功（商業的に成功した製品やサービスを生み出す）した事業を拡大させることが第二の移行となる。どこからともなく登場し、驚くほど成長した揚げ句、それと同じようにあっという間に消え去る企業の例は枚挙にいとまがないが、それは、事業の拡大はこれまで取り組んでいたことを再現することだと考えている人物たちが経営していることが一因としてある。靴メーカーのクロックスは、ナースシューズを改良した商品で世界を席巻し、2006～2007年に売り上げを３倍に伸ばした。７年後、収益の減少と営業赤字に直面した同社は事

業の効率化を目指したリストラ案を発表し、会社の規模を縮小させた。

3. **防御のできない大風呂敷**　成長させることは得意でも、縄張りを守ることが苦手なCEOがいる。これは成長企業が直面する問題で、大きな成長を遂げ、自らがスタンダードになったときに顕著なものとなる。マイク・ラザリディスは、共同CEOのジム・バルシリーとともにブラックベリー（リサーチ・イン・モーション）を世界でもっともイノベーティブで価値あるハイテク企業の１つへと成長させたが、iPhoneやアンドロイドの攻勢から自社のスマートフォンを守ることができなかった。2012年に２人が退任するまでには、ブラックベリーは取り返しのつかないほどのダメージを受けていた。

4. **清算できない防衛者**　人間も企業も大人になるのは難しい。おそらくもっとも難しい移行であろうが、長らく収益力を誇ってきた成熟企業のCEOが企業を成長させるのではなく、縮小させることが目的となる段階に適応することは難しいと思うであろう。帝国を築いた者はその解体には不向きであるが、それこそは1942年にウィンストン・チャーチルが「大英帝国の解体を指揮するために首相になったのではない」と指摘したことである。だが、チャーチルほどの偉大な人物でも歴史の流れをせき止めることはできず、1945年の選挙でチャーチルに勝利したクレメント・アトリーは植民地の縮小・解放を見ることになる。

コーポレートガバナンスとアクティビスト投資家

　企業のライフサイクルの移行は経営陣の能力を試し、不適格なCEOを生み出す可能性があるが、同時に、アクティビスト投資、つまり企業の経営方法を変換させようとする投資が行われる素地を生み出すこ

とにもなる。前述のとおり、新しい企業ではベンチャーキャピタリストが経営陣を変えるよう圧力をかけるが、ライフサイクル後半では、プライベートエクイティやアクティビスト投資家が変革の主たる触媒となる。

　こうして見ていくと、投資家は企業におけるコーポレートガバナンスの重要性をどのように考えるべきかも分かってくる。企業が成功しているときは、うまくいっているのであるから、変革を起こす必要はほとんどないと考え、ガバナンスの問題には無関心になりがちである。その結果、そのような企業の異なる議決権を持つ株式や人数ばかり多くて何もできない取締役会や不可解な企業構造などを不用意に受け入れてしまう。しかし、これらの企業の経営陣が責任を問われるようになる移行期に入ると、譲歩したことを後悔するようになる。これは、グーグルのストーリーでおそらくは最悪の歴史であろう。過去10年間で成長を遂げ、収益力を獲得したグーグルの成功を批判する者はほとんどいないであろうが、同社の構造と経営は独裁制そのものであった。グーグルの共同創業者であるセルゲイ・ブリンとラリー・ペイジとが、異なる議決権を持つ2種類の株式を公開させることを決めたことで、彼らはすべての株式の議決権は等しくあるべきとした数十年にわたるアメリカの伝統を破壊しようとしたのである。有頂天になった投資家がこの募集を称賛し、グーグル株が上昇したことが新世代のハイテク企業に有利な機会を生み出し、彼らは異なる議決権を持つ株式というグーグルのモデルをまねたのである。それゆえ、マーク・ザッカーバーグが保有するフェイスブック株は20％に満たないが、同社の議決権の50％以上を支配しているのである。ブリンとペイジのチームやザッカーバーグが企業の移行にうまく適用し、グーグルやフェイスブックの株主たちが自分たちの議決権を守れなかったことに報いを受けない可能性もある。しかし、やがてある段階において、投資家と経営陣とが異なる将来像を抱く可能性は高く、そのときになって投資家たちは自

第15章　経営上の課題

らの力不足を嘆くことになるであろう。

ケーススタディ15.3
成熟していく企業の経営課題 —— ヤフーとマリッサ・メイヤー

　ヤフーは1990年代のドットコムブームの立役者であり、数年のうちにスタートアップから巨額の時価総額を持つ企業へと成長した。検索エンジンを中心に構築された同社の主たる事業は、オンライン革命の黎明期においてオンライン検索を独占したが、グーグルの登場が同社に影を落とすことになる。さまざまな経営陣が繰り返し再生を目指した取り組みを行ったあと、2012年にグーグルの将来有望な幹部であったマリッサ・メイヤーを引き抜き、同社のCEOに就けた。

　マリッサ・メイヤーがCEOに就任するころには、新しいスタートアップ企業から2012年現在に至るまでの歴史を図示した**図15.2**で分かるとおり、ヤフーの輝かしい日々は過去のものとなっていた。

　ヤフーは検索エンジンの戦いでグーグルに完敗し続けていたばかりか、企業としてのミッションを見いだせずにいたのだ。

　皮肉なことに、2012年に至るまでにヤフーが行った２つの最高の投資は、自社の事業に対するものでなく、アメリカのカウンターパートのつまずきを尻目に繁栄したヤフージャパンと、2005年当時、まだ未上場であったアリババに対するものである。本書の前半で、アリババはチャイナストーリーの正統的な象徴であると主張し、IPO（新規株式公開）直前にはおよそ1610億ドルの価値を付けた。2014年９月にアリババがIPOをしたとき、企業として

371

図15.2　ヤフーの業績

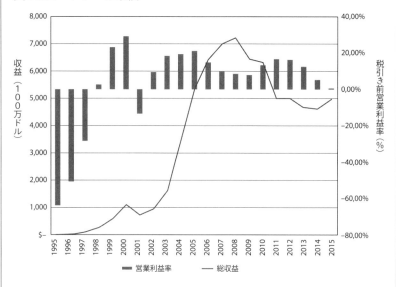

図15.3　ヤフーの本源的価値 —— パーツの合計

のヤフーの価値を、それぞれのパーツ（自社事業、ヤフージャパン、アリババ）に分解することで算定した。**図15.3**には、私が予測したこれら3つのパーツの本源的価値を記している。2014年9月における同社の自己資本の価値を462億ドルと見積もったが、ヤフーの営業資産の価値はそのうち10％（およそ36億ドル）にも満たないことに注意してほしい。

第15章　経営上の課題

　メイヤーが取り組んだ課題は、主たる事業で失速した企業を再
生させるだけでなく、自らはどうすることもできない2つの企業
への投資から最大の価値を引き出すことであった。グーグルでの
成功と、彼女自身が若く、魅力的で、女性であるという事実のす
べてが彼女をヤフーの救世主という聖なる立場に就けたのである。
メイヤーがヤフーで成功する確率は、少なくとも彼女の支援者の
多くが定義する成功という意味では、当初から低いものであった。
その理由は次の2つである。

1．企業を再生させるだけでも十分難しいが、与えられた権限が
　　企業の残りかすだけであればなおさらである。現実問題とし
　　て、マリッサ・メイヤーがヤフーで行うことよりも、ジャッ
　　ク・マーがアリババで行ったことのほうが企業としてのヤフ
　　ーの価値に大きな影響を及ぼすことになる。

2．第14章において、ハイテク企業のライフサイクルは短く、非
　　ハイテク企業よりも早く成長するかわりに、年を取るのも早
　　いと主張したが、ヤフーのような20年もの社歴を持つハイテ
　　ク企業は、人間で言えば、中年というよりも老人である。年
　　老いたハイテク企業が若さを取り戻すことなどあり得ないの
　　だ。運命論者だと思われないように、年老いたハイテク企業
　　が若さを取り戻した例があることも記しておく。1992年の
　　IBMの再生やスティーブ・ジョブズのもとでのアップルの再
　　スタートがそれである。この奇跡ともいえる業績を生んだル
　　ー・ガースナーとスティーブ・ジョブズを全面的に評価する
　　が、両社の奇跡を可能にする出来事（2人にはどうすること
　　もできないものが多い）もあったと考えている。ルー・ガー
　　スナーによるIBMの再生劇は1990年代のハイテクブームに大
　　いに助けられている。これはスティーブ・ジョブズも同様で、

373

彼を必ず成功するビジョナリーなCEOとする神話が長いこと現実を覆い隠してしまっているだけである。どちらの再生劇も純粋にCEOのお手柄だとすることで、新任CEO（メリッサ・メイヤー）は同社を再生する力を引き継いだとするヤフーのシナリオを構築することもできるが、彼女の失敗にがっかりすることになる。私はほかの多くの人々ほどメイヤーに失望することはなかったが、それは当初から彼女がヤフーでできることにそれほど大きな期待を抱いていなかったからである。

2015年12月、ヤフーの問題は表面化し、取締役がインターネット事業を売却し、ヤフージャパンとアリババを投資対象とする事実上のホールディング会社となるべきかどうか検討するまでになっていた。取締役会が判断を見送ると、アクティビスト投資家であるスターボード・バリューはさらに圧力を強め、同社の清算計画を押しつけた。ある意味では企業のライフサイクルがヤフーとマリッサ・メイヤーとに悪い結果をもたらしたのである。

結論

優れた経営幹部たる資質とは何であろうか。その答えは企業がライフサイクルのどの段階にあるかによって変わる。ライフサイクルの初期には説得力あるストーリーをつむぎ、そのストーリーを語ることができるビジョナリーな経営幹部を求めるであろう。企業が成長するにつれ、求められる資質も事業を構築する能力などへと移り、企業が成熟すればより事務的な能力に取って代わられることになる。最後に、衰退期には、事業を運営する現実主義者、規模を縮小させることをいと

わない者を求めることであろう。このように必要となる資質も変わることを考えれば、企業がライフサイクルの段階を進むにつれ、経営陣のミスマッチが起こる可能性も高くなり、対立や変化の素地が生み出されていくのである。

第 **16** 章

最終段階
The Endgame

　本書の初めに、数字を伴わないストーリーはおとぎ話であり、ストーリーの裏づけのない数字は財務モデルの練習にすぎないと記した。これまでの章で、ストーリーテラーと計算屋との間にあるギャップを埋め、双方に互いとの懸け橋の作り方を伝えることができていれば幸いである。投資家、経営者、起業家、そして興味を持つ観衆とも対話を続けられたと思っている（必ずしもうまくいかないこともあったかもしれないが）。

ストーリーテラーと計算屋

　本書の初めに、私は生粋の計算屋であり、ストーリーテリングは少なくとも初めは自分には困難であったと告白している。計算屋である人々にお伝えできる良いニュースは、それはやがて容易になるばかりでなく、楽しめるようにもなるということである。企業のストーリーがちょっとした出来事であっという間に変わってしまうことを知ってから、私はニュース報道から飛行機の免税品カタログまであらゆるものをまったく新しい観点から目を通すようになった。

　ストーリーテラーには困難な部分も本書にはあったであろうが、その点はご容赦いただきたい。企業のバリュエーションはだれにでもで

377

きるし、必要となる会計や数学の知識も基礎的なものにすぎないと考えている。私の偏見かもしれないが、第8章、第9章、第10章において、ストーリーを数字へと転換する手続きを少しだけでも伝えられたら、私の使命は完了したと思う。率直に言えば、銀行家やアナリストのバリュエーションに反論できるだけの力と、自らの意見を守るだけの自信とを身につけたと感じていただけたら幸いである。

最後に、これからもストーリーテラーと計算屋とが交流できる場を持てたらと思う。それぞれが独自の言語を話し、自分が正しいと考えていることは承知しているが、違う考えを持つ者たちに耳を傾けようとするかぎり、互いに学べることは多いのだ。

投資家への教訓

本書を手にした投資家は、株式市場の勝者を見いだすのに役立つ特効薬や公式を知ることができると期待していたのであれば、ガッカリしたことであろう。実際に、市場の勝者を見つけることができるとされる厳格なルールは、成熟した企業のごく一部にのみ当てはまるもので、より大きな市場では有効ではないと私は考えている。私が考えるに、投資の将来は柔軟な思考を持ち、市場のひとつの分野からほかの分野へと容易に動くことができる者たちの手にあるのだ。

私が最初に手にしたバリュエーションに関する書籍の1冊が、多くのバリュー投資家のバイブルである、ベンジャミン・グレアムの『証券分析』(パンローリング)である。多くのバリュー投資家とは異なり、私は必要と思うところだけを学び、その他は忘れてしまった。というのも、『証券分析』は、それが書かれた時代とその時代の読者とを前提としたものだからである。グレアムのスクリーニングや公式は役に立たないと思うが、彼の哲学には大きな価値があると思う。つまり、投資は企業の価値に対する自らの判断に基づいて行うべきもの、他人の

考えや投資家の雰囲気に左右されるべきではないということだ。グレアムの道具を成長企業やスタートアップ企業に適用したら、常に不足を感じるであろうが、彼の哲学を取り入れることで、優れた投資となる可能性が開かれることであろう。

　本書の大半を通じて、価値と価格の違いをうやむやにしてきたが、どちらに基づいて判断するかは自由であり、遅かれ早かれわれわれ自身で選択しなければならないことである。私は価値を信じており、価格はやがて価値に収束すると確信しているので、自らの信念に基づいて投資をすることにしている。価値よりも安い価格で買うことができるのなら、企業の新旧を問わずあらゆる企業の株式を進んで買うが、私の信念は市場で試されるだけでなく、価値が正しかったとしてもその報いを得られる保証はないことも理解している。

　最後に、将来に対する不確実性は、本書で語ったあらゆるストーリーに付き物であり、私が将来語る投資ストーリーのすべてに付きまとうことであろう。ストーリーを喜んで語るようになったことの副産物のひとつが、不確実であることをいとわなくなっただけでなく、反論を受け入れられるようになったことである。つまり、自分がバリュエーションを行った企業に関して、他者は異なるストーリーを持っているかもしれないということを認識したのである。ストーリーテリングによって、間違えることが当然だと思えるようになったし、2013年と2014年のヴァーレへの投資の場合のように、ストーリーの大半がマクロの要素によって成り立っているときなどはなおさらである。

起業家、企業オーナー、経営者への教訓

　創業者や企業のオーナーであれば、本書から得られる教訓はストーリーテリングに関することに限らないと思う。誤解してほしくないのだが、自らの事業について語るストーリーは重要で、信頼に足るもの

でなければならないが、それは投資家や従業員や顧客を引きつけるためだけではなく、その事業が継続的に成功するためでもある。第7章で、ストーリーが可能性がある（Possible）か、もっともらしい（Plausible）か、確からしい（Probable）かを検証したほうが良いと提案したことを思い出してほしいのだが、ストーリーの現実性を検証するだけでなく、変化する事実に合わせてストーリーを調整することも重要である。不朽のストーリーなどなく、永遠のバリュエーションなどないのだ。

また、第15章において、限界のあるなかで壮大なストーリーを追及する場合と、より控えめなストーリーを追及する場合とで創業者が直面するトレードオフについても言及した。投資家や資金を求めるにあたり、前者を追及しようとすれば、資源の限界を感じるであろうし、残念な結果に終わる可能性は高くなる。息が長く、確実な事業を立ち上げたいと思うのであれば、初めにより控えめなストーリーを選んだほうがよいであろう。

最後に、企業の経営幹部は、投資家や株式の調査アナリスト、またはジャーナリストに左右されるのではなく、自らの企業のストーリーを構築することが仕事である。企業のライフサイクルの段階と合致したストーリーで、それを裏づける業績を残すことができれば、支持を得ることになるであろう。企業のライフサイクルの過渡期には、個人的な危機がもっとも大きくなり、それに適用することができなければ、攻撃されるか、おそらくは追放されることになるであろう。

結論

大いに楽しみながら本書を執筆したが、それが伝わっていれば幸いである。本書を楽しんで読んでいただけたとしたら、私にとっては大成功であるが、明日もっとも規模の大きい投資を見直して、投資を行

うに至ったストーリーを検証するだけでなく、そのストーリーを数字と価値とに転換してもらえたら、私の喜びもさらに大きなものとなるであろう。

注釈

第1章　2つの部族の物語

1. マイケル・ルイス著『マネー・ボール』（早川書房）

第2章　ストーリーを教えてください

1. Paul Zak, "Why Your Brain Loves Good Storytelling," Harvard Business Review, October 28, 2014.

2. Greg Stephens, Lauren Silbert, and Uri Hasson, "Speaker-Listener Neuro Coupling Underlies Successful Communication," Proceedings of the National Academy of Scientists USA 107, no. 32 (2010): 14425–14430.

3. Peter Guber, Tell to Win (New York: Crown Business, 2011).

4. Melanie Green and Tim Brock, Persuasion: Psychological Insights and Perspectives, 2nd ed. (Thousand Oaks, Calif.: Sage, 2005).

5. Arthur C. Graesser, Murray Singer, and Tom Trabasso, "Constructing Inferences During Narrative Text Comprehension," Psychological Review 101 (1994): 371–395.

6. D. M. Wegner and A. F. Ward, "The Internet Has Become the External Hard Drive for Our Memories," Scientific American 309, no. 6 (2013), 58–61.

7. John Huth, "Losing Our Way in the World," New York Times, July 20, 2013.

8. ダニエル・カーネマン著『ファスト＆スロー』（早川書房）

9. Tyler Cowen, "Be Suspicious of Stories," TEDxMidAtlantic, 16:32, November 2009, www.ted.com/talks/tyler_cowen_be_suspicious_of_stories.

10. Jonathan Gotschall, "Why Storytelling Is the Ultimate Weapon," Fast Company, 2012.http://www.fastcocreate.com/1680581/why-storytelling-is-the-ultimate-weapon.

11. J. Shaw and S. Porter, "Constructing Rich False Memories of Committing Crime," Psychological Science 26 (March 2015): 291–301.

12. Elizabeth F. Loftus and Jacqueline E. Pickrell, "The Formation of False Memories," Psychiatric Annals 25, no. 12 (December 1995): 720–725.

13. チャールズ・マッケイ著『狂気とバブル──なぜ人は集団になると愚行に走るのか』（パンローリング）

14. John Carreyrou, "Hot Startup Theranos Has Struggled with Its Blood-Test Technology," Wall Street Journal, October 16, 2015, www.wsj.com/articles/theranos-has-struggled-with-blood-tests-1444881901.

15. Caitlin Roper, "This Woman Invented a Way to Run 30 Lab Tests on Only One Drop of Blood," Wired, February 18, 2014, www.wired.com/2014/02/elizabeth-holmes-theranos.

第3章　ストーリーテリングの要素

1. Aristotle's Poetics is the earliest surviving work of dramatic theory and dates back to before 300 b.c.e.
2. Freytag explained his dramatic structure in Die Technik des Dramas (Leipzig: S. Herzel, 1863). That structure was renamed "Freytag's pyramid."
3. ジョーゼフ・キャンベル著『千の顔をもつ英雄』（早川書房）
4. The original version of the story has seventeen phases to it. The simplified version, which was created by Christopher Vogler for Disney Studios, has only twelve, but the core of the story is retained.
5. C. Booker, The Seven Basic Plots: Why We Tell Stories (London: Bloomsbury Academic, 2006).

第4章　数字の力

1. マイケル・ルイス著『マネー・ボール』（早川書房）
2. 同上。
3. I am using two standard errors to get an interval that I feel confident captures the outcome 95 percent of the time. With a 67 percent confidence interval, the mistake could be 2.30 percent in either direction, yielding a range of 3.88 percent to 8.48 percent.

第5章　数字を操る道具

1. See Nassim Taleb's work, either in his books and articles or on his website, fooledbyrandomness.com, for his trenchant critique of the use and abuse of the normal distribution in financial modeling.

第6章　ストーリーを構築する

1. Sergio Marchionne's presentation can be found at www.autonews.com/Assets/pdf/presentations/SM_Fire_investor_presentation.pdf.
2. Aswath Damodaran, The Dark Side of Valuation (Upper Saddle River, N.J.: Prentice Hall/FT Press, 2009).

第7章　ストーリーの試運転

1. ベンジャミン・グレアムとデビッド・L・ドッド著『証券分析』（パンローリング）

第10章　ストーリーを推敲する──フィードバックループ

1. Bill Gurley, "How to Miss By a Mile: An Alternative Look at Uber's Potential Market Size," Above the Crowd (blog), July 11, 2014, http://abovethecrowd.com/2014/07/11/how-to-miss-by-a-mile-an-alternative-look-at-ubers-potential-market-size.
2. ダニエル・カーネマン著『ファスト＆スロー』（早川書房）

第13章　ビッグゲーム──マクロのストーリー

1. I used thirty years of historical data on oil prices, adjusted for inflation, to create an empirical distribution. I then chose the statistical distribution that seemed to provide the closest fit (lognormal) and parameter values that yielded numbers closest to the historical data.

第15章　経営上の課題

1. You can read Bezos's 1997 letter to Amazon shareholders on the SEC website at: www.sec.gov/Archives/edgar/data/1018724/000119312513151836/d511111dex991. htm. After almost two decades, the Amazon story remains almost unchanged at its core.
2. Noam Wasserman, "The Founder's Dilemma," Harvard Business Review 86, no. 2 (February 2008): 102–109.
3. Kleiner, Perkins, Caufield & Byers looked at 895 young companies that had IPOs or were acquired between 1994 and 2014 and classified them based on whether one of the founders was a CEO at the time of the exit or not.

■著者紹介
アスワス・ダモダラン（Aswath Damodaran）
ニューヨーク大学スターンスクール教授。著書に『資産価値測定総論1　2　3』(パンローリング)、『コーポレート・ファイナンス——戦略と応用』(東洋経済新聞社)、『ザ・リトル・ブック・オブ・バリュエーション（The Little Book of Valuation : How to Value a Company, Pick a Stock, and Profit)』『ダモダラン・オン・バリュエーション（Damodaran on Valuation : Security Analysis for Investment and Corporate Finance, 2nd ed)』などがある。

■監修者紹介
長尾慎太郎（ながお・しんたろう）
東京大学工学部原子力工学科卒。北陸先端科学技術大学院大学・修士（知識科学）。日米の銀行、投資顧問会社、ヘッジファンドなどを経て、現在は大手運用会社勤務。訳書に『魔術師リンダ・ラリーの短期売買入門』『新マーケットの魔術師』など（いずれもパンローリング、共訳）、監修に『高勝率トレード学のススメ』『ラリー・ウィリアムズの短期売買法【第2版】』『コナーズの短期売買戦略』『続マーケットの魔術師』『続高勝率トレード学のススメ』『ウォール街のモメンタムウォーカー』『投資哲学を作り上げる　保守的な投資家ほどよく眠る』『システマティックトレード』『株式投資で普通でない利益を得る』『成長株投資の神』『ブラックスワン回避法』『市場ベースの経営』『金融版 悪魔の辞典』『世界一簡単なアルゴリズムトレードの構築方法』『新装版 私は株で200万ドル儲けた』『リバモアの株式投資術』『ハーバード流ケースメソッドで学ぶバリュー投資』『システムトレード 検証と実践』『バフェットの重要投資案件20 1957-2014』『堕天使バンカー』『ゾーン【最終章】』『ウォール街のモメンタムウォーカー【個別銘柄編】』『マーケットのテクニカル分析』『ブラックエッジ』『逆張り投資家サム・ゼル』『とびきり良い会社をほどよい価格で買う方法』『マーケットのテクニカル分析 練習帳』『インデックス投資は勝者のゲーム』『プライスアクション短期売買法』など、多数。

■訳者紹介
藤原玄（ふじわら・げん）
1977年生まれ。慶應義塾大学経済学部卒業。情報提供会社、米国の投資顧問会社在日連絡員を経て、現在、独立系投資会社に勤務。業務のかたわら、投資をはじめとするさまざまな分野の翻訳を手掛けている。訳書に『なぜ利益を上げている企業への投資が失敗するのか』『株デビューする前に知っておくべき「魔法の公式」』『ブラックスワン回避法』『ハーバード流ケースメソッドで学ぶバリュー投資』『堕天使バンカー』『ブラックエッジ』『インデックス投資は勝者のゲーム』(パンローリング)などがある。

2018年9月3日　初版第1刷発行

ウィザードブックシリーズ㉒⑥

企業に何十億ドルものバリュエーションが付く理由
──企業価値評価における定性分析と定量分析

著　者　アスワス・ダモダラン
監修者　長尾慎太郎
訳　者　藤原玄
発行者　後藤康徳
発行所　パンローリング株式会社
　　　　〒160-0023　東京都新宿区西新宿7-9-18　6階
　　　　TEL 03-5386-7391　FAX 03-5386-7393
　　　　http://www.panrolling.com/
　　　　E-mail　info@panrolling.com
編　集　エフ・ジー・アイ（Factory of Gnomic Three Monkeys Investment）合資会社
装　丁　パンローリング装丁室
組　版　パンローリング制作室
印刷・製本　株式会社シナノ

ISBN978-4-7759-7235-9
落丁・乱丁本はお取り替えします。
また、本書の全部、または一部を複写・複製・転訳載、および磁気・光記録媒体に
入力することなどは、著作権法上の例外を除き禁じられています。

本文　©Gen Fujiwara／図表　　©Pan Rolling　2018 Printed in Japan

近代ファイナンスの教科書

PanRolling

アスワス・ダモダラン

ニューヨーク大学・レナード・N・スターン経営大学院のファイナンス理論教授。ニューヨーク大学・教育優秀賞をはじめとする教育における数々の賞を受賞。1994年には、ビジネスウィーク誌の全米ビジネススクール教授トップ12人のひとりに選ばれる。

ウィザードブックシリーズ131・132・133

資産価値測定総論1・2・3

著者　アスワス・ダモダラン

1	定価 本体5,800円+税	ISBN:9784775970973
2	定価 本体5,800円+税	ISBN:9784775970980
3	定価 本体5,800円+税	ISBN:9784775970997

目次

【資産価値測定総論1】
- 第1章 序論
- 第2章 さまざまな評価法
- 第3章 財務諸表を理解しよう
- 第4章 リスクの基礎
- 第5章 オプション価格理論とモデル
- 第6章 市場効率性
- 第7章 リスクフリーレートとリスクプレミアム
- 第8章 リスクパラメータの推定と資金調達コスト
- 第9章 利益の測定
- 第10章 利益からキャッシュフローへ
- 第11章 成長率の推定
- 第12章 清算の評価

【資産価値測定総論2】
- 第13章 配当割引モデル
- 第14章 FCFE割引モデル
- 第15章 企業価値評価
- 第16章 1株当たり価値の推定
- 第17章 相対評価の基礎的原理
- 第18章 株価収益率
- 第19章 純資産倍率
- 第20章 売上高倍率およびセクター独特の倍率
- 第21章 金融サービス会社の価値評価
- 第22章 利益がマイナスの企業の価値評価
- 第23章 新興企業の価値評価

【資産価値測定総論3】
- 第24章 非公開企業の価値評価
- 第25章 企業買収
- 第26章 不動産の価値評価
- 第27章 その他の資産の価値評価
- 第28章 遅延オプションとそれが評価に与える影響
- 第29章 拡張オプションおよび放棄オプションとそれらが価値評価に与える影響
- 第30章 経営不振企業における株主資本の価値評価
- 第31章 価値向上
- 第32章 価値向上
- 第33章 債券の価値評価
- 第34章 先物契約と先渡契約の価値評価
- 第35章 総論

ウィザードブックシリーズ 75
狂気とバブル

定価 本体2,800円+税　ISBN:9784775970379

「集団妄想と群衆の狂気」の決定版！

昔から人は荒唐無稽な話にだまされ、無分別なヒステリー症にかかってきた！「いつの時代にも、その時代ならではの愚行が見られる。それは陰謀や策略、あるいは途方もない空想となり、利欲、刺激を求める気持ち、単に他人と同じことをしていたいという気持ちのいずれかが、さらにそれに拍車を掛ける」──著者のチャールズ・マッケイは1841年にこう述べている。当時は確かにそうだった。しかし、1980年代後半の日本の株式市場や2000年のアメリカ株式市場のITバブルを見れば、現代も間違いなくそうだろう。

ウィザードブックシリーズ 264
新訳 バブルの歴史

定価 本体3,800円+税　ISBN:9784775972335

「バブル」という人間の強欲と愚行と狂気を描いた古典！

本書は17世紀から現在に至るまでの株式市場における投機の歴史を生き生きと描き出したほかに類を見ない魅力的な書である。金メッキ時代から狂騒の1920年代、19世紀の鉄道狂時代から1929年のウォール街大暴落、日本のバブルであるカミカゼ資本主義、現代の情報時代に生まれたデイトレーダーまで、いつの時代にも存在した、またこれからも存在するであろう人間の飽くなき強欲と愚行と狂気の結末を描いた興味深い1冊！

ウィザードブックシリーズ 238
株式投資で普通でない利益を得る

定価 本体2,000円+税　ISBN:9784775972076

成長株投資の父が教える
バフェットを覚醒させた20世紀最高の書

バフェットが莫大な資産を築くのに大きな影響を与えたのが、成長株投資の祖を築いたフィリップ・フィッシャーの投資哲学だ。10倍にも値上がりする株の発掘法、成長企業でみるべき15のポイントなど、1958年初版から半世紀を経ても、現代に受け継がれる英知がつまった投資バイブル。

ウィザードブックシリーズ44

証券分析
【1934年版】

ベンジャミン・グレアム／デビッド・L・ドッド【著】

定価 本体9,800円+税　ISBN:9784775970058

70年間不滅のロングセラー
「不朽の傑作」ついに完全邦訳！

「古典」――この言葉ほど1934年に出版された『証券分析』の第1版にぴったりと当てはまるものはない。第1版から第5版までのこのシリーズは、60年以上にわたって100万人以上の投資家たちに読み継がれ、今でも投資家たちのバイブルである。本書は、グレアム(グラハム)とドッドのバリュー投資の神髄を余すところなく伝え、1929年のあの歴史的なニューヨーク株式大暴落の5年後に出版された本書のメッセージは今でも新鮮でまったく輝きを失っておらず、現代のわれわれに多くの示唆を与えてくれる。それは時を超えたかけがえのない知恵と価値を持つメッセージである。

ウィザードブックシリーズ172

投資価値理論
株式と債券を正しく評価する方法

ジョン・バー・ウィリアムズ【著】

定価 本体3,800円+税　ISBN:9784775971390

グレアムやワイコフの著作と並び称される
バフェット激賞の古典的名著

本書は主に、賢明な投資家やプロの投資アナリストを対象としているが、経済理論家にも興味を持ってもうらうように、ジョン・バー・ウィリアムズは執筆した。というのも、長期金利や短期金利、流動性選好、不確実性やリスク、将来の利率、インフレの可能性、それに対する株式と債券の反応、市場の動向、株価の形成、投機的商品の価格と株価の連携、さまざまな税の負担など、さまざまな問題についても提案しているからだ。

大恐慌を経験したジョン・バー・ウィリアムズだからこそ、価格変動を知る信頼できる評価基準を学問まで昇華させることができたのだ！